农村小学

教育科研的实践与思考

NONGCUN XIAOXUE JIAOYU KEYAN DE

SHIJIAN YU SIKAO

黎平　主编

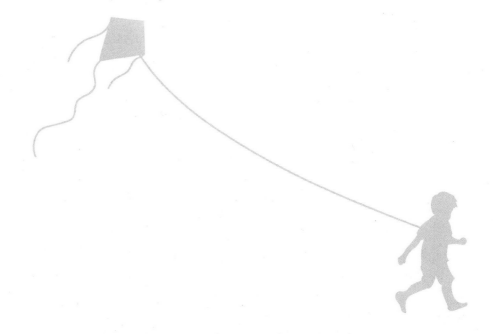

西南师范大学出版社

国家一级出版社 全国百佳图书出版单位

图书在版编目（CIP）数据

农村小学教育科研的实践与思考 / 黎平主编. — 重

庆：西南师范大学出版社，2017.4

ISBN 978-7-5621-8721-9

Ⅰ.①农… Ⅱ.①黎… Ⅲ.①乡村教育－小学教育－

教育研究 Ⅳ.①G622.0

中国版本图书馆 CIP 数据核字（2017）第 083301 号

农村小学教育科研的实践与思考

编委会主任：马　立　宋乃庆
总策划：周安平
策　划：李远毅　卢　旭　郑持军　郭德军

农村小学教育科研的实践与思考
主　编：黎　平

责任编辑：雷　刚
封面设计：尹　恒
出版发行：西南师范大学出版社
　　　　　地址：重庆市北碚区天生路1号
　　　　　邮编：400715　市场营销部电话：023-68868624
　　　　　http://www.xscbs.com
经　　销：新华书店
印　　刷：重庆市国丰印务有限责任公司
开　　本：720mm×1030mm　1/16
印　　张：20.5
字　　数：386千字
版　　次：2017年10月　第1版
印　　次：2017年10月　第1次印刷
书　　号：ISBN 978-7-5621-8721-9

定　　价：45.00元

若有印装质量问题，请联系出版社调换

编委会

顾　问：蒙天凯

主　编：黎平

副主编：华伍山　莫　飞

编　委（按姓氏笔画排序）：

马丽名　韦林英　韦秋兰　韦继业　卢振阳

卢德银　李柳军　吴　嫣　张丽焕　陈　红

欧　兰　胡映光　莫周强　唐品祥　黄　敏

黄海彬　梁朝辉　覃　丽　游紫英　谢　莲

文字录入与校对：卢振阳　陈　红

序

　　教育科研是一个古老而又常新的话题，可以说这项活动在学校教育工作中具有不可取代的地位，是学校工作的重中之重。在课程改革深入开展的今天，学校信息化建设不断深入，宾阳县黎塘镇中心学校依托教育科研作为突破口，以开展形式多样的教研活动为载体，切实提高教师对新课程研究的能力，努力打造高效课堂，为提高教育教学质量打下了扎实的基础，让农村教育科研成为一道亮丽的风景。

　　孔子说过："言之无文，行而不远。"黎塘镇中心学校结合宾阳县教育局提出的"立足课程改革，聚焦课堂教学，着眼教师专业发展"的目标，一直以来坚持"文化立校，特色兴校，质量强校"的治校方略，坚持以"爱与责任"为主题的教师文化建设，努力构建"教师队伍优良，专业结构合理，骨干力量聚集，学科人才领先"的教师队伍建设目标，打造了一支业务精湛、师德高尚的教师队伍。现在，呈现在我们面前的这本《农村小学教育科研的实践与思考》，正是老师们立足课堂，改革教学，坚持学习，并在不断的交流、研讨中绽放出的思想火花，用汗水和心血浇灌出的丰硕成果。

　　教育发展到今天，我们的传统课堂教学把学生的认知活动等同于整个生命活动，偏重知识教育，它的局限性和弊端日益明显地暴露在人们的面前：学生厌学、恨学、逃学，甚至走上极端的道路。传统课堂已经不能适应今天的教育发展形势，也无法完成教育所承载的使命，改革迫在眉睫，改革势在必行。2012年南宁市教育局提出全面实施"文化立校，特色兴校，质量强校"的工作思路。这一重大举措就是为了全面推进素质教育，革除传统教学的弊端，全力提升教育教学质量。近几年来，我县各中小学及广大教职员工或外出取经学习，或请专家引领，或校内自主探索，全面开启了构建高效课堂的大门。但是，受传统教育观念的束缚，很多学校和教师都只停留在浅层的探索上。教师在课堂中的角色与地位没有实现真正的转变；课堂的时间与空间没有真正还给学生；学生的主体地位没有真正凸显……课堂教学效益依然低下，所谓的高效课堂只是传统教学基础上的一种"换汤不换药"的伪高效。教师依然辛苦，学生依然痛苦，质量依然低下。谁能成为我县课改的领跑者，是县教育局一直关注的焦点。在这种发展现状下，黎塘镇中心学校选择了课改，以构建有效课堂为重点，综合推进养成教育、习惯教育、自主教育，坚持走教师专业发展道路，起到了牵一发而动全身的发展效果。黎塘镇中心学校以课改为平台，通过"博学工程""课堂示范""专题讲座""师德论坛""构建专业发展共同体"等一系列方式方法，摸索启动了符合新课改理念和教师专业成长的"311"农村教育科研发展工程，将全镇教师推到了课改的前沿，让全镇教师都在课改中探索，在课改中提高，在课改中成长，在课改中享受成功的喜悦！确定"311"农村教育科研发展工程后，他们一坚持就是5年，5年来每年4月份都围绕"3"即"教师专业阅读的博学工程""铸造师魂核心的师德工程""青年教师的成长工程"，还有"11"工程即每年开展一次全镇性的"教师基本功大赛"和"青年教师展示课"活动。几年来，黎塘镇中心学校在教师专业发展方面，开展"教师专业阅读的博学工程"，明确了专业阅读是教师专业发展的基石，点燃了教师的阅读热情，激发了师生共读的愿望。我觉得这点特别好，因为大家都知道，如果没有教师的阅读，就没有真正意义上的成长和发展；教师读书了，教育思想才有养分，才找到了教育智慧的源头。读书让教师更会思考，更加远离浮躁，课堂教学才会充满智慧，教育才会更美丽。在全体教师成长的路上，他们还注重打造"铸造师魂核心的师德工程"，通过开展师德论坛，各校选派出来的师德标兵分别做报告，让全体教师学习身边的模范，让师德在课堂中呈现。专题讲座定基础，座谈会上剖问题，演讲会上表决心，道德讲堂展风采，教书育人，爱岗敬业，守住了教师师德的根本。更值得推介的是5年一直坚持着力打造的"青年教师的成长工程"，共筑青年教师发展共同体，打造教师成长的全新生态环境，倡导青年教师专业写作，在反思中成长，在不断磨炼中提高，教师们做得精彩，活得精彩，写得也精彩。每期一届的教师基本功大赛，他们在坚持；每年一届的青年教师课堂教学展示，他们在努力。"三工程一赛一展示"成为黎塘中心学校内涵发展、科研兴校的常态工程。活动开展以来，黎塘镇中心学校重视成果物化，教师的意识转变了，角色转变了，关键体现在课堂教学行为的转变上。新课改理念下，单纯的讲授式教学方法转变为多种教学方式并存，为此我们开通了教师交流渠道，同时每一届论坛活动结束后都把活动成果汇编成校刊《成长》供全镇教师传阅学习和运用。今年，他们把学校构建"311"工程的有关资料汇编成册，这本页数不多但又沉甸甸的集子，凝聚了全镇老师在个人成长路上的智慧与汗水，折射出了全体老师的成熟与睿智，更充溢着全体老师的追求与幸福。构建的"311"工程为全县实施教师成长提供了很好的范本。毋庸置疑，"311"工程发展模式还处于探索的初期，还存在着许多不足与困惑，但我们完全有理由相信，随着全县课堂教学改革的全面铺开，"311"工程发展模式会日臻完善。

近年来，通过各种活动，黎塘镇中心学校激活了教师们对科研的激情，努力营造校校有课题、人人都参与的科研氛围，多项课题获得国家、区、市、县各级结题。学校派出的各学科教师代表参加市、县级比赛均取得优异成绩。

日复一日的埋头耕耘，年复一年的无私奉献，黎塘广大教师以自己"求真、务实、担当、创新"的作风，诠释着教师这个行业的智慧人生和职业操守。

我们的教师是睿智的，他们在平凡的工作岗位上，善学善思，静心教书，潜心育人，撰写着对教育教学的探索与思考、成败与得失。"盈袖书香厚积薄发，爱心撑出灿烂晴空。"这，是一种追求。

我们的教师是务实的，教书育人，务实清廉，在执着的坚守与不懈的努力中，用爱与责任守望着孩子们慢慢长大。"捧着一颗心来，不带半根草去。务实才能高效。"这，是一种境界。

我们的教师是自信的，当教育被世俗的功利污染时，他们用坚定的信念和理性的态度，默默地耕耘在教育的原野上，种植着良知的麦田，树立起精神的标杆。教育的本真没有被滚滚红尘所淹没。这，是一种激情。

我们的教师是幸福的，他们用温暖抚慰冰封的心灵，用智慧唤醒沉睡的种子，用爱心滋养孩子的心田，老师们在总结、梳理、传播新的育人理念，无论是经验还是教训，一路跋涉，一路反思，一路收获。"俯首甘为孺子牛，得天下英才而教之。"这，是一种魅力。

教海无涯，学无止境；跬步至千里，耕耘香满园。黎塘镇中心学校瀚海寻珠，拾得近百篇凝聚着老师们的睿智思想、记录着他们艰辛求索历程的论文，以成果集形式呈现给在教海中孜孜以求，踏浪前行的宾阳教育人。这百余篇课例佳作，呈现了老师们开阔的探究领域、深入的思维触角，既有个性，又有共性。有的从管理角度探讨，有的是对某个问题的思考论证，有的是对课堂教学行为的反思推敲，等等。这些作品凝聚着老师们的汗水与智慧，其中不乏有见地、有深度的力作。文集是学校近年来课堂教学改革的一个缩影，也是教师站稳三尺讲台、不断成长的见证。

捧读文集，我内心涌动的是感动，我感受到了老师们的那份自信、执着和睿智。这本文集虽算不上鸿篇巨制，甚至某种程度上也显得不够缜密、不够成熟，充满稚气、未成大器，有着种种不完美的地方，但它毕竟凝聚了各位老师辛勤教育、潜心研究的点点心血，闪耀出老师们在实践中不断探索的智慧火花。

在这本文集编讫之时，我想对老师们说：让读书成为习惯，让反思成为常态，让科研成为一种时尚。只要行动就会有收获，只要坚持就能成功，希望我们的教育工作者持之以恒地努力，把从教经历付诸笔端，相信有文字记载的地方，便有历史的足音在回荡。倚锄望，到处青青一片；挥笔墨，留下点点清香。只要老师们不断往专业方面发展，宾阳的教育将迎来不一样的春天。

宾阳县教育局局长　蒙天凯
2016 年 6 月

目　录

1

二、实践篇

1.课堂教学实录

2.教学设计

3.说课稿

后记

一、理论篇

1.教育管理

搭建教育科研平台，让教师在成长中出彩

宾阳县黎塘镇中心学校　黎　平

在课改不断深入，课堂教学不断改进的今天，教师的专业化发展越来越重要。聚焦学生，聚焦课堂，着眼发展，构建有效课堂，让教师逐渐形成较为稳定的个人教学风格，是目前教育教学的需要。近年来，我镇以全面实施素质教育为目标，以教育科研为先导，以提高教学质量为目的，把教育教学研究作为学校工作的重中之重来抓，使学校的教育教学质量不断提升。

有人曾这样说过："一堆沙子是松散的，可是它和水泥、石子、水混合后，却比花岗岩还要坚韧。"所以，我校在教育科研工作中始终以"团结"为关键词，用团结的精神凝聚集体的智慧，用集体的智慧提升个人的素质。

一、在科研中突破，助推教师专业成长

随着课改的不断深入，时代赋予教师新的角色定位——研究型教师和学者型教师。以课题研究为龙头，带动校本教研，促进教师转变是当前学校工作的一项重要内容。在教育教学工作中，我校采取"走出去，请进来"的方式，先后组织教师到南宁市滨湖路小学、民主路小学观摩学习，分批派送骨干教师到南宁市衡阳路小学进行为期一周的跟班学习。通过"如影随形"地近距离接触名校，在真实的现场环境中，细致观察学习名校的科研管理、教师的专业发展与团队建设等。我们带着问题与困惑走出去，带着启迪与思考而归来。在积极创建学习型学校中，通过专家的引领外出开阔眼界，再加上硬性的和自觉的业务学习，使教师达成了"教育科研先行，走科研兴校之路"的共识。

多年来,我校的教育科研工作,以"科研立教、质量为本、品位更高"为宗旨,坚持"小一点、近一点、实一点"的原则,以教学为切入点,以科研为突破口,以校本培训为依托,务必做到"科科有课题,人人有专题",使学校教育科研工作"源于教学、高于教学、指导教学、回报教学",精心打造教师队伍,全面提高教育教学质量,使教育科研工作形成制度化、规范化、时效化的管理机制。其中,2012年、2013年黎塘一小承担的两个市级课题顺利结题;2014年黎塘实验小学的两个区级课题、4个市级课题全部按照时间和质量要求顺利结题;目前还有3个县级微型课题在结题中。各校的校本课题在扎实有序的研究中。

二、在活动中成长,让教师在发展中出彩

为了给教师搭建教研平台,结合我镇实际,我镇开展以"实现专业成长,享受幸福完整教育生活"为主题的"教师发展论坛"系列活动。活动主要立足两个关注:关注学术,关注教师发展;进行三项研究:研究课程,研究课堂,研究教师发展;开展一系列的教学研究活动,如专题讲座、毕业班工作研讨、教师书法比赛、青年教师优质课比赛、专业知识大学习、专业发展大练兵、教学常规活动月等。4年的论坛活动,我们邀请了区内外专家做专题讲座;在"专业知识大学习"环节中各校根据实际开展赠书与换书活动,要求全体教师在活动月期间至少阅读一本专业书籍,做好读书笔记或读书心得并在论坛成果展示会上展示;在"专业发展大练兵"活动环节中,我校举行青年教师汇报课、教学能手示范课、骨干教师观摩课、师徒结对课等一系列上课、听课、评课活动,从全镇选出18位教师进行磨课,上展示课。4年来,坚持"培养一个,成熟一个"的理念,如新圩小学张小敏老师,是2013年经事业单位公开招聘录用的大学应届毕业生,在第三届教师发展论坛中,经学校推荐确定为培养对象,备课磨课小组结合该教师本人实际,制订磨课方案,具体到备课磨课日程表。经过大家的共同努力,其本人反复试讲试教,最后在全镇赛课中脱颖而出,获得一等奖第一名,还代表宾阳县参加市级比赛获得英语组一等奖。此外,每届论坛中,经过磨课、赛课的教师人人成长,都能在下一届中担任磨课小组指导老师。如新圩小学的巫秀莲老师、第四完全小学的思贤老师等等。

在浓厚的教研氛围中,全校上下正形成人人都上有效课,个个争上高效课的浓烈氛围。陈红、韦璇老师代表我镇参加县作文优质课分别获一、二等奖,雷利老师参加第十五届全国书画比赛获一等奖。同时,我们还开展教师硬笔书法比赛、骨干教师成长研修和教师自制教具比赛;"教学常规活动月"重点开展听评课

周、备课周、作业设计批改周、阶段知识抽测周活动,中心学校组织教学常规检查,并从中选取优秀教案及反思、教师听课记录本等,开通教师交流渠道。每一届论坛活动结束后我们都把活动成果汇编成校刊《成长》,供全镇教师传阅学习。

三、在教研中反思,打造校本亮丽风景

加强教研和科研的整合力度,在教师中树立"教师人人是研究者""上课就是研究"的新理念,在小的教学点提倡谈话式教研,要求教师对本学科教学中存在的问题在日常教学中加以研究。每学期一开学,学校就给每位教师发放了学习笔记本,要求教师每月至少写 800 字的读书笔记或教学心得,有课题的教师每月要有一份课题研究小结。2014 年秋季学期开始,我镇把原来单校科研改为校际联动科研,根据各学校的需要,结合本校课题研究,两所学校间互派教师到对方学校交流一周,要求结对子学校的校长每学期要到对方学校进行一次课题管理专题讲座,开展两校间的集体教研活动。

目前在黎塘镇各小学,教育教学科研活动已成为常态,我们坚持每年春季学期开展教师发展论坛,秋季学期开展师生读书节活动,各校校本研究开展得有声有色,编写校本教材,开设校本课程。如黎塘一小每天一刻钟的师生书法练习,黎塘二小每天一刻钟的计算训练,黎塘实验小学的每节课前两分钟的经典诵读,三和小学每天一小时的师生共读。这些具体的研究活动已成常态,有效强化教师校本教研意识,强调教师间的同伴互助,积极引导教师探索课堂教学新模式,促进学校校本教研氛围的生成。

任何一件事情,只有坚持才能成功。几年来我校始终坚持团结务实,开拓创新,让教育科研工作成为一种期待、一种风景。教育科研需要创新,教育科研需要担当和坚守,正如习总书记 2015 年首次重要讲话中提到的"干部就要有担当,为官一任、造福一方,不能干一年、两年、三年还是涛声依旧,每年都是重复昨天的故事"。让我们静下心来教书,潜下心来研究,为学校教育科研工作共同创造一片美好的蓝天! 为打造宾阳教育强县贡献一份自己的力量!

农村小学生不良行为的分析与矫正

宾阳县和吉镇中心学校　吴洪胜

根据国家统计局 2014 年度发布的统计信息,全国小学生有 9 千多万人,农村小学生数量占一半以上。在农村,受乡村文化环境、教育水平、家庭结构和信息条件等因素影响,小学生容易养成各种不良行为。要矫正农村小学生的不良行为或防止养成这些不良行为,需要教育人士做足数方面的功课,以培养个个品行合格的未来建设者。

一、农村小学生不良行为的种类

（一）学习方面的不良行为

因为不能按时完成作业导致迟交作业,若老师不追究就索性不完成作业;为了逃避不完成作业的责任,借口作业本不见了或作业本放家中了;不独立思考,从请教同学做题方法到全盘抄袭作业;只为完成作业,随意写完就上交,不求甚解;做错题不改正,不记住学习方法;上课注意力不集中,走神玩玩具或做其他事;粗心大意,懒于复查完成情况;做题没信心,做一题问一题,心里没底的题就留空;学坏不学好,传播有害顺口溜,爱在公物上涂鸦等。

（二）生活方面的不良行为

爱打小报告,喜欢看热闹,抱着幸灾乐祸的心理,看见同学挨老师惩罚就拍手、起哄、高兴;从早上赖床害怕迟到而来不及或不吃早餐,到吃不吃早餐成无所谓;总也管不住手,爱骂人打人;逃避劳动,以不用干活为乐;以自我为中心,想去干什么就干什么,因为想去游泳就去游泳,每年都溺死了很多小学生;有早熟行为,关注异性;拉帮结派;被手机、电视绑架,占用大多数时间,变成台湾教育家曾清芸说的"智慧僵尸"——连走路都要低头滑手机;爱吃零食;随手乱扔垃圾;等。

二、农村小学生不良行为的分析

"冰冻三尺,非一日之寒",农村小学生不良行为主要受社会、学校、家庭的影响。

（一）在学习上,缺少兴趣,缺少成功感

诚如爱因斯坦之言:"兴趣是最好的老师。"没有兴趣,怎样让学生去爱上日复一日来到面前、枯燥无味的作业本呢？多次作业没有一次感到进步、成功,哪来再做的勇气?

缺少良好的学习习惯,缺乏学习的主动性和责任感。把学习当成老师的事、家长的事,敷衍度日。

家庭环境影响。留守儿童是没有家长约束,没人管自己的学习;也有家长溺爱孩子,随孩子的心意去完成作业。

学校教学管理影响。有的教师不重视学生的作业完成情况,爱交不交,对于学生的学业成绩不重视,得过且过;作业批改完了也不讲解,学生不懂也不管,助长了学生不写作业风气的形成。

(二)在生活中,受大人行为影响多

奇装异服、俚语多等等是学生缺乏自主行为,刻意模仿大人的结果。

随着电脑的普及,网上色情广告和游戏广告正在侵蚀小学生的心灵。受网络游戏打杀及升级成功感的影响,学生沉迷虚拟世界,在现实世界越发暴力。影视剧中的古装片和动画片也多打杀。

家庭对小学生的约束不强,普遍表现在留守儿童家庭。不让孩子劳动;只管孩子吃饱穿暖,缺少和孩子的沟通,不管不顾孩子的行为;把孩子丢给电子产品陪伴。

不良心理没有去除。嫉妒心理,总想找麻烦给比自己好的人;报复心理,报告老师惩罚不喜欢的人;同化心理,寻求同类,寻求对团体的统治力。

三、农村小学生不良行为的矫正

农村小学生不良行为严重阻碍学生全面健康发展,家校要紧密结合,从学生的道德认识、行为规范、价值取向等方面出发,逐步培养其正确的人生价值观念,创造良好发展环境,塑造小学生的良好行为习惯。

(一)有针对性的德育

及时处理。对于农村小学生出现的不良行为,出现苗头马上扑灭,制止有下一次的重犯,避免给其他人带来更大伤害。

日常多讲。班会课、品德课、少先队活动课、晨训和国旗下的讲话等都可以教育引导学生先学会做人再学做事,促进学生的全面健康发展,使其成为一个德、智、体、美、劳全面发展的社会新型人才。

树立理想。理想是人生前进的灯塔,是前进道路上的动力源泉。班主任可以通过开展理想教育建立学生的责任感,引导学生树立正确的人生观、价值观。

用人生理想来引领学生不偏离正道。

（二）有鼓励性的锻炼养成

好的行为习惯是一种无意识的日常行为规律，往往通过对某种行为的不断重复而获得，让学生练习和重复好行为、形成好习惯是必要的。美国加州大家哲学博士詹姆斯·多伯林提出了"补强法则"。当一个人的行为得到满意的结果时，这种行为就会重复出现。因此，当孩子受到认可时，他（她）的自信就会被激发出来，不断重复令人满意的行为，直至成为自信上进的好孩子。小学生在学校生活的时间相对于在家里较长，学生良好行为习惯的养成重点在学校，学校可通过卫生检查、文体比赛、社会调查、土地劳作等活动的开展，在群体性活动中培养其与他人合作共事、与他人和谐相处的精神。还可以通过布置任务，让小学生通过克服困难，寻求合作和帮助，用辛勤的劳动获得成功，锻炼形成坚毅品格。还可以根据学生的爱好、特长，引导其专注发展人生的某一条道路，指导他们不分心于不良行为，更快实现人生目标。

（三）有配合性的家校同行

矫正小学生不良行为，不能凭班主任单干，班主任的想法和做法要得到家长和科任老师的支持，让他们作为班主任的左膀右臂，保持矫正措施的延续性。在学习方面，各科目对作业要求一致，不能让哪一科的不良行为影响到其他科目。各教师也要言行检点，不仅不能有坏习惯让学生看见，还要在好的方面做出表率，成为引导学生前进的榜样。生活方面，班主任要和监管人联系，配合学校工作，要求孩子在家做到哪一点就要帮助孩子完成。要求注重家庭成员的言传身教，让家长以良好的道德品行、高尚的道德情操潜移默化地引导孩子健康成长。充分开展家长的亲子教育，每个孩子都有自己的心声，家长一定要耐心地去倾听，才能真正了解孩子的想法、感受，才能对孩子生理及心理上的问题、变化做出及时而细致的处理。有了这样的基础，亲子之间才能良好沟通，才能让孩子们言听计从，向着家长希望的良好行为发展。

（四）有整体性的监督帮助

要矫正农村小学生的不良行为，最大的帮助还是依靠班级里朝夕相处的同学们，依靠这几十双雪亮的眼睛和勤快的小手。

首先，建立班规，形成班风。

教育学生养成良好的行为习惯，必须制定必要的规章制度，严格约束学生的不良行为发展，使其在规定的范围内按照正确的要求去做。克服不良行为习惯不仅需要内部的意志力，也需要外部的强制力，应鼓励学生向良好行为习惯的方向努力,并提醒学生不要做违规违纪的事情。好人好事要奖励,坏人坏事要惩罚。当然,奖不一定是财物,罚也可以不是体罚。赏罚分明,纪律严明,班风形成,恶行自灭。

其次,组织监督,帮助改正。

在班级里,安排好大家互相监督,有人记录,有人报告,形成人人有责,专人上报的监督体系。最好能培养学生帮助学生改正不良行为的习惯,对部分屡教不改的学生或犯严重错误的学生,教师再进行强制教育。这样,教师能免却听小报告多的烦恼,还能培养学生的爱心和管理能力。

农村小学生不良行为是在学校、家庭、社会中受多种因素的影响而形成的,在矫正这些不良行为时,要以情理服人。班主任、科任教师、家长、学生各方面多管其下方能形成良好班风,长久地管理好班级,出合格人才。

素养加管理艺术,基层小学校长也灿烂

宾阳县黎塘镇第一完全小学　施志刚

随着城乡一体化的推进,需要乡村和城市在同一个平台上发展。要实现这一目标,农村教育是关键。如何缩小城乡差距,推进城乡义务教育均衡发展?农村小学的校长们无疑起着助推器的作用,而农村小学校长的素质又是这个助推器的核心要素。陶行知先生说:"校长是一个学校的灵魂,要想评价一个学校,先评论他的校长。"可见,校长自身素质和管理水平的高低对于一个学校的发展具有多么重要的影响。有什么样的校长,就有什么样的学校。一所学校,无论其规模大小,校长都肩负着比教师更多的责任,因而也必然地承负更高的素质要求,决定着学校的发展方向和办学水平。从教二十多年来,我一直在农村小学从教,担任校长也有 16 年,结合我 2014 年 10 月 15－23 日参加的"南宁市骨干教师培训",更加真切地感受到这一点。我认为,农村小学校长除应具备良好的政治素养、高尚的思想品德外,还应具备以下素养。

一、科学的办学理念

一个出色的校长可以把一般资源办成优质资源,可以把一般学校经营成品牌学校,这里的关键是校长的办学理念。作为农村小学校长,更要不断更新教育观念,树立新的适应时代发展要求的人才观,努力实施素质教育目标。苏霍姆林

斯基说过:"学校领导首先是思想上的领导,其次是行政上的领导。"也就是说,一所学校的崛起,首先得益于校长崭新的教育思想和办学理念。办学理念是一所学校的灵魂,而且至少具有以下两个方面的特征:

1.富有个性。不同的学校有不同的情况。优秀校长的高明之处在于能够根据学校的具体情况来经营、管理学校。这就决定了办学理念也应该是独特的、有个性的,是校长本人在结合学校情况的基础上对教育的理性认识和理想追求,它包含了校长的学校管理观、教育观、质量观、学生观等等。

2.与时俱进。任何思想都有它的时代性和阶级性,办学思想、办学理念尤其如此。教育要适应形势,必须占领制高点,做到与时俱进。任何落后于时代的教育都应该是被淘汰的教育。要引导全校师生端正办学思想,使大家都能自觉地贯彻党和国家的教育方针。既要重视课堂教学的改革、课堂教学质量的提高,又要重视课外活动的开展,寓教于活动,寓教于做,寓教于乐,培养学生的学习兴趣、各方面的能力和特长,要努力办出自己的特色。唯具有突出而鲜明的特色,才会使一个学校具有影响力。(如:在此我也谈谈我在 2013 年到南宁市衡阳路小学跟班学习的一些感想:许校长以"校园书香 厚德载物"的办学理念,将书香气息内化为个性之美,提升为良习之风的有效途径,以经典诵读为经,以学生行为习惯养成教育为络,来谱写书香校园的立人篇章,同时他们实施"自主 合作 探究"课堂改革改变我们教师的教学方式,学生的学习方式和思维方式。他们以书香为主轴开展一系列主题活动,丰富师生的生活。"衡小"富有个性的办学理念创出了自己的办学特色。我校也结合实际,以"三雅 三园 三活动"作为我校的办学理念。在抓教学质量的同时也注重课外活动的开展,培养学生各方面能力和特长的发展。如:我校大课间"中华颂手语操"和《小苹果》舞蹈,各班还有本班的特色项目,一年级跳铁圈;二年级滚车轮;三年级跳绳;四、五年级跳竹竿舞;六年级踢毽子。以这个理念为主轴开展一系列主题活动,丰富了师生的生活,使学校成为理想的乐园,成为学校提升教育品质的理想平台)这些特色学校的形成,无一不是受益于校长科学的办学理念。

二、强烈的创新精神

农村小学校长要大胆地对学校各项工作进行改革,力争成为开拓型、创新型的校长。要敢为天下先,力戒陈规陋习。在办学方面,要变"封闭式"为"开放式",加强学校同社会的交流沟通;在学生思想教育方面,要变"保姆式"为"自主式",培养学生的主体意识、自主意识和自我教育的能力;在教学方面,要变"知识型"为"能力型",注重学生非智力潜能的开发;在学校管理方面,要变"家长型"为"民主型""服务型",最大限度地调动全体师生员工学习工作的积极性和主动性,人尽其才,各展其能,使各项工作业绩最大化。校长要不断更新教育观念,树立现代课程观、人才观、价值观,树立现代教学观、学生观。在现有的教育管理体制下,立足实际,不怕困难,敢于奋斗,以质量立校,以科研强校,在自己实践探索的基础上,汲取其他校长的理论,形成自己的特色,形成自己的品牌,才能使学校得到社会的广泛认可,为学校的发展赢得一片广阔的发展空间,从而带动学校整体水平有较大的提高,真正把学校办成"让学生成才,让家长放心,让社会满意"的学校。我认为针对自己教学实践中遇到的急需解决的问题,去探索符合新课程要求的有效解决方法才是我们要搞的校本教学研究(校本课题),通过研究并解决本校的教学问题,促进学校的发展,我校近两年的做法:一是抓写教后记和读书笔记强化教师的问题意识,促使教师养成反思的习惯。由科研处收集教学中遇到的问题形成一个课题,组织教师教后反思提出解决方法。正是有针对性的研究校本课题,对教师的发展起到了很大的帮助,教学成绩稳步提高。二是抓教学环节(如:集体备课,40分钟课堂纪律,作业批改,"学困生"的辅导)。三是抓章节过关(月考)。正是由于我校扎实地抓校本课题研究和教学各个环节,家长对我校的教育管理比较满意。

三、较高的教育水平

校长的教育教学水平很重要。一位高水平的校长应该是一位教学能手,更高一个层次要求,应是一位教育专家,应该能够带领教师开展教育科研和教学实验、教学改革。这样的校长,老师们才会由衷地佩服你;这样的校长,才能成为教学上的"领头羊",才能得到广大教师和社会的支持。校长应以示范课、探讨课为主,并且每学期在校内至少上一节公开课。校长要带头开展教学研究。校长应该是教师的教师,这就要求校长要从行政型的管理走向科研型的管理,成为教学研究的带头人。而听课、评课是校长获得教研发言权的最好方法。校长要"沉"下去,走近教师,走近学生,走进课堂,走进教材。要经常深入到教学第一线听课、评课,指导性评课必须一课一评,要有指导性意见。要经常参加学校里的教研活动,一起研究教材,设计教学方法,商讨解决教学中存在的问题,努力提高课堂教学效益。尽管校长的工作千头万绪,但如果不听课、不评课、不抓教学,就是不务正业,是一个不称职的校长。因此,我们的校长要坚持用主要精力和时间去听课、评课,实现对教学工作的领导。更要经常带头上示范课,自加压力,努力做到学有专长,教有特色,这样,更有利于指导教学工作。我们黎校长这方面做得很好,经常深入课堂指导老师上课,进行评课,都能提出自己的见解,对老师有很大的帮助,我正在向黎校长学习。

四、闪光的人格魅力

校长的人格魅力,对于管理好学校的作用不言而喻。校长的人格魅力是指校长的综合感染力。

首先,校长要具有奉献精神和服务意识。"领导就是服务。"作为校长,这句话要体现在对他所从事的教育事业有特殊的理解和深沉的爱,同时具有把自己的一切奉献给教育事业的赤诚之心。有了这颗心,就能赤诚待人,温暖全校教职工;有了这颗心,就能保持清醒的头脑,端正办学方向;有了这颗心,就能在工作中敢于挑重担,知难而进;有了这颗心,就会在学校中爱岗敬业、乐于奉献。就如"衡小"的许校长,从我到"衡小"跟班15天深深地感受到他对教育的热爱,他的工作作风做到像春雨般润物细无声,他待人接物做到一视同仁,不求名利,一心为了学校的发展,经他十多年的经营"衡小"办成了南宁有名的特色学校。

其次,校长要全心全意地热爱自己的学校,珍惜自己学校的声誉。一所真正的好学校,并非是靠金钱或靠新闻媒体炒作出来的,也不仅仅依靠过去的历史累积就能形成。它是实实在在的成绩、先进的教学理念和校园文化的综合。做一个好校长,就是把他的全部身心献给学校和事业,调动起全校师生的热情和自豪感。校长要有这种奉献精神,首先就要靠前指挥,保持对学校状况的清楚。其次要认真研究学校既有特点,保持办学思路的清晰,保持教育理念的先进性,保持对教育发展规律和前景的敏感性,多阅读教改专著,多思考学校的未来。

再次,校长要有宽广的胸怀,要有兼收并蓄的包容性。作为一个学校的领导者,校长不必也不可能在方方面面都比别的教师能干,但一个好校长必然是识才爱才、扬人所长的人。学校是培养人才的地方,更需要把方方面面的人才,包括不同学科、不同专业、不同个性和不同特长的人才汇聚起来。要在尊重和发挥老教师带头、引路作用的同时,大力提携后进,营造有利于青年人脱颖而出的环境。人才的缺乏对校长工作来说非常被动,以前我刚调到"一小"做校长,上级主管部门分配一些工作,如:公开课、师生书画比赛、"六一"歌咏比赛等,由于学校没有这方面的专业人才,比赛成绩不太理想。学校全面发展需要各方面人才,才能帮校长去很好地完成各项任务,才能打出学校的声誉,所以我这几年都在想办法招揽各路人才到我校,真正没有,只好培养自己的骨干使他们变成人才。校长能否成为全校凝聚力的核心,关键在于他要让自己的灵魂"闪光",让闪光的灵魂去照亮和引导全校的每一个人。

接下来,我想谈谈如何管理的问题。学校的管理,归根结底,是"人"的管理,是师资的管理。师资管理的成效在一定程度上决定了学校的盛衰存亡。当然,师资管理并非学校一家之责,在此只就作为校长如何进行师资管理谈一谈自己粗浅的看法。

一、用"人格"的力量去凝聚教师

常言道:"人格的力量是无穷的。"一个学校校长"人格"的优劣,是决定教师人心向背的关键因素。作为校长,要对教师实施有效的指挥,就必须修炼良好的"人格"。前面谈的"良好的个人修养"就是为"师资管理"打下扎实基础的,如果你具备了"良好的个人修养",那么"凝聚"就轻而易举,"师资管理"就水到渠成。

二、用公正的态度对待每一位教师

"公正"二字,说来容易,做来难,现实中,没有哪一位校长说自己办事不公正,待人不公正。此处所说的"公正"包括以下三个方面:

一是待遇上的公正。待遇包括政治待遇和经济待遇。经济待遇,咱们无法亦无权实施。敏感一点的是绩效工资的分配,但这有比较明确、细化的制度标准,只要我们的制度标准不是平均摊分,能体现教师劳动的优劣,有利于充分调动教师的积极性,这个应该不是很大的问题。更重要的是政治上要平等。人,都有被尊重、被肯定的渴求。无论是入党提干、评职评先、进修学习,乃至会议上的表扬、批评,都要以无私的政治眼光对待每一位教师。不可任人唯亲,随心所欲。秉着"实事求是、按劳分配、公开公正"的原则,是校长管理好教师的重要方略。作为校长,"宁可负己,不可负人",方能赢得民心。就拿 2013 年评优来说,我校有几个老师工作成绩很突出,他们都想在这次评优中能评上,在推荐时很多老师推荐了他们,也推荐了我,作为校长我也觉得自己管理学校工作取得了很好的成绩,同时自己也想取个优秀便于今年申报小中高,但由于指标有限,我主动提出自己放弃评优,把指标让给老师,老师们很感激我。我想,作为领导我们的工作是靠老师们去完成的,如我们在工作中做得不公平、不大度,老师们就会有看法,不努力去工作,这样学校的工作就很难开展,自己就会变成一个孤家寡人。

二是教师使用上的公正。科学、恰当、公正地使用教师是一门学问,也直接显示校长的管理水平。首先校长要花气力去全面地了解每一位教师,从教师的家庭状况到个人生活,从学识水平到性格气质,从组织能力到教学水平,都应该了如指掌。其次要知人善用,不要因偏信和陈见而用错人。人生最大的快乐,莫过于自己的才能被重视;最大的痛苦莫过于自己的才能被埋没。"士为知己者死",赏识、激发教师的热情是十分重要的。每学期的教学人员安排,校长不可不管。公正、合理地使用教师是保证学校工作顺利开展,提高教育教学质量的关键。

三是情感分配上的公正。人是有血有肉的,既要经济上的支持,更要情感上的抚慰。尊重、信任教师,关心、爱护教师,和教师交朋友,是校长的一项基本功。知识分子重感情,重友谊,只要领导能尽心尽力关心爱护他们,即使生活清贫些,他们也不会计较。作为校长要以同样的态度、同样的热情、同样的行动对待每一位教师。济贫助困、嘘寒问暖要一视同仁。打个比方,某教师生病了,你去看望了,别的教师病了,你同样要去看看。

三、创造优良的环境吸引教师

优良的教学环境和生活环境是每一个教师所向往的,改善环境是校长管理教师的一个重要因素。环境太差,人心不向,教师的有序管理就无从谈起。

一所学校,从现在的形势看,一般来说,经费都不是很宽裕。作为学校的指挥者,一定要花气力,花资金,尽力改善学校的教学和生活环境。一是学校硬件的建设,二是校园文化的建设,三是学校教学氛围的营造。三者缺一不可。(举例学校"三雅、三园"建设,我的做法是:重视校园环境建设和校园精神文化建设,打造典雅校园和儒雅教师队伍,把校园建设成情感乐园和求知学园,使老师有幸福感和归属感。)

学校品位的提升,环境的改变,固然是"冰冻三尺,非一日之寒",但只有学校的每一位指挥者都能有所认识,不懈努力,才能实现。

四、制定科学严格的制度规范教师

不依规矩,不成方圆。我们农村小学一所学校的教师多则几十人,少也有十人。不制定一套科学而严格的管理制度,也是管理不好的。作为校长,在制订制度前,要有全盘的考虑、全面的了解,广泛征求意见。制订的规章既要科学严格,又要关注人文。此处所说的科学,就是要符合党的政策,要在法律允许的范围内;所谓严格,就是要行为规范到位,奖罚制度落实,扬抑条款分明;人文就是要符合本校实际,且具有可操作性。明确制度的制订是为了规范教师而不是为了束缚教师。要在制度允许范围之内,留有让教师自由发展的空间。校长与教师间一定要约束与激励并举,服从与协调共存,求同与存异同在,这样才会彼此信任,为共同的事业而努力工作。

最后,想谈谈一些细节问题。有了该有的素养,有了人文、艺术的管理,"细节决定成败"。校长的日常工作是繁杂的,怎样过好每一天,做到杂而有序、忙而不乱、有条不紊地做好各项工作,关键是一些细节。

1.走一走,转一转。教师到校情况怎样? 各个班级的管理情况怎样? 卫生状况如何? 等等。都是校长每天该全面了解和掌握的,最好的办法就是每天走一走,转一转。发现问题及时指出,并督促其纠正。要求老师们每天什么时候到校,校长应提前到校,到各班教室、教师办公室走一走,了解老师和学生到校情况,向师生问个好,交谈几句。这样做与师生距离拉近了,时间一长,关系自然会融洽。同时,还能及时准确地掌握第一手资料。

2.看一看,查一查。学校对职工的要求,校长对职工的号召,要想百分之百地认同并自觉去做是很难的,总是有差距的,总有一些落后分子,这就必须靠学校领导去不断地检查督促,才能使其完成任务。再者从工作的常规上来讲,也必须是有布置就应该有检查,如果只有布置,而没有检查,那么久而久之,布置就会落空。因此,校长还必须经常到师生中去查一查,看一看教师的备课、学生的作业、班级工作记录等,了解布置的工作教师们执行得怎样,哪些老师做得对,哪些老师还有差距。好的及时表扬,予以鼓励;帮助有差距的老师指出存在的问题,并督促其加以改正。

3.议一议,谈一谈。校长的许多工作,特别是一些重大的举措,都非常有必要与职工谈一谈,让他们议一议,因为校长的工作是通过职工来实现的,职工们如果思想不通或接受不了的事,你是办不好或办不成的。只有通过他们议一议以后,你才会发现要保证你的这些举措的顺利实现还有哪些准备工作要做,应该怎样去做。同时,还会发现你这些举措有哪些地方还不足,要予以改进和完善。总之,坚持议一议,谈一谈,就能使学校工作成为教职工们的自觉行动。如我校的做法,每个学期我把学校要做的事发到各个办公室谈论,各个办公室讨论的情况以书面形式交我办公室再组织领导讨论定夺。

4.写一写,想一想。校长每天的工作要坚持每天过一次电影,分析一下有哪些得与失,及时记下来,这是非常有好处的。回忆一下这项工作你是怎么做的?

结果怎样,有哪些值得肯定的地方,还存在哪些问题,是什么原因,然后一一记下来,下一次遇到同样的工作你就会得心应手,你的工作水平和能力也就自然提高了。

结束了一天繁忙的工作,静心梳理一下当天的工作内容,客观地评价一下当天的工作,肯定既有成功的经验和喜悦,也不可避免地会有失误和遗憾,提笔写下工作反思或写写管理日记,可以为以后的工作提供指导和借鉴。

5.学一学,研一研。校长要想始终掌握学校领导工作的主动权,就必须坚持学习、更新知识,成为精通业务、善于管理的行家里手。要及时收集整理教育教学信息,学习和掌握新的教育教学理念,要分析研究在新形势下的学校管理工作。一句话,要每天挤出一定时间从事学习和研究。校长对学校的领导就是对教育思想的领导。如何实现这种领导? 自己读书和组织教师读书是最好的办法。读书,可以丰富一个人的内涵;读书,可以净化一个人的心灵;读书,可以提升一个人的生命价值;读书,也同样可以提升校长的教育理想和信念。

综合素养的提升,使校长具有"不言自威"的魄力;艺术的管理,让我们稳稳抓住了"人"这一核心,加上细节的完善,相信我们的农村小学的管理同样规范而卓有成效。

创和谐校园 办幸福教育

宾阳县黎塘镇第四完全小学 黄树萌

很高兴得到中心学校办公室的推荐参加广西师范学院教师教育学院组织的第 23 期"广西中小学校长提高培训班"的学习,在 24—29 日为期 6 天的培训学习中,我们先后聆听了南宁市教科所所长覃壮才教授的《课程教学改革的理论与实践》、成都教育师范学院谢泽慧教授的《学校制度建设与教师绩效考核》、南宁市西乡塘区宣传部副部长黄丽萍的《市场化下的学校管理》、成都青羊区教科院刘大春教授的《学校管理中言语沟通策略》、衡阳路小学许必丰书记的《国学修养与校长能力提升》、广西师范学院黄艳芳教授的《中华文化与学校教育》、贵州师范学院郑玉莲教授的《中小学教师如何做研究》、解放军第三〇三医院的李红政医生的《学生心理问题风险评估》、南宁市教育局汪述斌书记的《我眼中的好校长》、广西师范学院欧启忠教授的《新媒体教育运用》和广西师范学院王文蓉教授的《友善的教师集体》11 个专题讲座。这次提高班的学习让我受益匪浅,让我更进一步明晰了办学思想与理念;明白了一名合格校长应该具备的素质和涵养;明确了一名校长在团队中的角色定位——影响与引领;懂得了如何建设学校管理团队,带领教师队伍开展科研教改,如何传承和发扬中华民族的优秀文化,怎么样进行学生心理辅导,等等。通过学习,我感受颇多,下面我就将这次的学习收获和设想与大家进行汇报交流。

在交流之前,有两则案例和大家一起思考:

(一)某老师和学生的对话。

问:喜欢老师吗?

答:喜欢。

问:想当老师吗?

答:不想。

问:为什么?

答:我们非常尊敬老师,但觉得老师太苦了(想做那样的人,不想做那样的事)。

反思:学生之所以会出现这种观点,可能与我们工作时没有把幸福感传递出来有关。教育者如果是在充满激情的情况下去做,而又能表现出幸福感,就会引起孩子的关注和联想,从而产生极大的兴趣;相反,如果这种工作传递出的只是辛苦感,孩子们一般会敬而远之。

(二)人民网教育频道与现代教育报联合推出"教师的幸福指数"调查

据统计,当时参与调查的 13973 人中,认为自己生活和工作幸福的不到两成,近六成教师认为还过得去,幸福指数一般,近三成教师认为自己不是很幸福。67％的教师疲惫不堪,25％厌倦教师职业。

反思:调查显示,67％的教师在一天工作结束时会感到疲惫不堪,近三成教师觉得虽然很累,但是很满足。影响教师在工作中获得幸福感的原因,近五成是学生能否取得较好的成绩,18％的教师是源自对职业的热爱。提及对教师这份工作的感受,47％的人认为是一般或者喜欢,25％的人选择厌倦。网友徐桂洁在留言中提到:"因为我热爱教师职业,我感觉幸福;因为是我的无悔选择,我感觉幸福;因为我有从感性到理性的反复比较,我感觉幸福;因为职业总有快乐伴我,我感觉幸福;还因为新时期教育战线深层次改革正在进入攻坚阶段,有机遇、有挑战,有开拓创新的大舞台,'天高任鸟飞,海阔凭鱼跃',因此,我感觉幸福。"

现在全国各级教育工作会议都提到,要把提升人民群众的教育幸福指数作为教育改革发展的重要目标,我们宾阳县到 2020 年,要实现教育均衡发展,基本实现教育现代化,基本形成学习型社会,进入人力资源强县行列。

我们教育系统近年来提出"创和谐校园,办人民满意的教育,办幸福教育"是在践行构建和谐社会,提升人民群众的教育幸福指数。而我校的办学目标就是办党满意、社会满意、家长满意、教师满意、学生满意的五满意教育,为国家培养德智体美劳全面发展的建设者和接班人。下面就"创和谐校园,办幸福教育",结合这次学习的收获,谈谈个人一些肤浅的理解和设想。

办人民满意的教育,校园和谐是基础,办幸福教育是目标。构建和谐校园是一个复杂系统工程,可以从多方面、多角度去探索和实践。其基本特征是以人为本,是安全的校园、高质量的校园、出特色的校园。和谐校园的构建有五个基本要素——人、事、物、景、情的和谐。

人的和谐是关键。校园和谐最为关键的因素是人,人的和谐与否,决定了校园和谐的成败。创建和谐校园要求"政通人和","校和万事兴",前提是人与人关系的和谐,在校内是指干部之间、干群之间、师生之间、教师之间、学生之间的关系和谐。校园中的人,主要由领导干部、教师、学生三类人构成,而其中领导班子的和谐是关键中的关键,干群关系和师生关系的和谐是基础。校园是否和谐,首先就看这个学校班子是否和谐,这是由领导班子的特殊地位和作用决定的。

领导班子的和谐并不是领导班子没有矛盾、不允许产生矛盾,也不是班子内部只有一种声音、一种意见,而是坚持民主集中制的和谐。这就是说,领导班子的和谐,是不同意见充分讨论甚至思想交锋但又形成一致意见和决议的和谐。在这个过程中,班子"一把手"的言谈举止和所作所为是关键与核心。"一把手"坚持民主集中制,让大家充分说话,畅所欲言,引导和集中大家的意见,形成决议和决定,这样的领导班子必然是一个心情舒畅、生动活泼、充满活力的领导班子,也必然是一个和谐的领导班子。经验告诉我们:没有领导班子的和谐,肯定就没有干群关系的和谐;而没有干群关系的和谐,一般就没有师生关系的和谐。如何建立和谐的干群关系和师生关系,应当说领导干部和教师始终处于主导地位。

学校要抓事业,树正气。事的和谐是核心。一个校园是不是和谐,除了要看领导班子的和谐、看干群关系的和谐、看师生关系的和谐以外,还要看是不是抓事业,树正气。事业发展兴旺,师生心气很足,正气蔚然成风,这极有利于构建和谐校园,否则就是相反的结果。校园的中心工作无疑是教书育人。所有的事都是围绕这个中心工作进行的。如果学校教育教学质量萎缩萧条,前景堪忧,前途无望,家长投诉多,社会意见大,上级追究严,肯定是人心惶惶,人心思散。连生存和发展都成问题的学校,肯定是无和谐可言的。由此不难看出,事的和谐是校园和谐的核心所在,校园的和谐也是通过校园内的大小事体现出来的。

校园的中心工作无疑是教书育人。所有的事都是围绕这个中心工作进行的。岗位的设置、人员的安排、德育活动的组织实施、教学活动的设计落实、校园建设与后勤服务的保障、教职员工的考核评价等大小事无一不关系到校园的和谐,而所有的事均靠人来组织落实。因此,学校的事业要兴旺发展、要充满活力与生机,关键在人。

物的和谐是保障。和谐的人际关系、干事办事的良好氛围,没有物的和谐肯定是难以为继的。这里的物,既指显性的客观物质条件,又包含隐性的规章制度、管理措施。物的和谐既表现为学校教育教学设施配置的和谐、教职员工福利待遇的和谐,更表现为学校规章制度、组织管理的和谐。

学校教育教学设施配置是否和谐,关键看其是否有利于教育教学活动有效地开展,是否有利于学生身心发展。如有的学校班额数超过七十人,教室挤得水泄不通,前排的学生桌椅顶在讲台前,是为不和谐;有的学校为更多地容纳学生而将功能室改为课室,学生动手实践的活动空间几乎没有,是为不和谐;有的学校教学区与运动区、生活区功能不分或混杂一体,是为不和谐。

相比显性的物的和谐,隐性的物的和谐显得更为重要。学校的组织管理、规章制度特别是奖优罚劣的机制的健全和谐,是维系校园和谐可持续性发展的保障。如学校各岗位的“职责”“安全管理制度”“奖教奖优条例”“教职工考核评比条例”等各项管理规章制度是否健全完善,直接关系到学校各项教育教学活动组织实施的成效。

景的和谐是窗口。校园的和谐是有外在的表现形式可以主观感知的,即校园的风景。这景是由人、事、物构成的。人是这风景的主宰,是这风景的主角。和谐的校园,每一人、每一事、每一物都应该是一道靓丽的风景,都表现出校园的和谐。如师生良好的精神面貌、行为习惯,生动活泼的教育教学活动,布局科学合理又洁净的校舍、花草树木等等均是展现校园和谐的窗口。这个窗口是动态的,而且是感性的。女生穿吊带露脐衫、男生穿黄毛怪装,在 T 型台上、在街头是景,但在严谨、活泼的学校绝不是景。高声喧哗、追逐打闹在市场是景,但在求知务实的课堂绝不是景。大型豪华音乐喷泉在星级酒店前是景,但在活动空间狭窄的校园绝不是景。校园景色的基调是洁净、整齐、有序、合理、规范,并且是充满生机与活力的,极具特色与表现力。透过这个窗口的任一景都就可以感知校园的文化、校园的和谐。

情的和谐应该是领导干部情的和谐、教职工情的和谐、学生情的和谐的内在动力。人决定了事、决定了物、决定了景,人是关键,而人是有情感的人,人是情的载体,情是人的灵魂。因此,情的和谐是人、事、物、景和谐的基础。在校园三大主流人群里,领导干部因其特殊地位和作用在很大程度上影响着教职工的"情",而教职工也因其工作性质与特点在很大程度上主导着学生的"情"。由此,领导干部情的和谐最为关键,教职工情的和谐最为重要。管理者要多给教师一些人文关怀,力所能及地关心帮助教师的生活,领导班子平时应深入一线,努力做到知教师之所需,知教师之所想,解决教师在工作、生活中的实际困难,让教师产生被尊重的感觉。

有了和谐校园,幸福教育就水到渠成了。世界著名的教育家乌申斯基说:"教育的主要目的在于使学生获得幸福。"我们在教育孩子的时候,应该进行适时、适度的情感沟通,应该让他们感觉到,我们的付出也是快乐的,这种工作也是幸福的,这种付出的崇高,并不仅仅是因为能够给他人带来幸福,也是因为同时能够给自己带来心灵的满足,带来幸福感。

不要让教育缺少幸福感,这不仅仅是一种境界,对孩子的成长来说,更是一种责任。教育的人文价值目标是幸福教育。教育的真正目的在于促进个体获得幸福体验,提升幸福意识,发展幸福能力。幸福教育就是以人的幸福情感为目的的教育,它的目标是培养人体验幸福、创造幸福、给予幸福的能力。

现阶段,办人民满意的教育就是让更多的家长为孩子选择良好教育而产生较高的生活幸福指数;让孩子因享受到良好的教育而拥有较高的学业幸福指数;让教师因此拥有较高的职业幸福指数。打造最具幸福感的教育就是要形成最具幸福感的校园、最具幸福感的学生群体、最具幸福感的家长群体、最具幸福感的干部教师队伍、最具幸福感的单位。一句话,就是让我们的教育充满着幸福,更传递着幸福!不少老师一边工作着一边抱怨着,从而也造成了教育教学质量下降,个人的生活质量受影响,更谈不上在教育教学中能得到幸福与快乐这种感受了。

如何让每一位教育人都能成为教育幸福的创造者和传播者呢?让教师喜欢本职工作。这个基本问题决定了教师工作幸福指数,也是事业成功与否的关键问题。喜欢工作就会敬业,就会善思,就会创新。一个人难以把自己不喜欢的工作做好。如果我们想要事业成功,就首先要爱上自己的工作。个人幸福有赖于团队幸福。一个和谐温馨的教育团队能产生一种凝聚力,使团队成员将个人的爱好、特长和能力发挥尽致,实现"1+1＞2"的效果。同时,好的团队必然要求好的管理者能积极参与团队的建设,发挥模范带头作用,调动团队成员的积极性,营造一种良好氛围,从而影响着团队成员之间的和谐相处,影响着每个人的幸福感,而这一切均在润物无声之中。

要建立科学合理、分工明确的工作流程。这样能避免工作无序的烦恼、互相推脱的抱怨、相互指责的矛盾,让人心情愉悦地专注于自己的工作,并清楚自己的工作与流程中各相关要素的关系,实现"有序"运行。工作流程实质就是满意→幸福→企盼→价值→满意→……"满意"是"幸福"的基础,对事业的"企盼"是"幸福"的必然结果,而"价值"则是"幸福"的归宿、源泉和动力。开展有效的职业生涯规划。抓好教师专业发展工程,要让教师感受到成就感,有利于团队持续健康发展,是提高工作幸福指数的助推器。

"我还你一个童年,我就欠你一个成年",这是很多家长和教师说给孩子听的话。孩子幸福指数过低的原因是什么?有网站据此发起一项网络调查。参与调查的四成多网友认为学业压力是中国孩子不幸福的主要原因,位居第二的是"父母急功近利的教育方式",有 23.8% 的网友投票。其实,用不着调查我们也知道,学业负担过重,就是孩子不幸福的源泉。要让孩子幸福起来,必须减负。减负,我们喊了好多年,然而,负担依然沉重。面对如山似的作业,孩子如何能够幸福起来?教育局提出"小学做活",既包括做活课堂,也包括做活课外。要让学生在课堂、课外感受到成长的幸福。如何做活课堂?开展课堂教学改革,实施有效教学,激发学生学习兴趣,提高教学质量,让学生真正成为课堂的主人!如何做活课外?减轻孩子的课内课外负担,开展丰富多彩的兴趣小组活动,发展兴趣特长,发挥个性特长,全面提升素质,让孩子在活动中幸福成长。

"创和谐校园,办幸福教育"应该是我们教育工作者孜孜不断的追求,我们会朝着这一目标努力奋斗的!

学校管理中的言语沟通策略

宾阳县黎塘镇新圩小学　黄　岘

今天非常高兴有机会在这里和大家分享 6 天的学习成果,这 6 天上了 11 节课,每一节课都很精彩,感触非常深。从学校管理、制度建设、团队合作、校长提升、科研管理、言语沟通、国学修养、文化教育、心理干预等方面,给了我一顿丰盛大餐,让我久久回味。我个人觉得想和大家分享的太多太多,下面就一些精彩的内容和大家交流学习,讲得不对的地方请大家原谅。

《科研管理的智慧》讲述了科研的出发点,做法比想法重要,课堂比课程重要,教师比学生重要,观念比理想重要,领袖比团队重要,思路比知识重要,精讲比多练重要,科研的中心是:想法、做法、写法;科研管理的思路:问题在哪里,目标是什么,可行的解决方案、评价和推广。

《学校制度建设与教师绩效考核》指出了当前学校制度建设的问题,一个是对内部制度建设认识不足,再一个就是制度本身就存在问题,体系不完善。我们在建设制度的时候要考虑到合法、合理、以人为本、激励先进、以德为先、注重实绩、客观公正、简便易行、统筹兼顾、适当倾斜、促进发展。

《市场化下的学校管理》讲到了我们学校目前的矛盾。经济社会的发展和人民群众对高质量教育的迫切需求与优质教育资源的严重短缺,已经成为教育领域的主要矛盾。那么我们校长应该怎么做? 第一转变观念,把我们那些陈旧的思想观念丢掉,更新理念,做一个学习型的校长。第二顺势而为,我们要从单一的政策文件执行者角色中转变,强化决策,筹划未来,协调内外,开拓职能。第三准确定位,实现文化管理,学校管理单靠校长观念、人格魅力、规章制度还不足以让一个学校长远发展,沉积的文化管理才是当今学校的卖点,不在于换多少任校长,学校文化源远流长才是成功之道。

《国学修养与校长能力提升》这节课可以讲,我们和国学文化相差太远。很努力地学也学不下去,我们对这方面的知识就是一片空白。国学就是我们现在做的经典诵读,读有四种读法,分为五个步骤:听、读、背、解、行;12个字:知而心行,行而必恒,恒而必达。(我们人的弱点是什么? 知而不行,行而不恒,从而不达。)

《我眼中的好校长》是我们南宁市教育局党委书记汪述主讲,汪书记是我们县原来的组织部长,他提出来的好校长是先做好人,再当好校长,才会有好学校,才成名校,才有名校长。校长应该具备四种素质:一是政治思想道德和个人素养;二是身心健康;三是职业道德;四是专业知识素养。好校长应该具备六个突出特点:一要有良好的心理调适和疏导能力,大事小声说,小事慢慢说。二要勇于自我反思,养成反思的习惯。三要有学习能力和学习习惯。好学校三年靠校长,十年靠制度,百年靠文化。四要有良好的、正确的判断力和领悟力,要善解人意,长袖善舞,倾听别人的声音,领悟别人的意图,公正、真诚。五要有正确的认识能力、组织能力、协调能力、应变能力。六要有肯吃亏、忍辱负重的精神。

《学校管理中的言语沟通策略》这节课出自成都大学李大春教授,这节课给我的感悟很深,可以这么讲,句句讲到实处。我们管理的秘诀是什么? 沟通、沟通、再沟通! 教育部出台的小学教师专业标准(2012年1号文件)里就提到——第51条:使用符合小学生特点的语言进行教育教学工作;第52条:善于倾听,和蔼可亲,和小学生有效沟通。第 53 条:与同事合作交流,分享经验和资源,共同发展。第 54 条:与家长有效沟通合作,共同促进学生成长。第 55 条:协助小学与社区建立合作与互助的良好关系。从这些试行条例来看,教师的言语是一种什么都代替不了的影响学生心灵的工具。

立做人之德　明做事之理

宾阳县黎塘镇吴江小学　吕立贵

我今天做报告的题目是"立做人之德,明做事之理"。这也是我们吴江小学的校训,我是这样解读我们学校的校训的:教育教学应以人为本,以德为先,严谨有序,严格有情。一个知识不健全的人可以用德来弥补,而一个道德缺失的人,却难以用知识来弥补。千教万教,教人求真;千学万学,学做真人。教育要以学生为中心,培养其勤学习、善合作、知荣辱、尽责任,教其诚信做人,认真做事,彰显美德。然而,上个学期,我校发生的师德师风事件却有悖于校训的精神,为了重塑我校教师教书育人,为人师表的良好形象,我校结合宾阳县教育系统"师德师风建设活动年"的开展,前几天召开了我校师德师风建设活动的动员会,今后我校将开展一系列的学习活动。

开展师德师风建设活动,首先要了解,什么是师德?师德即教师的职业道德,是每个教师在从事教育活动中必须遵守的道德规范和行为准则,以及与之相适应的道德观念、情操和品质。

中小学教师职业道德规范内容:

一、爱国守法。热爱祖国,热爱人民,拥护中国共产党领导,拥护社会主义。全面贯彻国家教育方针,自觉遵守教育法律法规,依法履行教师职责权利。

二、爱岗敬业。忠诚于人民教育事业,志存高远,勤恳敬业,甘为人梯,乐于奉献。对工作高度负责,认真备课上课,认真批改作业,认真辅导学生。

三、关爱学生。关心爱护全体学生,尊重学生人格,平等公正对待学生。对学生严慈相济,做学生的良师益友。保护学生安全,关心学生健康,维护学生权益。不讽刺、挖苦、歧视学生,不体罚或变相体罚学生。

四、教书育人。遵循教育规律,实施素质教育。循循善诱,诲人不倦,因材施教。培养学生良好品行,激发学生创新精神,促进学生全面发展。不以分数作为评价学生的唯一标准。

五、为人师表。坚守高尚情操，知荣明耻，严于律己，以身作则。衣着得体，语言规范，举止文明。关心集体，团结协作，尊重同事，尊重家长。作风正派，廉洁奉公。自觉抵制有偿家教，不利用职务之便谋取私利。

六、终身学习。崇尚科学精神，树立终身学习理念，拓宽知识视野，更新知识结构。潜心钻研业务，勇于探索创新，不断提高专业素养和教育教学水平。

对师德的解读：一、爱国守法—教师职业的基本要求；二、爱岗敬业—教师职业的本质要求；三、关爱学生—教师职业的灵魂；四、教书育人——教师职业的职责要求；五、为人师表—教师职业的内在要求；六、终身学习——教师职业的时代要求。

南宁市中小学教师诚信十条

一、遵规守纪，依法执教

贯彻国家的教育方针，遵守规章制度，履行教师聘约，执行教学计划，按照《教师法》赋予中小学教师的权利和义务教书育人，完成教育教学工作任务。

二、忠于职守，爱岗敬业

忠诚于党的教育事业，热爱教育，热爱学校，树立正确的教育观、质量观和人才观，遵循教育规律，尽职尽责，与时俱进，不断提升教书育人能力。

三、为人师表，言行一致

遵守社会公德，维护公共秩序，上课时关闭手机，不在教室吸烟，不酗酒，不欺瞒，不造假，做到率先垂范，身体力行，成为真诚守信的模范。

四、勤奋学习，严谨治教

树立终身学习的观念，积极参加继续教育活动，不断学习新理论、新知识、新技能、新方法，探索教育教学规律，改进教育教学方法，提高科研水平和教育教学质量。

五、廉洁从教，乐于奉献

坚守高尚情操，发扬奉献精神，自觉抵制不良风气影响，不收受学生或家长钱物，不向学生推销商品和教辅资料，不利用职责之便谋取私利。

六、团结协作，相互尊重

谦虚谨慎，关心集体，团结同志，相互学习，相互帮助，相互促进，不封锁信息资料，不压制诋毁同事，维护其他教师在学生中的威信，维护集体荣誉，共创文明教风。

七、热爱学生，真情育人

建立民主和谐的师生关系，尊重学生人格，不按学习成绩对学生排名次、排座次，不讽刺、挖苦、要挟、歧视、体罚或变相体罚学生，促进学生全面、主动、健康发展。

八、尊重家长，真诚服务

主动上门家访，加强与学生家长的沟通和联系，正确指导家庭教育，认真听取学生家长的意见和建议，不断改进教育教学工作。

九、公正评价，平等待人

作风正派，是非分明，待人接物不以个人好恶和关系亲疏为标准，办事公道，一视同仁，公正评价学生，为学生创设平等的学习和发展空间。

十、注重修养，自警自励

衣着得体，语言规范，举止文明，严于律己，不参与校内外违规办班和补课活动，自觉把诚信作为修身立业的根本全力打造，促进人格全面提升。

师德师风的现状与困惑

一、职业倦怠，故步自封，懒于学习，自甘落伍。目前很多教师不读书或很少读书是一个不可思议却又无可奈何的事实。二、不尊重学生和家长、侮辱体罚学生。三、职业理想与价值观改变，工作不安心，一切向钱看。四、心胸狭小，斤斤计较于个人利益，不善于团结合作。

师德师风建设学习内容：利用我校每周一的例会，学习下列内容，每次学一些。

一、思想政治方面。《中小学教师职业道德规范》《南宁市中小学教师工作守则》。《中小学老师违反职业道德行为处理办法》。

二、法制教育方面。《教育法》十章八十四条、《教师法》九章四十三条、《未成年人保护法》七章七十二条、《义务教育法》八章六十二条、《国家通用语言文字法》四章二十八条、《职业教育法》五章四十条、《教师资格条例》七章二十三条、《事业单位工作人员处分暂行规定》七章四十八条等。加强师德师风制度建设，建立考评奖罚制度，把师德师风纳入绩效考核中。

我们要做哪个层次的教师呢？

（1）职业境界——经师。教育者，传道、授业、解惑也。是指教师要像传教布道一样，严肃、严谨、严格地对待教育教学工作，做一个不误人子弟的合格的教师。

（2）专业境界——能师。指教师是具有教育智慧的专家型、研究型教师，专业功底深厚，有独特的教学艺术和风格，有出色的教学效果，有对教育教学的研究和探索，直至著书立说。

（3）事业境界——人师。这是教师人格修养的最高境界。"经师易得，人师难求。"人师以自身的人格魅力塑造学生的人格，以自己的德、才、情给学生潜移默化的、终身受益的影响和感化。

经师的目标是追求学生的学业成绩和升学率，能师在关注教学效果的基础上，也注重自身专业发展，相对忽视教师德的修养。作为教师，拥有渊博的知识，精通所教的学科，是做好本职工作的基础和要求，把知识传授给学生，达到良好的专业发展境界，也是教师的基本任务之一。

人师是德、能兼备的教师，只有他们才真正做到了教书、育人的最优结合。人师不仅注重教书，传授给学生知识，而且注重育人，教育学生如何做人，培养学生的品质和作风，矫正学生的行为习惯。作为一名教师，就要把教书育人作为一种事业对待，就要做一名人师。

礼仪对于个人，是文明与教养的表现；对于社会，是发展与进步的标志；对于民族，是精神风貌的展现。教师礼仪的好与坏，对学生的价值标准、审美标准的形成，有着重要的示范和影响作用。

教师礼仪规范的基本要求：

关心学生，平等相处；尊重家长，谦和有礼；关心同志，真诚坦率；以身作则，为人师表；举止大方，仪表端庄；说话和气，语言文明。

师德的提升

一、爱学生是教师职业之本，陶行知先生倡导"爱满天下"。

二、师爱的特点：教师爱学生是道德情感，是职业之爱，而不是私情之爱，师爱是教师道德情感之本。教师爱学生，就要尊重学生。

教师尊重学生要遵守以下原则：

1.尊重学生的心灵

第一、尊重学生的兴趣、爱好；第二、尊重学生的情绪、情感；第三、尊重学生的个性差异；第四、尊重学生的抱负和志向；第五、尊重学生的选择和判断；第六、尊重学生的个人意愿。

2.尊重全体学生

第一、尊重智力发育迟缓的学生；第二、尊重被孤立和被拒绝的学生；第三、尊重有过错的学生；第四、尊重有严重缺点和缺陷的学生；第五、尊重和自己意见不一致的学生；第六、尊重不尊敬自己的学生。

3.不伤害学生的自尊心

第一、不体罚学生；第二、不辱骂学生；第三、不大声训斥学生；第四、不羞辱、嘲笑学生；第五、不随意当众批评学生；第六、不随意向家长告状。

2.教育教学

谈谈信息技术在语文课堂教学中的运用

宾阳县黎塘镇中心学校　廖宁武

现代化的教育教学离不开信息技术手段,特别是对于我们的小学语文教学,运用现代信息技术整合语文教学能发挥更高的效率。现代信息技术的运用,丰富了语文学习情境,激发了学生的学习兴趣,为语文课堂教学提供学习的形象性、直观性,解决了学生因抽象思维的限制带来的学习困难,极大提高了课堂教学效率,并丰富了学生的课外知识。这里我就简单谈谈自己在语文课堂教学实践中运用信息技术的一点点体会吧。

一、运用现代化信息技术教学手段辅助语文课堂教学,加大课堂容量,提高课堂效率

利用现代教学手段,可节省大量的板书时间,让老师和学生能把更多的时间放在其他教学训练上。比如,我的在教学《鸟的天堂》一课时,课前精心挑选了几幅能形象逼真体现大榕树(鸟的天堂)枝干交错、绿叶繁茂的彩色画图,以自由放幻灯的形式让学生边观看画面,边诵读逐行出现在画面上的课文语句描写,学生在很短时间内就理解了这两个自然段(全文最重要最难理解的自然段)的描述。从而腾出更多时间去和学生探究需要模仿练习的后两个自然段的叙述方式,仿写完后,再利用实物展台及时把仿写得较好的学生作品投影到大屏幕上让大家读一读、评一评。如此,就能在短短的一节课内完成对学生进行听、说、读、写多方面能力的训练,增加了学生即学即用的机会,又提高了课堂效率,还能使学生达到举一反三的目的,更减轻了学生课外作业的负担。这也是我们教育变革的一个方向目标,是信息技术与语文教学有效整合的一个突出方面。

二、运用现代化信息技术教学手段直观、形象、生动地展现文章情境，使学生较易理解领会文章内容，激发学生的学习兴趣

例如，在教学《桂林山水》时，我通过精选的桂林山水图片把漓江"静""绿""清"的特点描述和桂林的山"秀""奇""险"的描绘逐一展示出来，学生身临其境，既理解了文章词句表达的意思和内容，又迅速进入了最佳的学习情境中。

又如在讲授《海底世界》一课时，我精选并重新拼接了一段有关海底世界的精彩视频在课堂上播放。那海底绚丽多姿的山脉、五光十色的生物、奇形怪状的珊瑚很快就把学生引入了情境，再加上轻悠柔美的音乐和娓娓动听的影视讲述，孩子们完全陶醉了。以致看完一遍后，学生都要求再播放一次。学生整堂课自始至终保持着高涨的学习热情，对《海底世界》课后的思考作业题都完成得很好，可见，学生对这篇课文的内容理解领会得非常好。

再比如，在学习古诗《咏柳》时，我利用网络海量的图片资料信息精心选取了几幅鲜艳、典型的柳树群组图片，生动逼真地展示出了柳树整棵树婀娜的形态、垂长的枝条、嫩绿娇美的细叶，然后再展现几幅柳树与红花绿草、小燕子等融合在一起的春天美景图，让学生充分欣赏后，才打出诗句"碧玉妆成一树高，万条垂下绿丝绦。不知细叶谁裁出，二月春风似剪刀。"这样，学生便很容易理解和体会诗句所描绘的情境，进而激发了学生学习古诗的兴趣。这些现代信息技术的运用效果都大大超越了传统的教学手段，是信息技术与语文教学有效整合的另一个突出成就。

三、现代信息技术为作文教学提供了大量的丰富的作文素材，拓宽了学生的思维空间，极大地提高了作文教学的效果

运用信息技术手段我们可以给学生提供大量生动形象、接近学生生活的视频、图片、声音等，为学生的作文找到了很好的训练素材，特别是对学生用形象思维进行语言表达的训练更高效，因为全班学生都是对同一视频或一组图片进行叙写和描述，所以我们老师就可以把学生完成的许多典型作品通过实物展台及时投影到大屏幕上，让全班同学一起阅读、评价、借鉴，由此及彼，举一反三。经常如此训练，就能让学生在较短时间内找到语言特别是形象语言表达的技巧和规律，从而填补了语言表达和形象思维之间的沟壑。同时，也大大减轻了老师以前那种课外需大量批阅全班同学不同题材的作文的工作负担。此外，我们还可以利用信息技术突破时空的限制，将历史上的或未来的人、事、物组合在一起，通过多媒体投影生动地展现在学生面前，既为他们提供了丰富的作文素材，又大大

拓展了他们的思维空间。这是传统教育难以达到的,是信息技术与语文教学有效整合的又一个突出表现。

四、现代信息技术的运用,丰富了学生的课外知识

语文教学如果只是靠着课本和一些书刊资料及教师的言语等所得到的信息,那是十分有限的,很难满足学生的学习需要。新课标中也已明确要求我们老师必须尽可能地拓宽学生的课外知识面。随着现代网络信息容量的日益增加,我们可以让学生从网络信息中收集很多的语文学习资源,包括文字信息、图片信息、视频音频信息等,从而增大语文教学的信息量,充分发掘语文教育教学资源,不断开辟语文教学的新领域。

总之,在语文教学中,现代信息技术的合理运用,将教学内容的呈现方式、学生的学习方式加以变革,充分发挥信息技术的优势,为学生的学习和发展提供了丰富多彩的素材和有力的学习工具,培养了学生阅读理解、表达交流等多方面的基本能力以及运用现代技术搜集和处理信息的能力,提高了学生的人文素养和科学素养,最终将使学生得到更好更完美的发展!

如何提高小学生的自主识字能力

宾阳县黎塘镇中心学校　罗燕兰

语文课程标准中规定"小学1-2年级认识常用汉字1600-1800个,其中写字800-1000个"。这就是说我们的小学1-2年级学生在一天的时间里就要学习十几个汉字,就占六年识字总量的一半还多。识字任务这么重,怎样才能化难为易,有效地提高低年级识字教学的效果呢?如果只是沿用过去老一套的识字教法,让学生不停地读、机械重复地抄写,结果只是抄得烦,不愿再去认,不愿再去写,完全适得其反。本人认为只有当学生对要学习的东西感兴趣了,方能以更饱满的热情投入到学习当中去,识字也是同样的道理。作为一线语文教师,我主要从以下几个方面着手:

一、激发学生识字的兴趣,提高识字效率

1.以教材为根本,激起识字的浓厚兴趣

人教版一年级教材识字内容丰富,形式多样,一年级上册1—13课用简单的

学生易于接受的诗歌(儿歌)形式学习,感觉容易完成朗读任务,所学的字也比较简单,不易产生畏难情绪。如《一去二三里》《画》《静夜思》都是朗朗上口的诗,学生很爱读,其中的生字也很快能学会。又如《四季》《哪座房子最漂亮》《比尾巴》非常富有童趣,让学生既识字,又丰富了知识。一年级下册"识字一"就是一组四字描写春天的词语"春回大地、万物复苏……"读起来就组合成了一幅优美的春天的画卷,在读中就能享受到美。其他的单元还有"三字经""谚语""对对子"等,我利用这些教材资源,将"三字经""弟子规"等古代识字教材展示在"学习园地"上,让学生既识了字,又能受到我们传统文化的熏陶。课本中还有许多有效的资源,如一年级上册在学习完《日月明》后的"读读想想"中就有朗朗上口的儿歌"不正歪,歪歪扭扭;日光晃,晃眼睛;三口品,品茶;三日晶,亮晶晶。"这也是在向学生诉说造字的规律,我上课时适当点拨:"同学们瞧,两个简单的汉字一组合,它们的意义就不一样了。一样东西放不正当然就——歪了……"一年级上册"语文园地四"中的"比比写写"中的资源又可以利用来说汉字的造字神奇,如"十"加一笔变成"土","日"加一笔变成"目","手"和"毛"只是最后一笔拐一个方向等,太多有效的资源都可以利用。用好这些平台让学生感受到我们中国汉字神奇和无尽的魅力,激起浓厚的学习兴趣。

2.用好多媒体,让识字更生动有趣

低年级学生年龄小,容易被新鲜有趣的东西所吸引。多媒体课件的介入会让识字达到意想不到的效果,因为多媒体课件的音频、视频效是老师许多描述的语言都无法比拟的。如一年级下册"识字一",我展示了一组不同地点春天的美景,出示了春天小草发芽、花儿绽放的视频,创设优美的情境让学生如同身临其境,学生睁开好奇的眼睛看着,思考着。"识字六"中的"一只海鸥、一片海滩、一条帆船……"等内容,我不仅让学生欣赏课件上优美的图片,还让学生动手画一画。此外,我还设计了不少生字书写动画,学生认字、写字的兴趣变得更加浓厚了。

二、教学生在自学中掌握汉字的构字规律

汉字博大精深,有很多的精髓值得我们去探究。我们教师要做好这个引路人。如果我们能在课堂教学中让学生去发现造字规律、构字特点,那必定会起到事半功倍的效果,这就是我们常说的"授之以渔"。让学生掌握这些识字的方法,就等于让学生拥有识字的强有力的武器,在今后的识字过程中才会运用学过的识字方法来识字,从而大大提高识字效率。

在识字教学过程中,我十分注重能力的培养,让学生真真正正成为学习的主体。汉字中有80%以上是形声字,声旁代表字的音,形旁代表字的义。我们大可以用形声归类的方法,帮助学生很快识记大部分汉字。如形旁归类"袄、被、裙、裤",声旁归类"情、清、请"。还可采用字理记忆,如"抓"字是用手去拿住东西,所以左边是提手旁,右边是"爪"字就像张开的手指,接着可以联系实际说说什么动作可以用上"抓"字。还有发挥想象进行形象记忆,如"鼠"字的"臼"可以想象是老鼠的头,两个竖提是脚,四个点就是脚趾,最后的斜钩是老鼠的尾巴,但尾巴上没有脚趾,这样学生就不会记错、写错了。

在识记生字时,我把识字方法归纳为五个字:找、读、记(记住音、形特点)、写、默(自己默出所学生字)。如在认"坐"字时,先让学生在课文中找出这个生字;教他们读准字音;再让学生观察这个字的组成,细心的同学都会发现可拆分成"人、人、土",还可以编个顺口溜:两人背靠背在土上坐;然后在指导学生书写"坐"字时,坐要稳,所以横平竖直,伸长的一竖就是人的靠背,掌握了字的结构就容易书写了;最后是在写完几遍之后的默写,就游刃有余了。用这样的"五步走",学生比较容易接受,习惯也容易形成,一节课下来掌握的生字也不少了。养成了自主识字习惯,学生在课外遇到的生字也会主动识记,识字量也会相应增加,会为下一阶段的阅读打下扎实基础。

三、开展形式多样的识字活动,让识字更快乐

一年级学生年龄还小,关注事物的时间不能过长,不然很容易倦怠。在识字过程中我常用形式多样的、趣味盎然的活动来吸引学生,让学生在玩中学习,在学中玩,在不知不觉中又掌握了不少生字。

1.编口诀。根据低年级学生的年龄特点,我尽量采用直观的手段、简洁形象的语言、丰富生动的故事,把一个个抽象的文字变成一幅幅画或一个个故事。学"跃"时,学生编的故事是:"一个叫作足的小朋友在踢足球,一不小心就把一个叫作天的小朋友的帽子踢歪了!"学"力",我们编的顺口溜是"刀字出头,力力力!"学"拔",我们编的顺口溜是"小朋友用手拔河流了汗,加油加油!"男:在田里卖力干活的是男人;朋:两个月亮交朋友;休:一个人站在木旁边休息;肯:月亮不肯止步。

2.排队组字。老师准备一些偏旁或部首做成卡片发给学生,让他们到讲台前来自由组合。或是将同音、同形旁、同声旁的字分散给学生,让学生打乱规律归类。在一阵手忙脚乱组合之后,对与错学生都能很快地分辨出来,最后再让全

体学生评议和认读。

3.做游戏。在游戏中识字是学生很喜欢的一种识字方式。比如摘苹果、闯关、转盘等游戏都很有挑战性又很好玩。比如上《比尾巴》时,我制作了一个多媒体课件,将难读的、难记的生字藏在迷宫里,读对一个字闯一关,遇上卡壳的就必须以团体的力量才能过关,非常富有刺激性。此外,还有"送信""送字宝宝回家""你读我找""你说我写"等等不同形式的游戏活动,学生一边玩一边学习,增强了识字的趣味性,其乐无穷!

4.编故事、顺口溜巧记字形。低年级学生最爱听故事了,如果通过直观手段、形象语言,可以把一个个抽象的汉字演绎活化成一幅幅图画或一段段小故事。如:学"告"时,学生说:"一口咬住牛尾巴"。

5.猜字谜记字形。如果只是看一个方块字,学生会觉得方方正正的没有什么看头,没有多大的兴趣,如果换个猜字谜游戏就完全不同了。老师出谜面,让学生试着猜一猜。还可以让学生自己编字谜,让老师、同学或是在家中让家长猜。如:"生"即"一牛走在桥上头";"回"即"小口藏大口里头"。这样用游戏操作起来很简单,富有趣味性。

6.利用认同学的名字来识字。这一项活动的设计我是结合一年级上册"语文园地一"把认识的姓涂上颜色而来的。我将每一位学生的名字打印了贴在对应的桌面上,学生们在课余时间认识同学的名字,真可谓是"一回生,二回熟"了。我还将学生名字中的字零乱地贴在学习园地上,熟悉了之后便可以将学习园地上零乱的字组合成完整的、不同的同学的名字了。在班级中开展"比一比谁认得的小朋友的名字最多"比赛,学生识字热情更高了,一个月下来,全班六十多个学生的名字大部分的学生都认得了。

四、阅读课外书识字

我们让学生尽可能早识字、多识字,就是为了促进学生提前阅读。从另一角度而言,也可让学生在大量阅读中巩固识字。这样以识促读,识读同步,才能给学生更开阔的识字天地。一年级在入学一个多月后就要接受识字的重要任务,老师的引导可谓是责任重大。但识字不是孤立的,为了让生字能经常见面,我们充分利用了课内外阅读。课堂上的阅读教学可以及时地检查所学的生字,我们的做法是在课文中圈画出生字,再让学生说说用教的识字方法怎样记住这些生字,再在课文朗读中读准、记住这些生字。课外阅读是一项课外作业,我们一般会布置学生在家中阅读,第二天将阅读中遇到的学过的生字汇报,并用表格记录下来,比一比谁在课外遇到的生字多。生字就像朋友一样,常见面常交流就变成好朋友了,学生和生字成了好朋友,好朋友越多当然就越高兴了。

五、将课堂学习有效向课外延伸

根据小学生认知规律,要牢牢记住一样事物都要一个反复识记的过程。小学生识字任务重,常常是学习了后面的字却记不住前面的了。在我们生活的大环境里,随时随地都能接触到很多的汉字,如食品包装袋、店面招牌、报纸杂志、广告等等,真是无处不在。我有意识地引导学生留心观察,并记住在生活中遇到的字。

1.在看电视、电影中识字。《动漫世界》《智慧树》《喜羊羊与灰太狼》《熊出没》等都是孩子们爱看的电视节目。我们可以有意识地引导学生在看电视时注意认读屏幕下方的字,在听读中学生不仅能从中获得许多有用的信息,还能认识不少字。

2.在逛街、购物中识字。比如乘车时认认站台的站牌,逛街时认认街道两旁的招牌;认认商店、宾馆、医院等各种单位的名字;逛超市时认认包装袋上的商标、价格、折扣……这些随处可见的文字都能成为学生在生活中识字的有效资源,从而满足儿童对识字的渴望,保持识字的热情不减。我们的这个想法和一年级上册“语文园地四”里“我会读”的这一环节的设计可以说是不谋而合的。

3.利用实物识字。我们的教师可以把教室里的电脑、讲台、课桌、椅子、黑板等贴上字,让学生随时都能在无意识中记住这些字。再如,学习了《在家里》,可以让学生在自己喜欢的玩具上面贴上它的名字,让家长评一评写对了没有;也可以将自己家里的家具或是家用电器写在卡片上,给老师同学或是家长介绍。

在近两年来的识字教学中,我结合本班学生的实际情况,利用学校及周边的社会资源,在摸索和实践中逐步积累了识字教学的经验,学生在学习和积累中也掌握了许多的识字方法,识字量得到了提高,60%的学生识字量在 1800 至 2000个之间。相信长此以往,识字量实现《小学语文新课程标准》3500 个左右的目标并不难。

我们语文老师只有注意到了课堂内外相结合,将有效的教学向生活延伸,多种识字渠道并用,才能真正体现学生的主体地位,培养他们自主识字的能力;也才能让学生在活动中不断发现创新,让识字更有乐趣。

(此文获黎塘镇第一届“教师发展论坛”论文比赛一等奖)

让学生走进识字的"自由王国"

宾阳县黎塘镇中心学校　欧　兰

中国的汉字博大精深，内涵丰富，根据汉字的特点进行教学，不仅能让学生轻松掌握字音、字形和字义，还能使学生的智力得到有效开发，热爱祖国语言文字的情感还能得到培养。然而，在教学实践中，我发现老师教得很辛苦。课堂上，不是教学生读、写、记，就是教学生理解字义，学生学得很累。久而久之，学生会觉得索然无味，识字就会变成学生沉重的负担，识字的劲头就没有了。由于学生识字少，造成课外阅读时的语言、理解障碍，对阅读不感兴趣。基于这样的认识，我对新课标识字教学进行了探索。

一、创设情境，给学生感性的环境

兴趣是万事成功的基础。可见，只有当学生对想学习的东西感兴趣了，才会乐学，才能有成功的体验，识字也是一样的。《语文课程标准》也把学生"喜欢学习汉字，有主动识字的愿望"列入教学的第一目标。

因此，我常常用现代教学技术来创设情境，使识字教学变得具体、形象，让学生对识字感兴趣。如在《日月明》的识字教学中，开课后，我对同学们说："你们知道吗？我们祖先可是大发明家，你看，他们能将一幅幅图画变成一个个文字，真是太神奇了。"在优美的音乐伴奏下，太阳、月亮缓缓升起，慢慢演变成"日"字和"月"字，学生睁着好奇的眼睛观看着，然后，我让学生说说白天的太阳光和晚上的月亮光怎么样？利用动画，我让学生看到了一幅更亮的画面，学生都"哗"地叫起来，"太亮了！"我相机启发学生，这时你想用一个什么字表示你看到的画面呢？学生就会七嘴八舌地猜呀猜，最后得出一个结论就是"明"字。再出示动画课件：太阳与月亮拼在一起。我告诉学生，太阳和月亮肩并肩靠在一起，成了好朋友，变成了全新的字，它叫作"明"。于是，我们的祖先就造出了一个字——"明"，让学生齐读。最后，我让学生思考：这个字表示什么意思呢？（很亮很亮）。我们的祖先真是聪明，让我们一看就知道，有了日，有了月，这个世界就很"明"亮了。我们的祖先是不是很了不起呢？

接着我通过多媒体演示"鲜、明、林、尖、休、力、森、尘、从、手、灭、男、众"13个生字的演化过程，结合一张张鲜明生动的图片，学生睁大好奇的眼睛看着充满神秘色彩的文字，就会对汉字的神奇魅力很感兴趣，渐渐发现汉字构字规律，不仅会读写这些生字,还领会了字的含义。生动有趣的画面调动了学生多种感官参与识字教学,学生的被动学习转变为主动学习,提高了学习汉字的效率,教与学的过程充满生机与活力。实践证明,利用多媒体课件创设情境,能激起学生探索汉字的欲望。

二、教给方法,引导学生自主识字

新课标指出:识字教学的任务,就是要学生掌握字的字音、字形、字义,使学生读准、认清生字,能初步了解字义并能恰当运用。因此,我们的识字教学要注重识字方法的传授,做到易学、易记、实用,必须是"授之以渔"。

1.换偏旁识字法

换偏旁是很好的识字方法。特别是形声字,它的一部分表示读音,是声旁;它的一部分表示意义,是形旁。给它换了形旁,就可以表示不同的意义了,就成了许多音近、形似的字了。例如,以"青"为声旁能组成"蜻、精"等字,并编成顺口溜来识记:"有虫是蜻蜓,有米人精神";以"包"为声旁能组成"抱、跑、泡、炮、咆、袍、饱、雹、刨"等字,编成顺口溜来识记:"抱物用手,赛跑用脚,泡豆用水,点炮用火,咆哮用口,袍子用衣,吃饱有食,冰雹有雨,刨子有刀。"利用这一点能让学生很快地记住这些字,还能理解字义。自从我教了"换部首"识字法后,我发现学生对于这种识字法很感兴趣,他们开始主动地去识字,写字。

2.以"基本字带字"识字法

一年级学生起初都是认识一些简单的独体字,学生都比较容易掌握,在这之后,我们就可以将这些简单的字进行组合,将它们归类或是作为基本的部首,学生就可以用来理解一些字的意义,寻找读音。如此一来,学生的识字量便会随着增多了。如认识了"方",我们可以给它加不同的偏旁,可以得到"放、妨、房、纺、访、仿、防、芳、坊"等字;如认识了"又",可以得到"双、劝、欢、权、叹"等字;如认识了"口",可以得到"回、吕、国、园、困"等字。在课堂上,不是由教师先讲,而是引导学生自主学习。老师再引导,在多次的观察、思考等的思维活动中学生不仅学会了新字,还将一些形近字区分清楚了。

3.猜谜语识字法。

针对一、二年级学生天真活泼、大胆想象的年龄特点,猜谜可是学生喜闻乐见的形式,我就充分利用学生的这一特点,在猜谜游戏中激起学生的识字兴趣。如在教学中将生字变成字谜,如"一牛走在桥上头","口中有口","门里面有个人""一匹马跑到门里面来了"。这样既能激发学生学习的积极性,又能提高识字的效率。又如:月亮不止步(肯),一口咬掉牛尾巴(告),有火有山(灿),太阳下去半个多(夕),一个人站在木旁边(休)。"四个人搬个木头"是什么字?"二人同路行"又是什么字?……学生也可学着编谜语。学生识字的兴趣一下就提起来了,有的侧着脑袋思考,有的边做动作边猜,有的一边用笔描绘一边想象……学习氛围十分深厚。我常常在课堂上让一些学生看生字后,就根据生字做各种动作,让学生猜猜是什么字。如识记"闪"字时,一个人在门口一闪而过,让学生猜是个什么字。这样的方法对小学生很适用,既记住了字形,还知道了字义,真是一举两得。

4.在生活中识字

在长期的教学实践中,我体会到识字教学与生活是息息相关的,如鱼离不开水。我提倡学生利用好各种有利的资源,用自己喜欢的方法去识字,有效地将课堂延伸到生活中去。这样识字,就不再是"纸上谈兵"。在我们班里,我常常问:"你们从哪里学会了什么字?"学生立刻会说"从电视上认识了伊利优酸乳——我要我的味道、联想笔记本——让世界一起联想、爱生活——爱拉芳、娃哈哈——爱的就是你……";我从广告牌上认识了"黎塘十九鹅肉店、黎塘一中、上光百货、黎塘中国移动公司、长城书屋……";我从商标上知道了"黎塘饼干加工厂、黎塘服装厂、黎塘面粉厂……";我从物品包装袋上认识了"伊利牛奶、旺旺糖、大白兔牛奶糖……"这些字等等。是呀,有趣可爱的动画片:熊出没、加菲猫、穿越时空的少女、汽车总动员、喜羊羊和灰太狼……这些字不需要老师教,他们就认识了。家长会上,我也让家长有意识引导孩子留心观察,哪怕和孩子走在街上看到超市、商场、广告牌、车站名称等等,都可以让孩子认识它们。这样一回生来二回熟,学生很快就能记住这些字了,家长给予一些"你真能干"等之类的表扬,孩子就更高兴了,识字劲头就更足了。学生还能够明白识字在生活中的重要性,体会到识字在生活中的用途很广泛。

我深深地明白,识字是写作和阅读的前提,是学生再学习的基础,是人们交际的重要工具。要掌握好这个工具,我们就要孩子们在小学低年级时打好基础。只要我们多渠道地让学生识字,以多种识字的方式激起学习的欲望,就能让学生走进识字的"自由王国",就能让枯燥乏味的识字成为学生欢乐的海洋。

让识字教学"活"起来

宾阳县黎塘镇中心学校　莫翠清

新课标明确指出:识字教学是低年级的重中之重。"小学低段侧重解决识字问题,中段侧重解决阅读问题,高段侧重解决写作问题。"层层递进,环环相扣。识字教学也是低年级语文教学的一个难点,在语文素养方面还提出要让学生自觉"喜欢学习汉字,有主动识字的愿望,初步感受汉字的形体美"等等。并考虑到低年级学生的身心特点,强调多识字、少写字。因此,在很大程度上特别是新课改下培养学生的独立识字能力是非常必要的。那么,如何激发学生的识字兴趣,让识字教学"活"起来呢?

一、优化课堂教学过程,增强识字兴趣

1.突出重点,避免平均用力

在一篇课文中,有的生字完全可以放手让学生去自学,对于学生容易弄错的字,要先强调,给学生一个初步印象。对于学生特别容易写错的字,教师要用红笔标出,例如:"犬""低""底"字,教师书写的时候就要将"、"用醒目的红色标出,以引起学生的注意,避免学生在书写时漏掉。

2.汉字重组,编织小故事

小学低段每篇课文要求学生认识十几个汉字,还要学会写六至八个汉字,对于一个农村小学生来说无疑是一件十分困难的事,如果总是一个生字一张卡片,一个字一个字地让学生去识读,会很枯燥且效果不佳。如果都在课文中识字,课文太长,花费时间太多,抽查起来也很不方便。因此巩固识字教学时,如果能把当天所学习的汉字串起来,编织成一个个简短的小故事(或一段简短的文字)让学生去认读,这样便能大大地提高学生学习的积极性,达到事半功倍的效果。如:在教学一年级下册《棉鞋里的阳光》这一课时,可以把我会认的生字编织在这样一段简短的话语里让学生去阅读:中午,太阳高照,奶奶先把棉被摆在阳光下晒着,然后脱下外衣,合上眼睛,躺下休息了。

二、灵活多样的识字方法,充分挖掘学生的潜能

1.随文识字

学生在听读、跟读课文时,要训练学生进行指读,然后练习让学生将生字从

课文中圈画出来,找到字音所对应的字形,手指着那个字,眼睛看着那个字,做到手、眼、脑、口综合运用,使学生对生字有个初步的感知印象。

2.比较联系法识字,帮助学生区别音近字、形近字

在学习生字的过程中,教师要注意不要让学生单独去认识本课的生字,而是让相同或相近的字一并出现,在比较中识字,在联系中区别。如学习"目"字可与"日"字相比较。如学习"炮"字,可与"泡、跑、抱"相联系比较,在学生观察、比较后,让他们自己总结出:这四个字的右边都是"包",但又各有不同,有水(氵)是"泡",泡茶的泡,有足(⻊)是"跑",跑步的跑,有火(火)是"炮",鞭炮的炮,有手(扌)是"抱",拥抱的抱,这样学生通过比较它们的偏旁及其表示的意义,便不会再混淆了。

3.分类识字,体现汉字的构字特点

教师在教学中,并不一定要按照课文中先后出现的顺序来进行识字教学,可按照一定的内容来分类。例如:一年级下册《识字4》一文中要认识的"蜻蜓、蝴蝶、蚯蚓、蚂蚁、蝌蚪、蜘蛛"都是形声字,都带有"虫"。教学时,我们就引导学生观察,从而发现这些字的共同点和不同点,从而使学生得出结论——"这些生字都带有'虫',都跟昆虫有关系"。渐渐地,学生便总结出规律,木字旁的字与树木有关,三点水旁的字与水有关,提手旁的字与手的动作有关,等等。这样学生不仅学得轻松,记得牢固,又向学生渗透了汉字的构字特点及字的含义。

4.趣味识字,培养识字兴趣

汉字的特点是音形义紧密结合。在教学生字的过程中,应特别注意联系实际,进行趣味教学。

(1)形象识字。例如学习"目"字,可让学生摸摸眼睛:"口"表示眼睛,"二"是两个眼眶,所以有两道横。再如"雨"字,"一"表示天,再看"冂",它多么像房子呀,天上下雨,小雨点在房檐上"吧嗒吧嗒"往下滴,教师适时地点上"雨"字中的四个点。开始的时候,可能是教师来讲,时间一长,学生在想好办法识字的时候也会自己去发现字的特点,学习生字的兴趣就更浓了。

(2)猜谜语识字。学生喜欢猜谜语,猜谜语本身也是较有兴趣的一项活动。根据儿童好奇心强这一特点,编一些谜语让学生猜,能激起他们识字的愿望。猜谜语可分为猜字谜和猜物谜两种。如教学"告"字时,可让学生猜字谜"一口咬掉牛尾巴",学生在愉快之中学会了新字(告)。除了课堂上老师编出的谜语以外,还要鼓励学生课后开动脑筋自编谜语。例如:什么弯弯像小船?(月);一个人是什么字?(大);两个人是什么字?(天)……如此简单而有趣的活动,调动了学生

自学生字的兴趣。有趣的谜语能引起学生学习生字的兴趣,使他们在快乐之中识字,更重要的是久记不忘。

5.在动动、做做、想想中识字

动作识字游戏。如在学"拍"字时,让学生拍拍手,知道是用手完成的动作,所以是"扌"字旁。类似这样表示动作的字,如"跑""抓""瞅"等等,都可以让学生实际做一做来体会,来学习。

三、在生活环境中识字,增加课外阅读

课堂教学是识字的主阵地,但是许多生字的认识可以来源于生活,如喝牛奶时认一认牛奶瓶上的汉字;用牙膏时认一认牙膏盒上的汉字;买衣服时认一认牌子上的汉字;看电视时读一读屏幕上出现的字;买东西时认一认商店名称、路牌、广告等等。很多渠道都可以识字。还可以让学生把自己在报刊上收集到的生字用剪刀剪切下来贴到教室后面的识字台上,然后让同学们一起来交流、一起学。有了一定的识字量以后,选择一些课外读物,报纸或书籍都可以,给他们时间阅读。让学生在不同的语言环境中和所学的字打照面,久而久之,提高理解能力,达到温故而知新的效果,让学生养成爱读书的好习惯,在阅读中感受乐趣,在阅读中成长,也使我们的识字教学真正"活"起来。

(此文在2012年黎塘镇中心学校第一届"教师发展论坛"教学成果评比活动中获一等奖。)

关于低年级朗读教学的几点尝试

宾阳县黎塘镇第一完全小学 覃 丽

语文教学就是要培养学生的听、说、读、写能力,朗读是语文教学中的一个重要环节,要抓好朗读教学,就要从低年级抓起。如何在教学中培养和提高小学低年级学生的朗读能力呢? 以下谈谈本人的几点做法。

一、激发学生的朗读兴趣

兴趣,是学习最好的老师,也是学好知识的前提和基础,尤其是在低年级的语文课堂教学中,我们更要注重激发学生学习的兴趣。低年级学生年龄小,他们对一切新知识都充满好奇,喜欢比赛、喜欢想象,如果我们能想办法激发起他们

的朗读兴趣,就能让他们主动地参与朗读训练,达到事半功倍的教学效果。比如,在进行朗读训练时,我采用"对比法"来对学生进行朗读指导。有时我会有意识地模仿学生在平时的朗读中存在的一些不良现象读一段课文,读完后问:"你们觉得老师读得好吗?"学生们睁大眼睛看着我,搞不清老师葫芦里卖的是什么药,都不敢贸然开口。接着,我再用标准的普通话,把刚才那段课文有感情地朗读一遍,读完之后再请学生进行评价。这次,全班同学都异口同声地大声说:"第二次读得好!"我趁热打铁,连忙追问:"你们觉得这次老师读得好,好在哪里?"有了两次朗读的对比,学生很容易就看出其中的优点与不足,纷纷发表自己的看法。由此可见,学生对朗读已有所感悟。于是,我乘胜追击:"你们希望自己也能读得这么好吗? 现在,我们来像老师刚才那样读,如果我们认真地学,说不定会读得比老师还棒呢!"这样的做法,激发了学生学习的积极性,学生的朗读兴趣很浓,课堂参与程度高,取得了很好的教学效果。

二、鼓励学生放声读

朗读朗读,顾名思义,就是"放声去读"。因此,在教学过程中,我也特别注重鼓励学生朗读时要"放声读,不怕丑",大家都在努力学习朗读,不要怕别人笑话,怕别人笑话就学不好。有些学生也许由于性格内向、孤僻,或者成绩较差,接受能力不强,有一种害羞、怕错的心理,在读书的时候很小声,甚至都不敢读出声来,怕读不好或读错了,被同学听见了取笑。如果一个学生老是这样,久而久之,就无法判断自己读得好不好,而且会读得越来越小声,甚至开口越来越少,这样就更谈不上提高自己的朗读能力了。

针对这个问题,在教学时,我采取了"从整体到个体"的策略。首先我让全班进行齐读,让那些缺乏自信的学生跟着一起读,在齐读中受到集体氛围的感染;然后在小组里读,不会读的、读不好的地方,小组里开展互相帮扶;接着是个人自由读,针对自己的优缺点扬长避短,反复练读;最后我鼓励学生个别展示自己的朗读,读完之后由其他同学来评判,看谁读得大声、流利、有感情。对那些读得还不够好的学生,在评价他们的朗读时,我引导同学们"学会欣赏",尽量找出他们的优点,再提一些诚恳的建议,使他们懂得如何去争取进步,增强他们的信心。我还每天布置口头作业,要求学生每天都把当天学习的课文或者觉得有趣的故事读给家人和好朋友听,这样能逐渐培养起学生朗读的胆量和习惯,从而做到"放声读,不怕丑"。

三、指导学生有感情地朗读

低年级的学生年龄小,识字量和生活阅历都比较少,在朗读中会普遍存在一些不足,如:单个字单个字地读,语气不连贯;朗读速度过快,没有停顿;唱读、拖腔拖调;读书没有节奏,停顿不合理;等等。出现这些情况,既与教学时教师有感情地范读课文太少有关,也因为有些教师嫌麻烦,很少播放与课文配套的朗读录音,而且在上课时,为了节省时间、赶进度,过多地安排齐读,且过于关注齐读时节奏是否整齐等等,造成了上述不良现象。那我又是怎样来指导学生有感情地朗读的呢?

在教学中,我加强了教师范读、小老师领读,多放标准化的课文朗读录音,让学生更多地接受正面的影响,并让学生有足够的时间来模仿、练读。此外,我还引导学生把自己在日常生活中的实际经验运用于课文的朗读中。例如,我模仿江苏南通的刘昕老师上《雪地里的小画家》的方法,上了人教版二年级下册课文《画家和牧童》。课文中,牧童指出画家的错误时,大声喊:"画错啦,画错啦!"教学时,我问:"同学们,如果你发现这个大画家把图画错了,你会怎么说呢?"有个学生小声地说:"画错了,画错了。"我启发道:"大家都在观赏这幅画,纷纷夸赞,没人看出大画家画错了,更没人注意到你在说什么,你的心情怎样?"学生们回答说:"我会很着急。""你该怎么办?"有个学生说:"我会大声地喊,让大家都听见。"我激励他:"请你来喊一喊好吗?"这个学生站起来喊:"画错啦,画错啦!""还有谁想来喊一喊?"又有几个学生主动尝试。有个学生在这样喊的时候,后半句比前半句提高了音量,很自然地表达出了他急于指出画家错误的迫切心情。这时,我出示文中相关的句子,引导学生理解"炸雷"这个比喻,并让学生一起来帮画家指出错误。不需要再多的语言提示、技巧解说,学生就能自然而然读得很有感情。有了这一段教学的铺垫、启发,在接下来的课文内容的教学中,学生学习兴趣盎然,朗读也很投入、很到位。

在多次的朗读教学实践中我还发现,当我们在范读课文时,如果能通过自己眼神的变化、面部表情和肢体语言的辅助,传递自己的情感、渲染学生的情感,就能引起学生情感上强烈的共鸣。比起边范读边枯燥乏味地单纯分析、讲解朗读技巧,这种朗读训练的方法效果要好得多。我在上小学语文第四册课文《雷雨》时就用了这种教学方法。我首先进行了有表情的范读,当读到"哗,哗,哗,雨下起来了"时,我伸出左手,配合"哗,哗,哗"的朗读,在空中比画,并且比画时手势一次比一次高,表示下雨时雨声越来越大。在我的感染下,学生那一张张天真的小脸上露出了陶醉的表情,好像在说:"这场雨下得真大呀!"当读到"往窗外看去,树哇,房子啊,都看不清了"时,我放慢语速,左手前伸,眼睛遥望远处,似乎想透过这朦胧的雨帘寻找什么,一副投入、沉迷的表情……我范读完后,问:"同学们,通过老师刚才的朗读,你们觉得这是一场怎样的雨呢?"孩子们纷纷表达自己的看法。这时我让他们也拿起书来朗读,他们一个个跃跃欲试,捧起书,迫不及待地放声读,那充满童真的声音时而活泼清亮,时而轻柔缥缈,一双双眼睛显得专注、投入,好像整个人都陶醉在了在课文所描写的场景里,他们用朗读把雷雨前、雷雨中、雷雨后的情景表现得淋漓尽致。

教学有法,但教无定法。无论哪个学科的教学,要取得成功,都要扎根于自己所教学生的学习实际,其他教师通过教学摸索所取得的教学经验和他们研究出来的先进的教学方法,以及他们撰写的教学案例等,我们可以借鉴,但不能生搬硬套,如果只是一味地照抄、照搬、照做,是行不通的,一切要从我们的教学实际出发,要紧密结合自己的学校、班级与学生的实际情况,有针对性地开展教学,才能取得好的教学效果。

在磨炼中成长,在成长中收获

宾阳县黎塘镇第一完全小学　陈　红

生命如诗,生命如歌,每个人的成长都离不开磨炼,让课堂教学流淌着生命的色彩,教师专业化成长尤显重要。一堂课,从设计到试教,从理论到实践,就像在一张白纸上作画,随着画面越来越丰富,就会发现画面需要拥有更多的色彩。在第三届黎塘镇教师发展论坛中,我有幸成为磨课教师中的一员,每一次我都有不同的收获。

一次次的反思,一次次的感悟,让我越发思考语文是什么? 语文课应该怎么上? 什么样的课堂才是真正的语文课堂? 这一直以来都困惑着我,都说语文是个"杂家",但语文课绝不能上成地理课、历史课、生物课,也不能让各种活动、课件代替文字,应该回归文本,品读语言,我们不能将多少年来前辈们积累下来的精华一笔抹杀。读、写、品虽然不热闹,但那才是真正的语文。每一堂的设计都应该以"美"为原点来构思,让我们的语文课焕发出"语文真滋味"。语文味表现在"动情诵读、精心默读的'读'味;圈点批注、摘抄书作的'写'味;品词品句、咬文嚼字的'品'味。"

在大力提倡生命教育的今天,如何使我们的语文课更具"真滋味"呢?我认为需做到以下几点:

(一)"读"出语文味

新课标中指出:"阅读教学要注重学生的个性化的独特的感受、体验和理解,注重熏陶感染,潜移默化。"要做到这些,必须注重读书。读是根本,没有读,就没有感悟和理解,就没有语感的生成,情感的熏陶,语言的积累和运用。我们都知道"书读百遍,其义自见","熟读唐诗三百首,不会吟诗也会吟",只有"熟读"才会"精思"。语文能力和语文素养的最直观表现莫过于一个人的语感如何。特级教师于永正说:"培养语感的重要途径是诵读。"如《鸟的天堂》中有一句:"这是一棵大树。"一教师上这一课时请学生试读,提醒他们:怎样读才算正确?结果,有的重音落在"这"上,有的落在"是"上,有的一见"大"字,就把重音落在"大"上。显然,学生对上下文的理解还未到位。于是,教师引导学生再读上下文有关句子,了解这句话是在什么样的情况下说的。经过比较,学生才恍然大悟,应重读在"一棵"上,从而强调上文说的,"许多棵""二棵"都是错误的。朗读到位了,对榕树之大也就体会更深了。这样的读就充满语文味了。

(二)"品"出语文味

课文中的语言就像沙滩上的一枚枚贝壳,是那么丰富;又像一颗颗发光的钻石,是那么精湛,那么引人入胜;还像一杯杯龙井茶,耐人寻味。丰富精湛,耐人寻味的语言怎样才能走进学生的心田?品——品词赏句,语文课堂因为有了品词赏句,文章才能真正地被理解、感悟和鉴赏,课堂才不会显得浮华、浅薄,学生才能更好地读出味道来,才会体现工具性和人文性的统一。在课堂中品词赏句,如《雷雨》中有一句"渐渐地,渐渐地,雷声小了,雨声也小了。"一教师教学"渐渐"一词时,先让学生找出近义词"慢慢地",再次提问"渐渐"的"渐"字为什么是"三点水"旁呢?学生同桌讨论,大部分学生认为下雨不是突然停的,是慢慢地越下越小的,所以"渐"字有个三点水旁。教师在肯定同学们识记方法的基础上做了这样的一个实验:拿出一个杯子,倒进红色的水,将一条白纱布的一端浸入杯中,同学们目睹了白纱布慢慢地被浸染,最后整条变成红色的过程。教师最后指出,"渐"原来的字理就是"浸染"的意思。"浸染"是个缓慢的过程,所以,"渐渐地"也就是"慢慢地""一点点地"的意思。教师再次肯定同学们先前的识记方法,因为它也是与"三点水"有关,而且也合乎情理。

(三)"感"出语文味

注重情感的体验是新课标对语文教学的基本要求。语文课是人文性很强的学科,绝大多数文章不论是写景的还是叙事的,本身就都包含着浓厚的情感色彩。所以,教师在教学时必须饱含激情,找准课文和学生的情感点,用自己的语言和动作调动学生的情感。教师通过引导学生诵读、比较、想象,让学生与文本有了充分的对话。这样的教学不仅仅是学生对语言文字的解读,更是学生灵性的涌动、情感的流淌、内涵的提升,充满了浓厚的"语文味"。

(四)"写"出语文味

一篇文章学到有味儿时,与作者达到情感共鸣时,自然会产生一种感觉——不写不快。这时就是训练学生运用语言、表达情感的好时机。在课堂中进行写话训练,其实是在积累语言,是在运用语言,是在用语言抒发自己的感悟。这些像春雨一样无声无息地进入了学生的心田,轻轻震撼着他们所不知道的人生观、价值观! 语文味也就在笔尖划动的言语表达中体现出来了。

磨课是教师集体反思的过程,是教师集体成长的过程,我更愿意将之喻为一种"化蝶"的过程,无论怎样痛苦艰难,最终都会促进教师专业的发展和能力的提升,使他们能轻盈地飞翔在教学的天空。一次次的聆听,一次次的反思,一次次的磨炼,一次次的收获,"磨课"的滋味,有苦,有彷徨,有一路的收获和喜悦,然而这是一个追求完美的过程,虽忙碌但也充实!

加强合作交流,构建有效的小学数学课堂

宾阳县黎塘镇中心学校   卢振阳

在数学课堂教学中,如何加强合作交流这一学习方式呢? 下面我就几年来总结出来的教学实践经验,谈谈自己的几点看法:

一、培养良好的心理品质,让学生敢于交流

课堂教学中,小学生或多或少都存在着害怕出错的心理,合作交流的过程往往只是个别学生表演的过程。要想改变这一现象,我们就要想方设法鼓励学生,培养学生与人交流、与人沟通的良好心理品质,积极参与学习活动,让学生在学习中得到快乐。在数学课堂的合作交流中营造专心倾听、互相尊重,有序地、平等地参与的良好氛围,避免出现你争我抢的混乱局面。这一点对课堂教学来说非常重要,因为小学生的想法简单,只知道自己的是对的、是最好的,没有意识到有时候其他同学的意见更好、更有创意。在合作交流中要引导学生对别的同学

的好想法、好做法给予肯定和赞赏,从中吸取经验,互相学习,这样才能调动学生合作交流的积极性。因此,在数学课堂教学活动中,要让每一位学生学会倾听,优秀生要认真听"学困生"发表的见解,"学困生"要充分相信自己,克服自卑感,把自己的见解充分地表达出来,让大家对自己的见解进行交流和辩论。学生有了良好的心理品质,才能真正发挥合作交流的优势。

二、合理分组,让合作交流更加全面有效

数学课堂教学中,为了便于合作交流,我们习惯把全班学生分成几个人为一个学习小组,小组人数没有具体的规定,根据学习需要可多可少。在教学实践中我们发现,多数情况下,四人分为一组最为合适。人数太少,造成在交流过程中所获得的信息量较少;人数太多,每一个人发表意见的机会和时间就少,这样都不利于学生的发展和分组合作学习的实效性,从而影响数学课堂的有效性。那么,如何分组才更合理一些呢?这就需要我们在分组时注意每个学生的能力、经验、性别、性格等方面的因素,尽量保证合作小组中成员的多样性,以便使小组教学活动中有更多、更丰富的信息输入和输出,便于激发出学生更多的观点,便于课堂中的小组合作交流更深入、更全面。在合作交流过程中,还要防止学生出现不平等的沟通和交流,不能让优秀学生的意见和想法全部代替小组其他成员的意见和想法,不能让"学困生"无所事事。合理的分组,会让合作交流更加全面有效,体现出合作交流学习的真正意义,从而达到学生自主探究学习的真正目的,最终实现小学数学课堂的有效性。

三、既有合作交流,又有独立学习、教师引导

在安排学生合作交流的学习过程之前,要有一个学生独立学习的过程。在组织学生进行"合作交流"的学习活动时,"合作交流"的学习过程必须建立在"独立学习"的基础之上。不然,这种学习方式将影响学生的学习与发展。有时,学生的合作交流也需要教师的引导、启发,这样会使学生的想法更全面,但不能每次学生合作都要教师引导、启发。由此可见,在数学教学中,设计和调控学习过程的教师必须正视学生的依赖性,把握和处理好独立学习、教师引导和合作交流的关系。

四、控制课堂节奏,给学生留合作交流的时间

有的教师上课过分追求形式完美,授课内容面面俱到,而且辅助性练习过多,教师的"一环紧扣一环"、紧锣密鼓的快节奏上课,往往使学生对一个问题还来不及思考,来不及交流讨论,教师就已接着提问,学生只能交换补充答案,根本没时间去探讨思维过程与学习解决问题的方法,没有真正关注学生的合作情况,没关注学生的思维过程,使合作学习流于形式,走了过场。所以,我们在上课过程中,要注意给学生留合作交流的时间,让学生真正去交流讨论,不让合作交流流于形式。

五、选择恰当的时机运用合作交流

1.当学生独立完成比较困难时,让学生开展合作交流

在教学中,往往会遇到学生不能独立解答的问题,这时组织学生交流能激发学生的求知欲,产生学习的动力。例如在教学认图形时,要把两个完全一样的三角形拼成一个平行四边形,还要用不同的方法。对于一般的学生来讲,这是个难以解决的问题,可以让学生动手合作交流,用不同的方法拼出平行四边形。

2.在教学难点和重点时,组织学生合作交流

这样不仅能很好地突破重点和难点,还能发挥学生的主体作用,调动学生的学习积极性。教学中遇到的问题是小组讨论交流的核心,学生讨论的问题应该是经过教师梳理的那些体现教学重点、难点以及多数学生认为是疑点的问题。这样的问题不宜多,要有讨论的价值。对无意义、无价值的问题千万不要走讨论交流的形式。因此,在教学过程中,教师要善于针对知识的特点,抓住其内部联系,提出开放性问题,组织学生开展合作交流的学习活动才能使教学互动事半功倍。

作为课堂教学中的一个重要环节,教师在运用合作交流时,要进行科学合理的安排和周密有序的组织,不要无目的、无意义地随意滥用,不要只注重形式而忽视其实效性,否则会得不偿失,影响学生的学习与发展。教师在教学中把握好合作交流的时机、设计好合作交流的过程及问题,将会提高数学课堂的效率,使课堂成为学生提炼生活、展示风采、体验数学、感受欢愉、追求成功的过程。

农村小学数学研究性学习初探

宾阳县黎塘镇中心学校　　唐品祥

研究性学习,是指学生在教师的指导下,从学习生活和社会生活中选择并确定研究专题,用类似科学研究的方式,主动地获取知识、应用知识、解决问题的学习实践活动。研究性学习源自于美国,又叫项目课程、主题研究、专题研习、综合学习等。法国简称为"TPE"(有指导的学生个人实践活动)。国际上,在中小学都大规模地进行研究性学习。我国自20世纪90年代中期引进了研究性学习,此项训练已写入国家中小学课程标准,那么研究性学习对于我们的学习有什么价值?在农村小学数学中怎样开展研究性学习呢?这值得我们去思考、探索和实践。本文就研究性学习在教学中如何实施,谈谈自己的看法。

一、注重过程

研究性学习是非常注重于学习的过程、思维方法的学习和思维水平的提高的。研究性学习的"效果"不一定是"具体"而"有形"的制作成品,它可以是提出一种见解、产生一个方案、策划一次活动等。在研究性学习的过程中,关键是能否对所学的知识有所选择、制作、判断、解释、运用,从而有所发现、有所创造,换句话说,研究性学习的过程本身就是它所追求的结果。例如,在教"三角形的面积"这一课时,教师先出示带有方格的几个三角形,问学生谁能算出它们的面积?老师先给学生动手拼、摆图形的时间,然后让学生分组进行讨论:拼成的这几种图形与三角形之间有没有联系?有什么联系?教师适时点拨,让学生自己发现规律并获取知识。在这样的研究性学习的过程中,可使学生发现新旧知识的内在联系与区别,让学生体验到问题的结论固然重要,而常常被他们所忽视的解决问题的过程则更为重要,很多规律都蕴藏在其中。

二、注重应用

学以致用是研究性学习的一个基本特点。理解知识、掌握知识的最终目的在于运用,通过运用才能使知识转化为能力。因此教学时要重视挖掘教材中与生活实际有联系的因素,尽可能让学生利用已掌握的知识去解决生活中的一些实际问题。

例如,在教学"圆的周长"时,教师先分别出示一枚硬币和一个较大的圆形纸片让学生想办法测出它们的周长。学生很快测出了它们的周长。接着教师追问："如果宾阳县要进行县城改造,需要测出一个很大的圆形广场的周长,大家还能用滚一周、绕一周的方法来测量吗? 该怎么办?"学生的兴趣被激起来了。为了解决这一实际问题,学生带着目标,热情高涨地投入到学习中,效果非常好。学完"圆的周长"后,教师出示了这样一道趣味题:"公园里有一棵粗大的古树,假设这棵大树干的横截面是圆形的,你能用什么办法测量出这棵古树干的直径呢?"要学生用学过的圆的周长知识来解决实际问题。又如在教学了"长方形的面积"以后,教师出示一幅非常优美的长方形的风景画,问学生:"我想给画装个框,该怎么办?"学生都说要量出该画的长与宽各是多少,实际就是先算一算长方形的周长才知道要用多少装框材料。课后,教师让学生找出在生活中要用上这一知识的实际事例,同学们非常感兴趣,通过引导学生到实际生活中去计算及操作,从而增强了学生的学习意识,培养了他们的应用意识和实际能力。

三、注重教学策略

1.体验生活,让每一个学生都成为实践者

目前的学校教育,课堂是主阵地,但是教学脱离不了联系生活。因此,为了提高学习中的研究成分,可以通过创设问题情境,给学生提供一个形象生动、内容丰富的研究对象,使学生深入其境,体验生活,让每一个学生都成为实践者,让学生在生活及社会的各个领域中学习数学。

例如,在学习"元、角的简单计算"后,可创设"小小的百货店",让学生以小组为单位进行模拟购物。小组活动要求:(1)以小组为单位,选出 2 人当售货员;(2)每人准备 3 至 5 种物品,并标出价钱;(3)组成"小小百货店";(4)剪下教材中印有人民币的学具卡片,用这些"钱币"到"小小百货店"做买卖物品的模拟购物活动。学生通过活动和对物品价格的了解,有助于学习元、角的知识,体验到生活中处处有数学,也让每一个学生成为实践者;培养了学生的合作精神和运用数学的意识。同时,有利于引导学生做到文明购物,文明售货。

2.倡导合作,让每一个学生都成为参与者

合作精神是 21 世纪人的素质的重要组成部分,是人类社会赖以生存和发展的重要动力。"1+1>2"的原理,说明了加强合作的重要性和必要性。小组合作是研究性学习的重要组织形式。在合作学习中,我们主要采用小组合作的形式,小组成员之间既有明确分工,又互相学习。当学生在学习中遇到困难时,由他们带着问题走出教室,观察生活,观察周围的事物,对于有争议性的问题,老师让学生进行小组讨论,共同参与,自己找出答案。

例如,在教"长方形面积的计算公式推导"中先让每个学生准备1平方厘米大小的正方形纸片15块,1平方分米大小的正方形纸片8块。然后先让学生拿1平方厘米大小的正方形的纸片去量一个长5厘米、宽3厘米的长方形纸板的面积,得多少? 同学们通过小组合作求出长方形纸板面积,学生一边操作一边研讨,得出三种方法:①一个一个去摆,摆满纸板,量出面积是15平方厘米;②一行行或一列列地摆,再用乘法求积;③沿着长边摆5个,沿着宽边摆3个,根据乘法的意义求出面积。再让学生用1平方分米大小的正方形纸片去量一量课桌面(长12分米,宽4分米)的面积,得多少? 让学生们想一想如何去测量? 由于一个学生手中1平方分米大小的正方形纸片只有8块,无法测量。当学生陷入困境时,教师提醒学生进行合作,而两个人合起来只有16块,也不够摆满课桌,这就促使了学生先讨论如何去量,然后再去动手测量。学生通过合作,发挥了集体的智慧,寻找到了最简便的方法:沿着长边和宽边摆一排,就能测量计算出长方形桌面的面积。这既为总结公式做好了铺垫,也使学生增强了合作和参与意识。

总之,在农村小学数学中应用研究性学习模式就是创设一种类似于科学研究的学习模式,引导学生开展自主、合作、探究性学习与活动,让学生通过主动的探索、发现和体验,学会大量知识,学会自主、创造性地学习,从而发展学生的科技能力、思维能力、创造能力和实践能力。

论如何让估算走进生活

宾阳县黎塘镇第一完全小学　韦继业

一、估算的意义

所谓的估算就是大致推算,是根据具体条件及有关知识对事物的数量或计算的结果做出的大概推断或估计,使计算或一些应用数值更直接,更容易地展示出来。估算在我们生活中有着非常广泛的应用,比如家庭收支计算,又如一个国家的政府财政的预算都要用到估算。所以让学生对估算的应用价值有充分的意识,使学生掌握良好的估算技巧,提高学生估算的实际应用能力,对于发展他们的数学水平,提高他们的综合素质有着很现实的意义。

二、我们当前对待估算教学还有些做法需改正或完善

1.把估算变成直接计算

如:王阿姨带 100 元钱去买东西,够不够(衣服 48 元、裤子 32 元、鞋子 20 元)。其实本题目可采用的估算方法可以有多样选择,不仅可以用"四舍五入"法,还可以只看十位进行估算等。但就有些老师要求学生直接计算,然后再进行比较得出结果,他们错误地认为这个结果更稳妥。

2.估算教学公式化,估算方法上过于死板

有些老师没有真正重视估算教学,在教学活动中让学生死记什么情况用"四舍五入"法,什么情况用"目标定位法"或"问题解决法"等。像这样"填鸭式"的教学方法对于发展学生的思维毫无益处,还适得其反。所以在教学中,我们教师应努力地引导学生在交流、对比中掌握估算的基本方法。比如说在执教乘法估算教学时,我们就要正确地引导学生该如何联系生活实际去处理好两个因数开展估算,让学生深切地感受到算法的多样性,而不是盲目地用估大些或是估小些,也不能简单地采用"四舍五入法"来取近似数,应该学会具体情况灵活处理。估算无定法,我们应该以学生常用的估算方法为载体,引导学生进行讨论:"谁的估算比较合适? 为什么?"让他们在讨论中理解,合适不合适的标准应看估算结果是否合乎实际情况,明确估算基本方法的内涵就是:符合实际。

3.教学评价导向存在偏差,不尊重学生的个体思维习惯及不同的估算策略

在以往的课堂教学过程中,我们老师通常会使用一些简单的、不科学的评价语,比如"看谁估算结果最准确""你还能估得更接近准确值吗""你真能干,估的结果非常接近准确值"等类似的评价。这样的评价就有悖于估算的初衷,估算不一定非要接近准确值,关键看在实际情况允许的范围内哪种方法更直观、更简易、更容易解决问题。

三、注重指导在生活中灵活运用估算知识

首先,数学来源于生活,更要服务于生活。在日常生活中对数据的估算,我们就必须结合实际情况,它的误差范围不能过于随意性,有时候只能够放大来处理,但有时候在某种情境下又必须将数据缩小处理,有时候又两种方法都可以采用。所以,我们要指导学生根据客观实际探索合适的估算方法。

如下面实例:有 478 件花生油,每辆货车一次最多可运 63 件,如果一次运

完,大约需要多少辆这样的货车? 我在教学时是正确地引导学生把 478≈480,63≈60,然后 480÷60＝8(辆)从而得出答案。这道题不是简单地采用"四舍五入"法,在教学时要引导学生理解为什么只能把 63 缩小一点,我就通过小实验验证,以便于学生理解,让学生知道每辆车装的数量少一点需要的车的辆数就会多一点,但只要每辆货车装 60 件都没问题,那么多装 3 件就不会有问题了。在学生理解后,将题改为:有 632 件花生油,每辆货车一次最多可运 67 件,如果一次运完,大约需要多少辆这样的货车? 出示通常的答案:将 632 看作 630,67 看作 70,630÷70＝9(辆)。让学生自己检验一下,就会发现 9 辆车不够,从而使学生产生疑惑,激起他们的求知欲,从而深入地思考:为什么不够? 思路的什么地方出了问题? 通过耐心的引导,最终使学生明白了其中的缘由:原来是我们把每辆车的运量多算了 3 件,实际上这 3 件必须由别的车来运,所以车算少了。也就是说我们用"四舍五入"把 67 看作 70 是错误的,应该用"去尾法"看作 60。接着再次计算:632÷67≈600÷60＝10(辆),再验证发现正好合适,从而得到正确答案。

这样的对比练习,可使学生学会举一反三,进一步明确估算应用题必须要根据客观实际探索合适的估算方法,确定误差范围,有时需要破旧立新的勇气。

其次,由于有时实际情况所需要的估算精度大不一样,或者每个人思考问题的角度、习惯存在一定的差异,不同的人采取的估算策略会有所不同。如:一批故事书 589 本,如按每班 64 本,大约可分给几个班? 方法一:把每班 64 本看成 70 本,由 70×8＝560 得出可分给 8 个班。方法二:有学生认为 64 看成 70 相差太远,由 64×10＝640,589 看成 590,640－590＝50 大约是一个班的数,因此大约可分为 9 个班。其实我认为这两种方法都可以,既然是估算,只要在允许的范围内,我们就没有理由要求一定要达到准确的程度,只是相比之下,第二种方法更有创意,我们应该鼓励才是。

四、让学生把所掌握的估算知识运用于生活实践

经常运用估算解决日常生活中常见的问题,对于提高学生解决实际问题的能力,亲身感受数学在日常生活中的作用,增强学生的应用意识都具有很强的现实意义。为此可以设计如下活动:

(1)参考某个公园一天的门票收入,估算这个公园全年的门票总收入。

(2)去市场购物时可以根据购买物品的种类、单价及数量估算总的支出。

(3)根据自己爸爸妈妈的月工资收入及家里的月开支,统计自己家的全年收入与支出情况。

（4）估计本校一共有多少个学生。

（5）调查本校食堂一天的大米用量，估计学校一个学期大约需要多少吨大米？

总之，数学知识与我们的生活密不可分，在日常的教学活动中，我们教师应该要多去挖掘生活应用的素材，增强学生的估算意识，使学生掌握良好的估算技巧，提高学生估算的实际应用能力，使学生的综合素质得到全面提高。

浅谈小学数学生生互动课堂教学有效方式

宾阳县黎塘实验小学　黄　敏

数学课堂教学是一门艺术，教师作为课堂的组织者和引导者，要为学生设计一系列有效的探究学习活动，通过"生生互动"教学模式，让学生学习数学，不困惑，不疲倦，不埋怨，在游戏和娱乐中快乐地学习数学，并掌握数学知识，这是我们数学教师课堂教学改革的重任。下面是本人的几点做法：

一、同桌或小组"互说"，让学生真正成为学习的主人

爱因斯坦说过："一个人的智力发展和他形成概念的方法，在很大程度上是取决于语言的。"语言是思维的结果和工具，教师在课堂上从学生的实际出发，创设让学生成为主体的思考、发现、创新的学习情境，使学生在课堂上情不自禁地想说、敢说、爱说、乐说，积极参与课堂教学活动，促进学生在同思共想、互说互议的过程中，逐步学会有条理、有根据地说话，准确完善地表达，从而增强学生的学习自信。学生在不知不觉中，学到了新的知识，语言表达能力从中得到了锻炼，倾听他人意见、合作等的能力也将得到提高。

二、同桌或小组之间"互看"，使学生得到思维的启示

"看一看"是指教师在课堂上创造机会，让学生之间互相看看别人的表演或表现，看看别人的演示或演算，看看别人的作业等。这样一来课堂氛围就活跃起来，不会的学生主动去看别人的，而会做的学生也主动去告诉不会做的学生，一来二去，学生很快全都明白了。如此教学既省时间，又照顾到全班，还可以达到很好的教学效果，何乐而不为呢？

三、同桌或小组间"互辩",互相启迪、取长补短

"辩一辩"是指学生之间的互相辩驳。教师在教学中创设问题情境,充分发挥群体的活动功能,当学生意见不一致又相持不下时,老师随机给学生制造讨论分析的机会,同桌或小组进行讨论、分析、辩驳,促使学生在知识方面互相补充,在学习方法上互相借鉴,集智取长。学生在与同伴的相互启发中强化、修正自己的看法,印象更加深刻。可见,课堂上从不同角度出发,让学生发表自己独立的见解,学生的思路会越辩越明,创新能力也会越来越提高。

四、同桌或同组"互帮",使学习有困难的学生得到提高

每个个体都存在一定的差异性,在课堂上,虽然同时、同地、同师教学同一内容,但也会形成学习上的差异,这种差异正好可以使学生在学习上优势互补。孔子说:"三人行,必有我师。"比如:在学习"梯形面积的计算"公式推导这一环节中,我让学生在独立探索的基础上,再跟其他同学合作、探究、讨论,了解彼此的见解,不断反思自己的思考过程,并对其他同学的不同思路进行分析思考,做出自己的判断,使自己的理解更加丰富、更加全面,还特别引导优秀的学生积极主动地帮一帮那些学习有困难的学生,让他们在这样的互动形式中得到帮助和提高。结果学生通过剪、拼等学习活动,找出了多种推导梯形面积公式的方法。

五、同桌或小组间"互考",促进学生思维的发展

在数学课堂教学中,学习新的知识后,教师喜欢组织各种形式的互考,如同桌互考、组内互考、个人考全班等活动。通过互考,有效地调动了学生学习的积极性,激发了学习的热情,树立起对学习数学的信心。调查显示,现代学生对传统的考试考查方式经常带有一些反感情绪,有的甚至产生了抵触心理。可是,如不考查学生的学习情况,教师就没办法知道课堂教学的效果。针对学生的抵触心理,作为教师可以尝试改变考查法,让学生间互考,即学生互为老师,通过同桌互考、组内互考、个人考全班等互考的形式,激发学生的学习兴趣。课堂上学习气氛十分浓厚,全体学生都参与其中,真正做到了主动学、自主学。通过同桌互考、组内互考、个人考全班等互考的形式,出题的学生的思维能力得到了提高,全班学生都变成了思维的主体,学习效果自然不用讲。

六、同桌或小组间互评，提高学生学习的热情

互评是指互相评价和反馈，针对别人的观点发表自己的看法，或肯定，或否定，或补充，并且要说出自己的理由。学生是学习和发展的主体，自然也是评价的主体。传统课堂教学中的评价往往局限于师生之间的评价方式，而互评能引导学生大胆地阐述自己的观点，并对自己的思维过程和观点进行反思。学生在评价的过程中会产生一种十分重要的潜在疑问：对于这部分知识，我掌握了多少？班上谁掌握得最多、最好？……教学中，无论以什么样的方式开展"生生互动"学习，小组成员间总是处于相互交流、彼此争论、互教互学、共同提高的相互激励状态，使教学既充满了浓厚的情意色彩，又能够弥补和完善仅由师生相互作用来发展学生的不足，让师生相互作用和生生相互作用共同成就学生的发展。显然，长此以往，开展"生生互评"式的课堂教学，学生不仅能知己知彼，且知对知错，更重要的是学生能从对方的评论中得到启发，学会欣赏别人，从而取长补短，并加深对所学知识的理解。

总之，只要教师创造性地教，学生就会创造性地学。我们教师应该解放思想，大胆尝试，积极进行探索和创新，给学生创造更多的主动探究、合作交流等互动的时间和空间，引导学生互动出创新的欲望，互动出创新精神，使互动的数学课堂成为培养学生创新精神和实践能力的广阔天地，最终实现素质教育。

浅谈如何帮助小学生巧妙地记忆单词

宾阳县黎塘镇第一完全小学　杨月燕

单词教学是英语教学的重点，记忆单词更是个难点，学好单词是学好英语的关键。没有单词的积累，就谈不上听懂和看懂句子，会给学习带来很大的压力，甚至有的学生畏学、厌学。为了重新帮助学生找回学习英语的自信，为学生扫除记忆单词的障碍，我们教师必须为学生寻找一种有效地记忆单词的方法，也为英语的教学打下扎实的基础。我将从以下几个方面列举自己课堂上的实例，来谈谈如何帮助小学生巧妙地记忆单词。

一、音、形结合法

在单词的学习中，学生首先要学的是单词的读音。如果我们还是沿用传统的带读、跟读的方法教学英语，想必在短短的 40 分钟的课堂里学习的效率是非

常低的。而且,这样单调的读音教学不但没有让学生学到学习方法,反而还使学生对英语学习产生厌学情绪。因此,作为英语教师,我们应该专心研究如何在单词教学中渗透语音教学,就像学汉字之前要先会拼读音节,教会学生用自然拼读法,让学生自己感悟,轻松愉快地读写单词。

(一)教师先讲授字母 a 的发音规律

1.单个字母 a 的发音规律。如学生最初学习了单词 cake,教师为了给后续教学做好铺垫,可以在这里将"ake"作为一个组合,于是派生出了一系列单词:take,make,wake,lake,snake;在这里教师先教会学生读准 ake—[eɪk],然后用前面的字母跟后面的组合相拼得[keɪk],类似的教学还有:name,same,game;face,race。这样一来,学生一下子记住了小学阶段所有含有 ake/ame/ace 字母组合读音都发[eɪ]的单词,在这里的 e 是不发音的。如另外一组单词:cat,hat,fat,map,taxi,bad,dad,cap,教师要讲解这一组里 a 的发音发[æ],这样学生只要把辅音模仿汉语拼音的声母来读,就能够顺利地拼出这类的单词。

2.与字母 a 组合的有"ar"的发音规律。如教授 car,把"ar"当成一个组合,教师教读 car 让学生感知 ar 在这里发[kɑ:],于是类似教学 card/park/party/star/start 等,学生通过观察就能找到这些单词的规律,同时也能帮助学生有效地记忆单词。

(二)教授元音字母 e 的发音规律

1.如 ee 都发[i:],类似教学单词:bee/see/sleep/sheep/tree/three/green 等,学生通过自然拼读,就能够读出类似单词,并能感悟到字母组合的发音规律。类似的教学还有"ea"组合,如 tea/pea/peace/please/pleased/speak/clean 等。

2.如教授"ear"的时候,先让学生了解这个"ear"组合的通常发音,然后逐步地把 ear 组合当成是一个元音,请同学通过看辅音字母来识记新的单词。如dear, hear, clear/near, wear, bear, pear 学生通过观察,就发现后面都有"ear",前面只是辅音不同,听音,就可以写出辅音字母。

(三)教授元音字母 i 的发音规律

类似单词 rice,及时引出 nice;bike 引出 like;kite 引出 white/write;nine 引出 mine/fine/line;ride 引出 wide;life 引出 wife/knife;学生通过学习这几组的单词很快地发现 i 发音相同,后尾都有一个 e,而且不发音。

如教授到 high,引出 light/night/tonight/right;让学生知道"igh"是一个组合而且都是发音[ai],这样教学,学生只要观察这几个单词就能发现,只有开头的辅音不同而已。

二、以旧带新加法记忆法

如教授 now 时,联想到新单词:snow ,教授 they 时,联想到:the＋y＝they;
the＋m＝them;the＋ir＝their;the＋irs＝theirs;the＋re＝there;类似的教学还
有:of＋ten＝often; c＋old＝cold; t＋rain＝train; pre＋sent＝present;read＋y
＝ready;o＋pen＝open;for＋k＝fork;doll＋ar＝dollar;please＋d＝pleased;ad
＋dress ＝ address; post ＋ card ＝ postcard; rule ＋ r ＝ ruler; mil ＋ lion ＝
million;等。

三、读音与字形的结合

从词汇中寻找字母及其组合的发音规律,自主认读。教师引导学生自主感
悟并发现英语字母的发音规律后,可以进一步引导学生去发现单词内部字母组
合发音的一般规律和单词拼读规律。例如: sea/tea;eat/meal/meat;each/
teacher/reach; east/easy; please/pleased; sheep/sleep; tree/three; green/a-
gree; name/same/game; for/fork; more/wore; car/card; dark/park; star/
start;ball/tall/wall/fall/call/small; talk/walk;never/clever/fever; letter/ bet-
ter; winter/winner/dinner; sunny/funny; boat/coat; book/look/cook/took;
ten/pen/hen/pencil;mouth/south 等。教师教授学生学会观察单词的规律,这
些单词不但形态相同,而且发音也有一定的规律,学生掌握了这类方法就能很好
地记住单词。

四、形近记忆

让学生先观察单词的构成,然后找出不同。
watch/catch;chess/cheese; head/hand; sing/song; red/read/ready; now/
know/cow/how; people/pupil/purple; fish/finish; these/those; here/where;
yellow/follow; river/driver 等,类似的教学是通过教师先总结形近的单词,让学
生掌握归纳单词的方法进行形近记忆,有效地提高学生对单词的积累量。

五、将常见的音节或后缀作为整体认读

例如,学了单词 father, mother, brother,学生就可以掌握"ther"在词尾的
读音[ðə]。再学到单词 other, nother/together、zither/weather 时,就可以让学

生把 ther 当作整体认读。此外,还有些常见后缀 ly, ty, ry, tion, ness 等,学生如果能熟练地认读,就可以加强他们拼读拼写的能力。

六、听音知其义记忆法

教师可以启发和引导学生通过对比和比较这两种语言的发音来记忆单词的发音。如教授 cola(可乐)、sandwich(三明治)、hamburger(汉堡)、coffee(咖啡)、Canada(加拿大)、Mexico(墨西哥)、ring(铃响)、mango(杧果)、sofa(沙发)、guitar(吉他)、taxi(的士)、erhu(二胡)等,教师如果在教授单词时教会学生掌握这样的记忆方法,我想学生学习单词一定会有意外的收获,在读单词时一定便能知道单词的意义。

七、汉语拼音谐音记忆

如教授 panda,可以先拼 pan,再拼 da。同样,morning, spring, miss 等,学生能边读单词边流利地写出。

八、同义、反义记忆

我们在学习新单词的时候,应该回忆一下在已学过(背过)的单词当中有没有该生词的同义词或反义词。然后在笔记本上记下来,自己做一个简单的比较,找出它们的共同之处和不同之处。然后多看例句。背单词的一个重要环节是把单词放到例句当中记忆,这样才能够不仅认识单词,而且还知道如何使用单词。比如教授到形容词 hot,教师引导学生说出反义词 cold;类似的单词教学还有:fat/ thin; tall/short; big/small; light/heavy/ good/bad;happy/sad;等。

教师在教学中如果经常能进行这样的训练,可使学生在拼读、拼写过程中进行有意识记,以促进其联想思维和概括能力的发展,还会促使学生找窍门,找规律,勤思考,改变机械性和无意性识记,使其认知能力得以发展,单词积累得以提高。

3. 教学经验

让"和谐"成为生活的主旋律

宾阳县黎塘镇第四完全小学　廖　青

都说和谐是社会主义核心价值观的灵魂,那什么是和谐呢? 在我看来和谐其实就是宽容,宽容是人类情感中一粒珍贵的种子,它能在人类的心灵这片净土上扎根发芽,在爱的保护下苗壮地成长。正是因为拥有了宽容才会有和谐。而宽容的心是伟大的,它能够熄灭怒火,感化邪恶,播撒善良,"大事化小,小事化了"。我曾经在书中读到过这么一个小故事。

从前,有一个脾气很坏的男孩,他的爸爸给了他一大袋钉子,告诉他:"每次你发脾气或者跟人吵架的时候,就在院子的篱笆上钉一根钉子。"男孩收下了钉子并且答应了爸爸。第一天,男孩钉了 37 根钉子。后面的几天他慢慢学会了控制自己的坏脾气,每天钉的钉子也逐渐减少了。他发现,控制自己的坏脾气,实际上比钉钉子要容易得多。终于有一天,他一根钉子都没有钉,他高兴地把自己的转变告诉了爸爸。爸爸说:"从今以后,如果你一整天都没有发脾气,就可以在那一天拔掉一根钉子。"日子一天一天过去,最后,钉子全被拔光了。爸爸带他来到篱笆边上,对他说:"儿子,你做得很好,可是看看篱笆上的钉子洞,这些洞永远也不可能恢复了。就像你和一个人吵架,说了些难听的话,你就在他心里留下了一个伤口,像这个钉子洞一样。"是啊,很多时候伤害别人是很简单的,那只需要一句话、一个词、一个动作,甚至是一个眼神,但是要学会宽容与谅解却是不容易的。

我还听过这样一个故事:两个要好的朋友徒步穿行在沙漠中。旅行的途中他们发生了争执,其中一个人打了另一个人一记耳光。被打耳光的那个人很伤心,但他沉默不语,只是在沙地上写道:"今天,我最好的朋友打了我一耳光。"他们继续前行,终于发现了一片绿洲。于是,他们决定洗个澡。结果,被打的那个人陷入了泥潭,眼看就要被淹死了,幸好他的朋友救了他。他苏醒后,就在一块石头上刻下:"今天,我最好的朋友救了我的命。"打他耳光又救了他的那个朋友问道:我打了你之后,你在沙子上写字;我救了你之后,现在你在石头上刻字。这是为什么呢? 他回答说:"受到伤害的时候,我们应把它记在沙子上,这样,宽恕之风就会将它抚平。受到他人恩惠时,我们应把它刻在石头上,这样,就没有什么能将它抹掉了。"没错,我们应该学会把伤害记在沙地上,让它随风而去;把别人带给你的恩惠刻在石头上,让它永不消散。

所以,作为老师,我们要多了解学生,与学生加强沟通,和谐相处,多接近学生、了解学生,多听一听来自孩子们心灵世界的呼声,和学生交朋友,只有这样,我们才能有针对性地开展教育和疏导,破译学生心理的密码,排除他们的各种心理障碍。如果教师对学生不了解,不知他们的所想所思,盲目地甚至糊涂地给予爱护关心,只能是表层的温情,而深入不到学生的心田。爱向来不是单向流动的小溪,而是相互传递且可以四处传播的海洋。我们把爱有针对性地给予每个学生,就等于打通了每个学生的心灵通道,师生间心理和情感上的距离就会大大缩小;学生就会把老师当成知己、朋友、倾诉的对象,就会把感受到的爱连同自身纯洁的情感参与、投入到教育教学活动中去,主动与教师配合,从而达到老师与学生之间的和谐相处。

忍一时风平浪静,退一步海阔天空。其实,在人与人之间有一个心灵沟通的渠道,那就是宽容与谅解。它会使人与人之间学会互相体谅、互相关心、互相帮助;如果每个人都能以宽阔的胸襟看待事物,以平和的心态对待他人,多一分与别人沟通的耐心就会少一些误解,多一分对他人的信任少一分猜疑,那么我们的生活就能更加温馨、更加和谐。让我们一起努力让和谐成为我们生活的主旋律吧!

在平凡的工作中绽放师德

宾阳县黎塘镇第一完全小学　谢明燕

工作十多年来,我一直积极响应党的教育方针政策,热爱党的教育事业,在自己平凡的岗位上踏实、勤恳地工作,尽职尽责地教书育人。在我县不断开展师德师风教育学习的活动中,作为一名教师,我认真学习,严于律己,从身边的一点一滴做起。

一、为人师表,树立榜样

人们常说:"教师无小节,处处是楷模。"学校是每个学生的学习成长之地,教师的行为对学生的影响极大。教师要树立"为人师表,教书育人"的思想,把言传与身教结合起来。只有以身作则,才能使教师的言传与身教发挥更大的作用;只有为人师表,才能使学生从教师的形象中感受到所学道德准则的可信,从而愿意积极行动,养成良好的文明礼仪。我们学校规定每天早上要打扫清洁区,并在做早操时,由少先队大队委检查评分。为了做好班上的清洁卫生工作,我每天坚持早早到校,带领学生一起打扫清洁区和教室卫生,把课桌椅摆放整齐,接着组织学生晨读,争取在做早操前就能让教室里有琅琅书声。那些来学校较迟的学生看到同学们在大声地读书,就会觉得不好意思,慢慢地,他们为了能当班上的劳动小能手,也能主动地早早到校,和同学们一起打扫卫生、读书。如果发现有学生在做早操时没到校,我会主动打电话给家长,问清小孩还没到校的原因。久而久之,学生如果有事不能来校的都会主动地向老师打电话请假。为了维护学校的清洁卫生环境,要求学生不乱丢纸屑、包装袋等垃圾时,我自己就不乱扔垃圾,看到地上有垃圾还主动地弯腰去捡,把垃圾放回到垃圾桶里。教育学生讲文明礼貌,我会主动向学生问好,说"你好""谢谢你"之类的文明用语,孩子也会自然地用礼貌用语来回应我。每次上完课后有学生主动地跑上讲台来对我说:"老师,您辛苦了。""老师,我来帮你拿课本。"看到孩子们一天天地进步,我从心里高兴地笑了。由于自己把工作做得深入细致,以身作则,从身边的平凡琐事、点点滴滴细心认真地做起来,班上的学生养成了良好的行为习惯,在学校的周检查评比中我班常常获得流动红旗。

二、关心学生,细心工作

作为班主任,我深知热爱学生是一种强大的教育力量。一直以来我都用爱心认真地对待每一位学生。无论是在课堂上还是课余时间,我都时刻注意学生的思想动态,做到及时发现、及时帮助他们纠正错误。对学生总是努力做到动之以情,晓之以理,和学生心心相连,尊重学生的个体差异,使得师生关系和谐融洽。学生之间发生了摩擦,闹矛盾,我总是先了解事发的原因,再帮他们分析各自做法的不利之处,使他们认识到自己的错误,并学会向他人道歉、原谅他人。

班中的留守儿童和后进生最容易产生自卑感,他们往往生活习惯差,意志薄弱,学习态度不端正,对这部分学生的教育更得加倍用心,得经常找这些学生谈心,帮助他们解决思想上的困惑、学习中的苦闷、生活中的烦恼。只要老师不离不弃、多关心,他们就会有进步。班上的淇淇是位聪明好玩的孩子,由于父母长期在外打工,他和七十多岁的奶奶在家生活,奶奶年迈,行动不便,所以对淇淇照顾不周全,管教不到位,淇淇慢慢迷上了玩电子游戏,有时放学后不按时回家,自己去网吧玩游戏,星期六、星期日去同学家玩,一整天不回家,常常让奶奶担心,家庭作业也是潦草、马虎,应付了事,学习成绩下降。为了帮助他改掉玩电子游戏的坏毛病,我多次找他谈心,跟他讲奶奶的身体状况不好,经受不了太多的担忧,又跟他讲一些有关做人的道理以及玩电子游戏的弊端,使他懂得学会关心他人,替他人着想,孝敬老人。同时,在生活中多给他一些问候,了解他奶奶的身体状况,让他感到老师对他的关心。经过一段时间后,他慢慢地改掉了玩电子游戏的毛病,作业也用心地完成了,在家也学会了帮助和照顾奶奶。

2013年秋,学校安排我上高年级数学,本人身体欠佳,高年级的教学任务又重,但学校因缺少数学老师,考虑到学校的难处,我勇挑重担。这个班以前数学平均分比本校同年级另外两个班落后较多,班上的"学困生"较多,为了提高他们的学习成绩,我采用"一帮一"的方法,让优生帮助"学困生",定期检查他们的学习情况,并给予他们表扬和鼓励。我也经常利用课余时间耐心地辅导他们。在批改作业时,发现学生做错题,下课后我会及时去教室教他们如何改正错题。在给学生分午饭时,我会时不时问个别学生有关数学的计算公式或上午学的知识,加深他们对数学知识的记忆。办公室的同事都开玩笑地说我:"谢老师好会见缝插针哟,一个'学困生'也不放过。"对此,我只是一笑而过。经过一个学期的不懈努力,到了期末考试我班数学平均分与别班的差距缩短了,成绩有所提高。

三、积极钻研,潜心教学

自任教以来,我责任意识强,上课劲头足,在工作中认真学习《新课程标准》,钻研教材,精讲每一节课。在课堂教学中,用自主、合作、探究的学习方式,与学生建立民主、平等、和谐的师生关系,营造和谐轻松的学习环境,促进学生自主学习。有句话说:"老师要想给学生一滴水,自己必须要有一桶水。"作为教师,要想教好学生,首先自己要有丰富的知识,因此,我在平时会多看一些与教学相关的书籍,及时给自己"充电"。学校安排我上五年级的数学,由于多年来我已习惯教低年级的数学,对于高年级的数学长时间不接触,突然接手感到很困难,为了能上好课,不给学校拖后腿,我在课前做到认真备好课,做好课件,尽可能地把课上得生动,让学生能轻松地学到知识。由于缺少高年级教学经验,我经常去听高年级老师的课,吸取他们的教学方法和经验,问他们一些有关高年级的数学教法和问题,虚心求学,使自己的教学水平也有所提高。同时,我积极参加学校的校本教研活动,学校安排的优质课比赛、课题研究等任务我都能认真地对待,每次都力争好成绩。作为课题负责人,我认真参加南宁市教育科学"十一五"规划课题"估算在实际生活中的应用"(2008C375)的研究,在 2012 年 12 月该课题顺利结题,评定为 D 等。2013 年秋学期我参加宾阳县举行的小学数学教师基本功比赛,荣获一等奖。

经过自己细致、耐心、勤恳的工作,我所带的班级多次被评为学校的文明班级,也曾获得过"南宁市中小学优秀班集体"称号。我自己也多次被评为镇级和校级优秀班主任,也获得过南宁市"优秀少先队辅导员"荣誉称号。"学高为师,德高为范"这句话一直鞭笞着我,让自己在普通而又平凡的工作岗位上默默地耕耘、任劳任怨。今后,我将一如既往地努力工作,为教育事业贡献自己的力量。

爱是永恒的话题

宾阳县黎塘镇凤鸣小学　韦彩红

我是一名普通、平凡而又充满着极大工作热情的青年教师,在小学这块育人的热土上,凭着对教育事业的极度热爱和努力向上的敬业精神,在平凡的工作岗位上认认真真、兢兢业业,学生是我工作的原动力,而"爱"就是我愿意和能够付出的全部。

十三年来,我把自己交给了教育,把爱心留给了学生,将青春和热血全部倾注到我所爱的教育事业中,辛勤的耕耘换来了硕果累累。

一、优化班级管理,提高学生素质

自从走上工作岗位以来,我曾先后担任过少先队辅导员、总务主任、教导主任,一直担任班主任。在班级管理中,我从自身做起,加强心理学和管理学的学习,尽量对孩子多一些信任、多一分尊重,努力创设民主化的氛围,发挥学生的主体作用,培养学生的自我管理能力。于是一种团结友爱、奋发向上的良好班风形成了,受到了家长和同事的好评。近三年的学校团体比赛中,捷报频传。2014年我所带班级被评为"南宁市少先队红旗中队"。

二、为人师表，乐于奉献

我热爱本职工作，平时按照一个好老师的标准严格要求自己，严守师德，身正为范。班级工作中我时刻注重身教、为人师表，以良好的形象率先示范，用自己的人格去影响教育学生，激励学生良好习惯的养成和道德素质的提高。"为人师表"是我最看重的一句名言，我特别注重自己的言行举止。我与学生朝夕相处，每天来到学校我总是先走进教室看看孩子们把地扫干净了没有，每天放学回家之前我总是走过教室看看孩子们把教室门窗关好了没有，所以我所带的班负责的清洁区卫生与教室卫生，总获得流动红旗。

为了孩子们，我放弃了许多休息时间，常常是早出晚归。"没有最好，只有更好"的自我要求使我形成了扎扎实实的工作作风。在学校工作中，不管是自己分内还是分外的事，我都尽心尽力去做好它，毫无怨言。为了集体荣誉，我能勇挑重担，认真完成上级布置的各项任务。在"美丽黎塘，清洁乡村"活动中，我带领学生们打扫教室、办公室，擦吊扇、清理垃圾池等，为校园清洁无私奉献，为师生做出了榜样。在"花样校园"活动中，我还带领着孩子们为美化校园积极捐款，让孩子和校园一起绽放美丽的笑脸。

三、尊重学生，以爱育人

我热爱教育、挚爱学生。正是这份挚爱，促使我深入地了解孩子、公正地对待孩子，尊重他们的人格和创造精神，并与他们平等相处，用自己的信任和关切激发他们的求知欲和创造欲，努力为孩子的成长、发展创设最好的教育氛围。我尊重和热爱每一位学生，总想方设法跟他们亲近，成为他们的朋友。因为课堂就是情感场，所以我要求自己在课堂上做到：要用民主的口吻与学生谈话，要用平等的眼光看待学生，要让回答问题的学生体面坐下，课堂提问要照顾大多数。为了做到这"四要"，我每接一个班，总要细心观察每一个学生，了解他们的个性特点和家庭情况，以便因材施教。

我尽心地关心每一位学生，做孩子们的良师益友，给学生无私的爱、无尽的温暖。班上的耀耀由于家庭原因沉迷于网络游戏，经常离家出走，家长都放弃了。但作为班主任的我，不想放弃任何一个孩子，我经常去家访，跟家长沟通交流，动员家长去把孩子找回来，送他去学校。我还经常去网吧找耀耀，并和他恳切沟通交流，谈人生、谈理想。我还利用自己休息的时间和他讲保尔·柯察金的故事,鼓励他战胜贫困,积极为他申请困难补助金,帮他补习落下的功课,从而使他不但没有掉队,在后来的检测中,还取得了可喜的二等奖。家长看到我为他们所做的这一切,感动至极。

四、刻苦钻研、不断进取

在教学中,我注重自身素质的提高,潜心钻研教材,反复研讨新课标,大量订阅教学刊物,经常学习教育杂志,浏览教育网站,了解国内外最新教科研信息,认真做好笔记,广泛汲取营养,及时进行反思,转变教育观念,捕捉新的教学信息,勇于探索教育规律,大胆采用新的教学手段。我常向同科老师学习教学经验,借鉴优秀的教学方法,提高自己的教学能力和业务水平。同时,积极参加磨课和各个公开研讨课活动,教学技能不断提高。一枝独放不是春,百花齐放香满园。在注重自身提高的同时,身为我校骨干教师中的一员,我深知"一棵树不成林"的道理,我不仅严格要求自己、大胆实践,还积极开展"我最成功的一堂课"教研活动,经常互相听课、评课、学习。

在我十三年的教学生活中,虽然有风雨坎坷,有委屈落泪,可看到自己培育的"小树苗"一年年茁壮成长,变成一片片绿荫,长成有用之才时,任何的苦楚都随之烟消云散。教育的路是漫长的,相信在这漫漫长路中,我会用爱心、真心、耐心、信心去迎接教育中的每一个挑战,去滋润祖国的每一株"幼苗",做一名优秀的教师,让桃李香满天下!

用爱写好"师德"

宾阳县黎塘镇中心学校　余　霞

作为教师,你是否有这样的感觉:爱品学兼优的"尖子生"很容易,而且这种爱常常是自然而然的、由衷产生的;而对于所谓的"学困生",想说爱"他"就不是那么容易了。

或许,大家跟我都有同样的感受:为了备好一节课,我们查阅资料到深夜。第二天,我们满怀热情踏进教室,讲得口干舌燥之时,有些学生("学困生")却对你不理不睬,教育批评后依然我行我素。曾经,对于这些所谓的"学困生",我的心一点点冷却下去,甚至有时候会对自己说,他们没救了,放弃吧。但是,有这样一个孩子,却改变了我的想法,改变了我的态度。

　　记得那是发生在五年前的事,那天正好是教师节,早上,我和往常一样迈着轻盈的步子走上教学楼,刚走上三楼,就听到有学生说:"老师来了,老师来了。"我走进教室,教室里没有了往日的琅琅读书声,而是一大群人围在一起议论纷纷,还听见了"呜呜"的哭声。怎么回事?一大早就有人打架了?我急忙走进教室往里看,看到我班上的一个学生君君,趴在桌子上哇哇大哭。

　　看到这个孩子,牵起了我无尽的思绪:这个孩子,是四年级下学期从"芦小"转来的,看起来很聪明,穿着整洁,还戴着一副黑框眼镜,是个文质彬彬的孩子。本来我以为,从"芦小"转来的孩子应该不会很差,因为"芦小"的教学质量在宾阳属一流,在南宁市和自治区内外也享有较好的声誉。所以,在转入我班的第一天,我就向全班同学进行了隆重的介绍,还希望他把"芦小"好的学习风气带来我们班。可是,有谁想到,他第一次生字作业就出现了问题:写十个生字竟然有五个是错的,而且我认为对的那五个,也是写得歪歪扭扭的。因此,他成了办公室的常客,语文老师、数学老师、英语老师轮番上阵,耐心辅导,可是即使这样做,效果还是不明显,考起试来,三科总分都不够 100 分。

　　我把他带到了办公室,搬来一张椅子给他坐下,小声地问他:"君君,你怎么了?"

　　他擦了擦眼泪,小声地说:"老师,他们把我带来想送给你的花弄折了!"

　　我形容不出当时听到这句话时自己的感受,只觉得像有一只巨手紧紧地揪住了我的心。自责、忏悔、镂心蚀骨的痛楚阵阵袭来。这就是我眼中的"学困生",这就是天天被我批评的"学困生",我,作为一名人民教师,孩子的班主任,平时自己对他的态度……

　　他的话语温暖着我的心田,他真诚的心感动了我,也使我平生第一次感受到了做一名教师的自豪。我为我以前的所作所为感到羞愧……从那一刻起,我下定决心,对待学生一定要真正做到一视同仁,绝不能厚此薄彼,绝不能按成绩区别对待。从那以后,"学困生"成了我教学中关注的重点。

　　首先,在日常学习中,我对他们多了一些宽容。对他们不能太苛求,允许他们有失误、有反复。比如生字、生词的听写,中等生和尖子生要求 80 分才算过关,而对于"学困生"来说,得到 60 分及格就及时给予表扬和鼓励,让他们也能享受成功的快乐,找回自信和自尊,激起他们克服困难的信心和勇气,力争上游。

　　其次,给他们希望。

　　平时多做他们的思想工作,帮助他们分析自己的优势与不足,鼓励他们敢于正视现实,战胜困难和挫折,找回自尊和自信,做一个快乐的人。

再次，多辅导。辅导"学困生"，我主要抓两方面：一是课堂教学，二是课后辅导。课堂教学方面，我把更多的机会留给他们。

1.把课堂发言的机会先给他们

很多"学困生"不喜欢举手发言，因为他们害怕回答错误后会受到老师的批评、同学的嘲笑，在这种心理的作用下，他们就不愿意举手发言，久而久之，他们就成了课堂学习的陪客。我在课堂教学中非常重视让"学困生"发言，比如：看拼音写词语或选词填空等容易的习题，能从课文中找到答案的问题，我就会把这种机会留给他们。刚开始的时候，他们也很害怕，声音低得连他们自己都听不见，看到这种情形，我就鼓励他们说，老师最喜欢敢于回答问题的孩子。孩子们为了让老师也喜欢自己，都跃跃欲试，一段时间后，他们举手的次数越来越多了，正确率也越来越高了。

2.把在课堂上到黑板上板演的机会先给他们

每一个"学困生"都很害怕到黑板上板演，每次要点名上来时，他们就会把脖子缩短，或装作认真看书的样子，或避开老师的目光。在课堂教学中，我就偏偏要选有以上表现的"学困生"到黑板上去板演，但是，这也要根据题目的难度来定，主要是那些较容易的基本题。开始，他们往往会因为害怕而出错，于是，我就在课堂上经常强调，只要敢到黑板上来板演，无论答案对不对，都值得表扬。得到鼓励后，他们就不再害怕了，到后来甚至会抢着板演。

3.老师在巡视课堂时，对他们给予特别的关注

在学生写课堂练习时，我总喜欢在过道上走一走、看一看，目的是想了解学生对所学内容的掌握情况。在巡视过程中，对那些"学困生"我会给予特别的关注。我会站在他们的身边，对做得好的我竖起大拇指表示赞许；对做得不够好的，我会弯下腰来耐心地又讲解一遍，慢慢地，随着次数增多，他们知道了我的善意，有什么不懂的问题就及时问我，这样，我就可以及时辅导，及时补漏。

课堂教学中除了做到以上几点，还要进行适当的课外辅导。课外辅导这个任务主要交给优等生去完成，让优等生与"学困生"结成对子，由优等生对他们进行一对一的监督，进行一对一的帮助，例如：监督他们是否按质按量完成老师布置的作业，对那些不会做的题目要进行讲解，但是不能直接告诉答案。在监督帮助的过程中，优等生也会得到一定的促进。

最后，增进家校配合，共同督促。

对于"学困生"来说，他们基础差，底子薄，要想跟上"大部队"需要付出更多的努力。在校有老师、同学的监督和帮助，在家就只能靠家长了，因此，平时多与家长联系,共同商讨对策。对于这些孩子们的点滴进步都要及时和家长交流反馈,以增强家长与学生的信心。并且要求家长对于家庭作业一定要督促到位,不要只是口头上问问而已,一定要落实到行动中去。告诉家长,他们的职责是检查作业是否写完,书写是否认真工整,而对与错由我们老师去评判。只有家校配合紧密,家校共同努力,"学困生"的转化工作才会取得意想不到的效果。

总之,通过自己的努力,我班需要帮助的学生都有了一定的进步。我坚信,只要自己不丧失信心,需要帮助的学生会越来越少。我会继续努力,争取把工作做得更好。

一路走来 无怨无悔

宾阳县黎塘镇新圩小学 赵海滨

十二年前,我带着青春的无限激情,满怀着对教育事业的真诚,踏入了教育这片热土,成为一名光荣的人民教师。在教育工作中,我始终热爱党的教育事业,为人师表,爱岗敬业,乐于奉献。十多年里,我在三尺讲台上无怨无悔、无私地奉献着自己的青春,用真诚和爱心浇灌着每一颗幼苗茁壮地成长。在工作中,我认真贯彻党的教育方针,切实履行教书育人的职责,严格服从学校的工作安排,团结同事,关心学生,工作勤奋,乐于奉献,严格律己。我深深觉得,一个教师,要教好书不容易,要全身心地爱他的学生就更不容易。这么多年来,我也渐渐地感知到了师德的重要性。我认为作为一个教师所应具备的师德应该包括两点:

一、爱岗敬业

敬业,就是对教育事业的忠诚与敬畏。敬业并不能简单地等同于教好书。十几年的教育教学工作使我深深地知道,教育工作责任重大,从小处讲,它关系到个人的前途和命运;从大处讲,它关系到民族和国家的兴旺发展。所以,我从来没有把教师简单地当作谋生的职业,而是作为自己毕生追求的事业,全身心地投入,工作一向勤奋、扎实、一丝不苟。在教学方面,我也有自己的一些做法,那就是课前一定要备课,课堂教学要面对全体学生。我上课的第一件事就是讲评前一天的作业,只要是我布置的,再简单的题目也要分析讲评,因为班上还有部分的学生基础较差。对于作业批改,我从来都是全班批改,我决不会挑选"好的学生"的作业单独批改;课堂教学中我习惯用"分层次教学法",因此,我的学生对我特别尊敬,因为在他们心目中,我是一个"公平""没有大小眼""负责任"的老师。

二、尊生爱生

师爱,不同于一般情感,它是一种只讲付出不求回报的、无私的、广泛的、没有血缘关系的爱,是一种严慈相济的爱。身为教师,首先要做到的是如何把无言的爱化作丝丝春雨,去滋润孩子们的心田。我教六年级时有一个学生学习很努力,成绩也很拔尖,但他的父亲因病去世了,还有两个妹妹在读书,家里经济条件很有限,他几次跟我说不想读了,想去打工贴补家里,我亲自到他家里了解情况,并与家长耐心沟通,并发动本班同学给他捐款、捐学习用品,我在学习上、生活上都予以照顾。这名学生去年7月从重点大学毕业,现在在一家国企上班,他每次放假回来都会来看我。

对学生关爱是多方面的,你给学生一个满意的笑,对学生提出殷切的期望,给学生一句鼓励的语言,给贫困的学生送一本书,带生病的孩子去看医生,为后进生讲解辅导……你给学生的爱也许是微不足道的,但学生的记忆是深刻的,那么一点点的爱给学生带来的是温暖,是力量,是信心,是勇气。

从教十几年,与学生共同分享和体验成长的快乐与烦恼,我们之间有精神与精神的交流,更有生命与生命的对话,我们彼此真情地付出,就一定会留下岁月有痕的生活。我想:我的工作也许做得并不优秀,我的事业可能永远也不能够轰轰烈烈、惊天动地,但我的工作充满着希望,关乎着未来,因此,我会坚持用责任与爱心在这片净土上默默坚守,辛勤耕耘,收获希望!

爱岗敬业,为人师表,做一名合格的小学教师

宾阳县黎塘镇第四完全小学　李　莉

"春蚕到死丝方尽,蜡炬成灰泪始干。"这句诗让我从上学起就知道教师的艰辛与无私。说起教师的工作,真让人感慨万分。因为一个合格的教师,良好的师德师风并不是简单的说教,而是一种精神体现,一种深厚的知识内涵和文化品位的体现!在日常的教育教学工作中,师德需要培养,需要教育,更需要的是教师自我良好的修养。在工作中我是这样去做的:

一、不断学习，提升知识水平

常言说："要想给学生一滴水，你必须要有一桶水。"教师要想传授给学生更多的知识，首先你必须要有丰富的知识。因此，多学习基本知识技能和课外知识，也成了师德师风建设的一部分。为此，我不断加强学习，不断充电，中师毕业后，我通过函授学习，先后取得了大专和本科学历。在工作中，我积极通过自学，不断更新教育教学观念，树立现代教育观、学生观、课程观、人才观，经常参加各级教研活动，积极参加听评课活动，深入研究教学方法，以饱满的热情走进新课程、践行新课改，专业素养和教育教学水平不断提高，教学实绩日益突出。

二、以身作则，为人师表

教师的言行对学生的思想、行为和品质具有潜移默化的影响，教师的一言一行对学生来说都具有示范性。因此，古今中外的教育家都非常重视和强调教师要为人师表。教师往往是小学生心中的偶像，教师的一言一行直接影响到他们的健康发展。因此，在工作中我率先示范，教给学生做人的道理，增强学生前进的动力。以现在我带的一年级来说，学生年龄偏小，在家里娇生惯养，只会接受别人的爱，却从来不知道怎么去关爱别人。他们刚入学的时候，第一次打扫教室，很多孩子都不知道如何做，有的干，有的玩。从那时起我用了近两个星期的时间，天天和他们一起值日，边干边告诉他们怎么做，做什么，怎么找活做，怎么合作干，慢慢地，值日工作有了明显的进展。平时看到教室哪里卫生有不尽如人意的地方，我就亲自去打扫，使学生不好意思再打扫不净；如果教室的地上有纸，我就弯腰捡起来，时间长了，学生也这样做。总之，在日常的教育教学工作中，在任何对学生有影响的场所和事情上，注重身教，以身作则，这种身体力行的做法也得到了学生的首肯。

三、努力工作，无私奉献

人们把教师比喻成一支默默无闻的蜡烛，燃烧了自己，照亮了别人。教师的无私奉献精神体现在全心全意为学生服务上。教育工作是艰苦和复杂的，教师必须要有责任感，勇挑重担，树立理想，克服教育教学上的畏难情绪和急功近利以及不负责任的行为。因此，在教育教学工作中，我们要做到以下几点：

1.教师要爱岗敬业

教师是人类灵魂的工程师,是阳光底下最崇高的职业,我总是以自己能成为该职业中的一员而自豪。我很热爱自己的学校,热爱自己的学生,做到教书又育人。在平时的工作中我始终坚持以德育人,教学上把学生放在第一位,尊重每一个学生的人格。苏霍姆林斯基说过:"教育技巧的全部奥秘在于如何爱儿童。"作为一名教育工作者,我们没有权利不爱自己的学生。我们能为取得好成绩的孩子感到高兴,也能谅解学生在学习中的失误,让学生时刻感受到老师是他们学习上的好帮手,更是生活中的知心朋友。

2.教师要尊重学生

在新课程改革全面铺开的今天,教师的主要理念是"以学生为本",关注学生的主体地位,尊重学生,平等对待学生,关爱学生是师生和谐相处的重要前提。高尔基曾说过:"爱孩子,那是母鸡都会做的事,如何教育孩子才是一件大事。"在教育中,只有尊重学生,才能教育好学生。在学生心目中,具有爱心和具有知识的老师才是"好老师"。师生间有真挚的情感,会使学生自觉地尊重老师的劳动,愿意接近老师,希望与老师合作,向老师坦露自己的思想。教师要对学生保持一颗挚诚的爱心。对待每一个孩子要尽量做到公平公正,不偏爱个别优秀生,也不歧视个别"学困生",特别是去帮助一些自信心不足的学生,肯定他们的成绩,多给一些鼓励。当然,在跟学生交朋友,相互关爱的同时,我想自己也应该时刻把握其中的度,防止失去威信这种现象的发生,做到严字当头。

3.教师要爱护学生

教师要有爱心,爱心是一种职业道德,是一种人格风范。我认为没有爱,教育就难于开展,任务就难以完成,效果就不理想。正如我国著名教育家陶行知所说:"你的教鞭下有无数的瓦特,你的冷眼里有牛顿,你的讥笑中有爱迪生。"陶先生从侧面教育我们不能冷落、歧视学生,应该信任他们,帮助他们解决困难,用深情的爱去激励他们。

师爱应该是一种无私的爱,无私在于师爱是不求回报的,我们应该凭着"带着一颗心来,不衔半根草去"的思想,在日常工作中,决不可以把对学生的爱与个人的目的和利益联系起来。懂得关心学生、尊重学生,用一颗宽容的心对待他们。

4.教师要理解宽容学生

有人说:"宽容就是去拥抱学生,让他觉得你是人而不是神;宽容就是去包容学生,让他觉得你看到了他的不是却没有揪住不放;宽容就是允许学生反对,让他觉得你不是学习的权威而是学习的伙伴……"我还想说,宽容就是平等,让学生觉得你不是高高在上的老师,而是跟他们无话不谈的朋友;宽容就是理解,学会了理解,你就拥有了宽容,也拥有了爱。试着去理解学生吧! 正像赞科夫所说:"当教师把每一个学生都理解为他是一个具有个人特点的、具有自己的志向、自己的智慧和性格结构的人的时候,这样的理解才有助于教师去热爱儿童。"有了理解,你就不会为学生调皮捣蛋而光火;有了理解,你就不会为学生辩解顶撞而发怒;有了理解,你就不会为学生幼稚无知而生气。你只要想想:学生还只是个孩子呢! 你只要想想,我自己也曾是个孩子呢! 你的心就平了,气就顺了,你就能够冷静地采取为学生所理解、所接受的方式去处理问题、解决问题。学生忘擦黑板了,我会说:"该我值日了吗? 以后可得事先通知我,以免耽误上课。"值日生低下了头,为自己的失职难过。学生忘带作业了,我会不经意地问一声:"昨晚是你收拾的书包吗?"学生一愣,继而明白了作业是不应该忘记的。讲台上,我讲兴正浓,讲台下,一位学生睡意正酣,我摸摸他的头,问:"不舒服吗?"他摇摇头。他脸红了,睁大了眼,挺直了腰。是啊,他们还只是孩子。孩子怎能不忘事? 孩子怎能不贪睡? 作为从孩子走过来的大人,作为教师,你不能对孩子的错误听而不闻、视而不见,你也不必为学生的过错大动肝火、小题大做。善于爱的教师会小心翼翼,"拐弯抹角"地去启发、去教育。这样,学生即便做错了事,也不必提心吊胆等着挨批,就算挨了批,感受到的却仍然是教师深切的爱。

被誉为"万世师表"的孔子曾说过:"德之不修,学之不讲,闻义不能徙,不善不能改,是吾忧也。"倡扬高尚的师德师风,是中华民族的优良传统,是新时期教师教育的首要任务,是加强青少年学生思想道德建设的必然要求。作为新时期农村的人民教师,应该抛开功利观念,加强自身的师德师风修养,始终保持一颗甘愿平凡的心,敬业、爱岗、爱生,甘愿在平凡的岗位上做着平凡的工作,去感动更多平凡的人,共同撑起教育美好的明天!

做一名快乐而又受人尊敬的教师

宾阳县黎塘实验小学　林　芳

今天,能作为学校的代表在各位领导、老师面前谈师德,我真是很惭愧,因为在座的各位都是有经验的老师,都是我要学习的楷模。既然大家给我这次机会,我就谈一谈我从教以来的一些体会和收获吧。

一、师爱润物无声

从1990年参加工作至今，已经有25年的时间了。25年的教书生涯让我深深感到，只要用一颗真诚和慈爱的心去教书育人，收获的将是幸福和感动。我觉得呢，教师这个职业是份良心活，既然选择了教师这个职业，那么做事一定要对得起自己的良心。所以，每接一个新班，我都会把班级当成自己的一个小家，把学生当作自己的孩子，深深地爱着他们，关怀着他们。谁没来上学，我会在第一时间往他家打去电话询问；谁情绪不好，我会在课间找来交流；谁犯了错误，我总是耐心地教育，以真挚的爱去感化他们；谁碰到困难，我总是尽我所能地帮助他，鼓励他，引导他走出困境。去年，我所带班级有个学生，爸爸患癌症，医治多年后去世，欠了一屁股的债，她妈妈只能靠打零工维持她和三岁多的弟弟以及七十多岁的奶奶的生活。由于家庭突遭变故，原本活泼开朗、学习优秀的她变得沉默寡言，学习成绩迅速下滑，并萌发了轻生的念头，于是，我特地跑去书店给这个学生挑选了几本励志的书，在生活、学习上给她无微不至的关怀，并且发动本班同学向她伸出了援助之手，这个学生终于振作起来，又慢慢变得活泼开朗了，学习成绩也迅速上升。现在，这位学生已经读初中了，上个星期五放学后特意来学校找到我，高兴地说："老师，这次的月考我语文又取得了年级第一的好成绩。"事实证明，我的心血没有白费，我的爱的教育终于收获了幸福和感动。

二、责任成就优秀

多年来，我担任班主任工作，作为天下最小的主任，承担的却是沉甸甸的责任，对学校来说，它起着承上启下的作用，实施贯彻着学校所有工作，掌握、反馈、调节所有本班发生的事情，是学校的左膀右臂，是学校得以发展的支柱。班主任是学生的榜样，在学生心目中至高无上。班主任是家长关注的焦点，起着举足轻重的作用，家长对班主任的要求和期望也高于其他老师。不过，既然选择了当班主任，我就承担起来这种责任，而且是发自内心的。我关心学生的成长，培养学生的优良品质和文明习惯，教育引导学生学会做人。我注重的是公正公平地对待学生，面向全体学生，不仅不歧视学习暂时有困难的学生和有行为障碍的学生，反而在他们身上倾注更多的关怀和爱护。平日里，我总以鼓励为主，努力挖掘孩子们身上的闪光点，耐心地关注他们的每一点进步和每一次成功；多年的努力,赢得了学生的信任,也迎来了丰收的硕果:近五年来,我带的班级成绩喜人,曾两次被评为"南宁市中小学优秀班集体"、一次被评为"南宁市红旗中队",我本人也多次荣获"黎塘镇优秀班主任""黎塘镇优秀教师""宾阳县优秀班主任""南宁市优秀少先队辅导员""南宁市教学骨干"等荣誉称号,我带了六年的学生都如愿升上了他们心仪的初中。学生成长了,我打心眼里为他们高兴,他们也通过QQ、电话说出了一句句质朴的、令人感动的话:"林老师,我想死你了","林老师,好想回去再听你上一节课","林老师,我终于懂得您给我们讲的故事了"。开学后不久,在街上碰到一位家长,她告诉我:已上初中的女儿在得知我要带一年级的消息后,就回去央求父母,叫她弟弟不读学前班了,直接升一年级,就放在林老师的班。听到这些话我非常感动,竟然有一种想哭的感觉,我想,这也许就是常人所说的一个班主任的满足和幸福吧。

三、家校沟通促发展

多年的教学经验还告诉我,要想使教学工作能够顺利地进行,特别需要家长的理解和支持。随着国民素质的提高,家长的水平也在不断提高,他们的许多见解值得我们教师学习和借鉴。所以,我特别注重和家长建立良好的关系,加强和家长间的交流,及时地告诉他们孩子在学校的表现。当孩子有了什么进步,孩子生病了,孩子这段时间学习状态不佳……我都会及时与家长取得联系,使家庭教育和学校教育同步,更好地促进孩子的健康成长。在与家长沟通交流的过程中,我特别注意尊重学生家长的人格,特别是要尊重所谓"差生"和"不听话"孩子家长的人格。于是,我和很多家长成了无话不谈的好朋友,一些孩子已上初中的家长还经常打电话跟我交流孩子的教育问题,他们一再地跟我说:"林老师,如果你换手机号码的话一定要及时地告知,我们要经常保持联系。"前段时间,一位小孩在南宁某初中就读的家长找到我说:"林老师,你制定的班级量化细则能不能给我一份,我想推荐给孩子现在的班主任,让她借鉴一下。"我真的想不到,我对孩子的爱、对家长的尊重,竟然让她们如此信任我、尊重我,我真的是非常的感动,觉得我多年的辛苦、多年的付出只能用一个字来表达,那就是:值!

现在,我每天依然一如既往地耕耘着自己的一片天空,依然把学生当作自己的孩子,深深地爱着他们,关怀着他们。每天我都在重复着我的工作,然而,我却感到充实而快乐,因为,我终于找到了我人生的支点——做一名快乐而又受人尊敬的教师。

让自己更接近完美

宾阳县黎塘镇三和小学　陆海芳

很感恩有这样的机会和平台和大家一起交流有关师德的话题。古人云，"师德者，人类之大德也，师德乃众德之本也"。小学教师专业标准四大理念："师德为先，学生为本，能力为重，终身学习。"师德之所以放在首位，是因为教师道德不仅影响一个人的学生时代，而且影响他的一生，影响一旦形成，就不会随着学业的结束而简单消失，这种影响已经凝结成学生内在品质中比较稳定的一部分，从而将伴随学生的一生。今天的教师在学校中担任着多种角色，越来越多的老师感觉，做老师难，做好老师更难。一方面是因为教师职业的特殊性，另一方面是社会对教师的要求越来越苛刻，要求教师最好是理想的"完人"。其实，完美是不存在的，教师是有缺憾的存在，学生是有缺憾的存在，我们所能做的只是接近完美！下面我就结合自己的工作情况，从师德修养方面谈谈自己的一些理解和做法。

一、始终坚信自己从事的工作是神圣而崇高的

我们一起来重温一个看了很多遍的故事：三个工人在砌一堵墙，有人过来问："你们在干什么？"第一个没好气地说："没看见吗？砌墙。"第二个抬头笑了一下，说："我们在盖一座高楼。"第三个人笑得更灿烂："我们正在建设一个新城市。"十年后第一个人在另一个工地上砌墙，第二个人坐在办公室内画图纸，他成了工程师，第三个人呢，是前面两个人的老板。

心理学研究显示：一个人把工作的价值看得越高，由此激发的动机就越强，在工作中焕发的内部力量就越大，由此我们便不难理解一样的砌墙工作为什么有不一样的前途。同样，对我们自己的工作不同的认识会产生不同的心态，导致不同的结果和人生体验。如果我们没有勇气写出"世界那么大，我想去看看"的辞职信，如果我们没有足够的魄力和决心去告别教育，那么一个教师有三分之一还要多的时间是在学校度过的，为了让耗费我们三分之一生命的时间过得更有意义、更有价值、更幸福，我们需要不断激发自己的工作激情，焕发内部最大的力量。为了做到这一点，我们有理由和必要把自己的工作价值看高一些。我们的工作价值是什么？它不只是别人所交付任务的完成，也不只是谋生的手段，作为

教师的我们担负着传播人类文化、开发人类智能、塑造人类灵魂、托起千万个家庭的幸福的重任,我们的工作是在滋养一棵棵幼苗,是在阅读一本本厚重的书,是在精心擦拭一块块金子,是在雕琢一件件艺术品!教师不管在任何时候、任何情况下,都坚信自己所从事的教育事业是神圣而高尚的,它是不朽的事业,它是崇高的事业,它是与人类共存的事业,它是太阳底下最光辉的事业!让这神圣和崇高不断激励我们有更高的要求,走近完美。

二、日常生活中要注意细节

儿童教育家孙敬修用形象的语言说过:"老师的一言一行对孩子都是很有影响的,孩子的眼睛是'录像机',耳朵是'录音机',脑子是'电子计算机',录下来的信号装在电子计算机里,储存起来,然后指导他们的行为。"教育家叶圣陶说过:"身教最为贵,行知不可分。"身教的时候要做到全覆盖,不能忽略了细节。在我们学校每天的晨会里,值周教师要求学生集队时要站直、昂首挺胸、把手背在后面,认真倾听同学、老师讲话,培养学生学会倾听的习惯。此时的我也会用同样的姿势跟他们站在一起!给学生传递一种要求他们做到,老师先做到或者老师跟我们在一起的信念!在日常生活中,我们经常教育学生见到校园有垃圾要主动捡起来,放到垃圾桶里。我也这样要求我自己,无论在校园、在走廊、在教室、在楼梯看见纸片、包装袋等日常垃圾,我总会毫不犹豫地弯下腰!在每天的上下学路上,当我和学生相遇时,他们总会让到路边,让我先过,他们总不忘面带笑容跟我说声'老师好!'或者'老师,再见!'听着他们稚嫩动听的声音,我很开心,让我这段短短的旅途产生了不一样的感受。每当此时,我也总会以自己最大的热情,对每一位学生的每次问好不厌其烦、面带笑容地做出回应。和学生站在一起、主动捡垃圾、给学生回礼,虽是件件小事,但小事最能看出人的品质,最能显出人的灵魂。做好小事,更能让自己接近完美!

三、对课堂要充满敬畏

我们课堂的主体是学生,学生是什么?有人说,学生是受教育者,有人说学生是认知主体,但无论是什么,学生的第一要素是生命。每一名学生都是具有独特情感和独特需求的生命体,一个生命就是一次空前绝后的奇迹,对于每一个个体来说,生命都是不可复制的,是独一无二的,所以生命伟大而值得敬畏。雅斯贝尔斯在《什么是幸福》中写道:"教育的过程首先是一个精神成长的过程,然后才能成为科学获知的一部分。"对于教师而言,一个学生可能仅占你学生总数的几十分之一,几百分之一,甚至几千分之一,而对于一个家庭而言,却占百分之百!家庭把百分之百的希望放在老师手中,他们的希望和理想更值得我们敬畏。学生在课堂上所耗费的时间都是生命的必须构成,课堂也是教师职业生活的最基本的构成部分,它的质量,直接影响教师对职业的感受,直接影响到学生生命的成长。每一个热爱学生、热爱生活和热爱自己生命的教师,都不应轻视作为生命实践组成的课堂,从而激发自己自觉上好每一堂课的愿望。教育的出发点和终极目的是生命的和谐、充盈与丰满。由于心存敬畏,对于课堂,我不敢随便,用自己掌握的资源备好每一堂课,用心上好每一堂课,认真改好每一本作业;对于学生,特别是对"知识结构有问题"的学生,我不敢敷衍和放弃,提醒自己用更多的耐心、接纳、包容他们的缺点和不足,告诉自己无论是聪明的还是还没有启蒙的,甚至是有缺陷的,他们都是唯一,都是家长的宝!所以当面对四年级的学生在课堂上给三角形的顶点找对边都不会的时候,我不再埋怨学生太笨,我会问我自己:我为这个孩子付出过多少?什么叫诲人不倦?当学生不听课时,我会问自己:我为这堂课准备了多少?什么叫循循善诱?心存敬畏,会鞭策着我不断寻求更好的教育教学方法,面对学生会多一分平和,多一些等待。学生也在我们的教育下走向幸福,进而使他们单薄的人生丰满起来。

四、养成读书的习惯

教育永远不会有一成不变的经验,因此,也就决定了教师一生都在不断地学习。读书可以让我们学到很多知识,感受到不同的文化,知识可以让人变得聪明,而文化是最滋养人的。教育是以人影响人的活动,作为一个教师,我们要言传身教、教学相长,读书是我们的必修课。正如全国优秀教师高万祥所说:"真正优秀的教师,首先一定是一个真正的读书人。"

2008年修订的《中小学教师职业道德规范》用24个字来概括教师职业道德规范:爱国守法,爱岗敬业,关爱学生,教书育人,为人师表,终身学习。师德的内容看似很宽、很广,要做的功课很多,但总能回归到爱与责任上来。所以我们可以说,爱和责任是师德的灵魂。让我们一起扛起爱和责任的大旗,用我们的一生,陪他(她)走一程。在这一路上,让我们趋向完美,也让他(她)趋向完美。

感恩教育随感

宾阳县黎塘实验小学　　　廖文秀

"只要人人都献出一点爱,世界将变成美好的人间。"只有心存感恩的人,才可能会时时处处为他人着想,才会在必要的时候献出自己无私的爱。一年前接的四(3)班使我感到很吃力,孩子们的所作所为令我感觉到,感恩仿佛离我们越来越远了:每天早上总有不少孩子做完早操后才到学校,集队动作散漫。更令人不解的是:个别孩子边啃着零食边走进教室,学校明明有早餐吃的呀,可是我们的家长生怕孩子饿着了,硬是为孩子多补充营养,于是孩子也就若无其事地在课堂上也随便吃零食,无视老师和同学们的存在,着实令人头疼。再看看教室的情况:课桌椅摆放凌乱,垃圾桶边乱丢垃圾,甚至有的孩子座位下都是垃圾,可是我们的孩子却视而不见……这些孩子是怎么了? 都四年级的学生了,早餐、午餐无组织无纪律,有跑步的,有插队的,有骂人的,有浪费粮食的……真令人心痛! 我们的孩子是怎么了? 作为班主任的我深感自己的责任重大,一定要扭转孩子们这些不良现象,这一切都缘自孩子没有养成良好的习惯,更说明孩子没有学会感恩。一个人学会了感恩,他的心中就会充满爱,他会因为感恩而尊重他人,他会因为有感恩之心而处处为他人着想;他会因为感恩而自觉遵守纪律,他会因为有感恩之心而处处显出做任何事都有责任感。当然,孩子毕竟是孩子,养成教育离不开父母和老师,感恩之心也不是人类与生俱有的,所以我相信通过老师和家长们的努力教育,我们的孩子一定都能学会感恩。以下就谈谈我的感恩教育。

我拟订了感恩教育计划:每周都充分利用少先队会时间,每天都坚持利用十分钟早读或晚读时间对孩子们进行感恩教育,以故事、视频、实例等为教材。当然,教育不能单靠说教,还要我们老师及家长进行言传身教。而且,学会感恩也不是一天两天的事情,得有个过程才能够实现习惯成自然。

一、培养孩子的感恩意识是起步

先让孩子们理解"感恩"的含义。"恩",即"恩惠",要使孩子们深刻体会到:他们所拥有的一切并非与生俱有、理所当然的,而是人类、大自然、社会、祖国、父母、老师给予的,所以我们得怀着一颗感激的心去努力报答、感谢一切恩惠。知恩图报是中华民族的美德,我们是民族的未来,所以必须得把这种精神发扬光大。我给孩子们印发感恩学习资料,充分利用少先队会、早晚读时间对孩子们进行感恩教育,并在课堂教学中时不时、有意无意地渗透感恩知识教育,并让孩子们拿资料回家与家长一起学习,使孩子们认识到感恩的重要性。

二、学习感恩故事,触动感恩的心

榜样的作用是无穷的。我利用少先队会时间给孩子们讲《我为妈妈捶背》《感恩的老鼠》《一万三千公里的感恩之旅》等感恩的故事。一个个感人的故事使孩子们变得前所未有的安静,我知道这是故事中的知恩图报的品格触动了孩子们幼小的心灵,从而从内心产生认同与共鸣。我抓住教育的好时机,让孩子们畅谈各自的感受,说出自己感恩的对象和感恩的话语,于是有的孩子写"感谢父母的爱,我要努力学习报答父母";有的孩子写"感谢老师的教育,我要遵守纪律,好好学习以报答老师";有的孩子写"感谢祖国给我们免费午餐,我要好好学习,天天向上,将来为祖国做贡献"……这都是来自孩子们内心深处最真挚的话语。这就是榜样的力量,通过学习故事孩子们明白了:向他人表达感激之情、感谢之意是做人的应有的品德。

但是我知道,只有感恩的心还不行,还得让这颗心付诸实际行动,所以把感恩之心化为行动才是教育的目的。

三、教师以身作则,引领孩子们的感恩行动

有爱心的人才会知恩图报,然而爱并非与生俱有,爱也需要有人教才能学会。我很赞同《师爱无价》中的两句话:"如果说教育是一首诗,那么师爱就是这首诗中最美丽的诗句;如果说教育是一支歌,那么师爱就是这支歌里最动听的旋律";"爱是教育的灵魂,是教育的前提"。是的,有爱的教育才是成功的教育。在感恩教育之路上,教师的榜样是非常重要的。正所谓"学高为师,身正为范",教师的一言一行无时无刻不直接影响到学生正确道德观念的形成。为人师表,我要求学生按时上学,那么我每天总会比学生早到学校,最起码我从来不曾迟到,并且我会告诉学生这是老师对学生的尊重,老师要求大家按时到位,老师就绝不允许自己迟到,这是做人的诚信。而当以往迟到的学生不再迟到了,我会对他表示感谢,感谢他对老师的尊重,告诉他,这也是一种感恩。我要求学生们讲究卫生,爱护班集体,那么我每天都帮孩子们把课桌椅摆放整齐,亲自清扫教室垃圾,我的行动感染了学生,渐渐地,他们也会主动捡起教室里被遗忘的垃圾,自行把

课桌椅摆放整齐,这时我真诚地感谢他们、表扬他们——学会关心班集体、爱护班集体,这是对学校、对老师的感恩之举。得到了表扬与肯定,有了榜样的作用,孩子们越来越听话了,同时在他们幼小的心灵深处点燃了感恩之火,而且我深信:只要坚持抓紧感恩教育不放松,这感恩的星星之火可以燎原。

四、参加感恩行动,强化感恩意识

道德行为是在一定的道德意识的支配下表现出来的,是具有道德意义的、有利于他人的行为。老师的感恩教育目的无非是要培养学生的感恩意识,让学生学会知恩图报,能够自觉地通过实际行动来报答父母,回报祖国,回报社会,回报学校、老师。教师要引导学生在力所能及的范围内去报恩,不能越过社会道德和法律许可的范围。要学会知恩图报,更要做到施恩不图报。教师是引导者,唯有正确引导,从小事做起,从自身做起,从小要树立"滴水之恩当涌泉相报"的意愿。在学校我以身作则,引领孩子们学会感恩,把感恩之心转化为感恩行动。我要求孩子们在家里每天最少为父母做一件事,以表达自己的感恩之心。比如:主动帮父母洗碗、做饭、拖地板、为父母倒水喝等等,并记录下来,每周利用少先队会进行表扬、评比,看谁的感恩行动最多。中国作为礼仪之邦,所有传统节日皆满含着感恩教育的内容,"春节"——合家团圆孝敬父母;"清明节"——祭拜不忘祖先之恩;"母亲节"——感谢母亲十月怀胎、养育之恩;"教师节"——感谢老师教育之恩……我充分利用感恩教材,积极开展感恩教育。用多种形式开展感恩行动,如在班上举行以感恩为主题的演讲比赛、手抄报比赛和写作竞赛等。通过一系列的活动与课堂教育,一年前的四(3)班,现在的五(3)班,班风正、学风浓,学生上进心强,学习成绩提高了,以前的不良现象荡然无存,月月被学校评为"文明班级"。

是的,"只要人人都献出一点爱,世界将变成美好的人间"。爱的教育才是成功的教育,为人师者当时时处处不吝啬师爱,用师爱唤醒学生的爱心。

细节决定成败

宾阳县黎塘镇中心学校　陈　雯

我参加工作 20 多年,也做了 20 多年的班主任。20 多年来,我没有轰轰烈烈的先进事迹,也没有催人泪下的感人故事,只是像在座的大部分老师一样,做一件件平凡的、琐碎的小事。今天,我就和大家聊聊这些小事。

一、注重细节，树立形象

俗话说"亲其师，信其道"，要想让学生信我们的"道"，必须先让学生亲近我们，信服我们。如何让学生信服我们呢？我主要从两点入手：1.真。就是在学生面前，我真实地做人，真心地做事。我善待他们，关爱他们，帮助他们。在他们面前，我擦黑板，我捡垃圾，我最后一个吃早餐。我的所作所为，让学生感悟到我做人的真诚。这样，学生愿意接近我，信服我。2.晒。在学生面前晒晒自己。语文课上，我经常联系课文内容，和学生聊聊天文地理、古今中外，学生感觉到这老师知道的可真多。作文课上，我与学生同写"难忘的一件事""我佩服的一个人"，洋洋洒洒，一节课，我也写出了 800－1000 字，学生感觉到这老师也会写作文。练字课上，我不是起笔，就是收笔，不是悬针，就是垂露，学生感觉到这老师也会书法。结合时事，我和他们聊美国、钓鱼岛、H7N9、撒切尔夫人等等，学生感觉到这老师真博学。就是这样，一个善良、博学的老师形象，就在学生的心里扎根了。从此，学生从心底里喜欢我，信任我，尊重我，崇拜我。这样，我的班主任工作就有奔头了。

二、着手细节，规范学生言行

国有国法，家有家规。一个班级，也应该有相应的管理制度。我给我们班级制定了哪些规定呢？很简单，就是一个表格，包括说话、迟到、操行、不交作业四项。说话由值日班干负责登记，操行、迟到，由班长负责登记，不交作业由各组长负责登记。这四项工作分工负责，共同合作。

有制度没有监督，制度就形同虚设。所以我认为，必须想办法让制度根植到学生的心里，才能规范学生的言行。经过多年的实践，我发现下面三种方法很有效。

第一种方法是，每周一小结。就是利用每周星期五晚读课，公布本周违反纪律同学的名单和次数，给违反纪律的学生提个醒，给没违反纪律的学生敲个警钟。

第二种方法是，每月一汇报，就是用表格的形式，填写学生一个月的思想、纪律、成绩向家长汇报，并要求家长签字回收反馈。老师家长双管齐下，学生的违纪行为自然就减少好多。

第三种方法是，期末一总结。就是班干部对一个学期以来所有违反纪律的行为进行统计，然后将结果填到各个学生手册里去。学生最怕的就是这一招。

因为他们都知道,手册一直跟随着他们升学。

给学生处罚,不如给学生奖励。在用制度规范学生的言行的同时,我给予他们更多的是奖励。有哪些奖励呢?

1.奖个OK。批改作业,除了写个100分之外,我还给他们多写个OK。别小看这个OK,那是学生向同学炫耀的资本。

2.满10个100分,奖一个作业本。再印上一个大大的"奖"字,那个"奖"字是学生拿回家向父母汇报的资本。

3.每次作业,全班满50个100分,奖一节体育课。体育课,是学生心目中最高的奖项。

4.还有其他书法比赛、手抄报比赛、背书比赛,考试成绩,积分奖等,奖项很多,奖品丰富。

这些奖,是学生前进的动力、奋斗的目标。他们每天总是这样充实地、快乐地学习,忙得不亦乐乎。几个学期来,我都用这种方法。我认为还是很有效的。

三、关注细节,转变"问题学生"

什么是"问题学生"呢? 我认为,"问题学生"就是不喜欢学习,经常违反纪律,甚至做一些伤害别人的事的学生。但我不认为学习不好的都是"问题学生"。

经过多年的实践,我把问题学生分为三类:第一类,"吃软型";第二类,"吃硬型";第三类,"软硬不吃型"。

"吃软型"这类问题学生大多性格内向,心地不坏,对学习没有兴趣,爱违反纪律,但不做或少做伤害别人的事。这类学生的转化工作最好做。只要你接近他,关心他,帮助他,多和他聊聊,多和他讲道理,他就可以慢慢转变。但要注意的一点是,这种做法一定要有足够的耐心,有持之以恒的热情,才能最终收效。像我们班的凯凯就是这样一位吃软型的问题学生。我经常和他聊天,鼓励他好好学习。我经常帮助他,比如带他去理发,去拔牙等。他现在听话多了,作业也能按时完成了。

"吃硬型"这类问题学生大多性格开朗,心直口快,有义气,也有霸气,无心学习,喜欢拉帮结派,捣乱课堂,打架闹事,根本不把学校老师放在眼里。对这类学生,我的教育方法就是直截了当,以硬对硬。像我们班的浩浩就是这一类的问题学生。

"软硬不吃型"这类学生性格有点怪,不与人深交,喜欢独来独往,什么事都好像与他没多大关系,做什么不做什么全凭一时心情。一般不伤害别人,只是独自放纵自己。这类学生的转化工作最难做：表扬他，不笑；批评他，不哭。总之，软硬不吃。对这类学生，我的教育方法就是冷处理——以冷对冷。我们班的明明就是这类学生。迟到，只做好记录，不批评他；不写作业，只做好记录，不批评他；上课睡觉，用手机拍照存档，不批评他……只要他没犯大错都先不找他，等合适的机会出现时再教育他。

其实，班主任工作是很复杂、很繁琐的，不是三言两语、一点两点就能解决的。要带好一个班级，需要我们付出更多的努力、更多的艰辛。

班主任管理中的生命之重——细微之处见成效

宾阳县黎塘镇第一初级中学　余伟琳

之前，我没有做班主任的经验，在领导、老师的帮助和指导下，我选择了做班主任，刚开始我就发愁，56 个陌生面孔，56 种性格，如何管理？如何面对 56 个学生的家长？既然选择了做班主任，我觉得就应摆正心态，用足够的耐心和细心的观察，跟身边的优秀班主任学班级管理。我相信只要坚持就有希望，坚信学生能在我的手中发生变化，会往好的方向转变。几年的班主任工作，让我深深体会了班主任管理中的生命之重。现在我就平时的班主任工作谈几点体会。

一、推陈出新，与生活接轨，让多样的活动丰富学生的学习情感

班主任工作是一项非常辛苦和琐碎的工作，不付出艰辛的劳苦是不会有收获的。全国优秀班主任李镇西老师说，对一个班级来说，班主任的角色和家长的角色在很多方面是相似的，情感投资是促进师生关系，推动班级良性发展的最大动力，为此，我也尝试着从以下两方面着手进行情感投资。

（一）开展温暖活动，平等对待每一个学生

首先我把班级看作一个大家庭。而这个大家庭，要有丰富的家庭活动。开学后，为了让学生感受到班级的温暖，对这个班产生信任和依赖感，我们开展了一系列"温暖"班级活动，主要有"让我说说你的优点""拍全家福""文体活动"等。我希望我们的班级就像一个温暖的家，学生亲如兄弟姐妹，大家互相帮助，共同提高。如果举行一项活动，诸如体操比赛、经典诵读比赛、元旦晚会和运动会等，能让所有学生都乐于参与的话，就能取得极大的成功。因为这是形成和谐环境，产生向心力、凝聚力，培养集体荣誉感的绝好机会。如果班主任只强调学习，不

主张参加这些活动的话,就等于是自己在破坏班级的团结,削弱班级的凝聚力。

其次是公平、民主、平等对待学生。"一个优秀教师的本领,就在于他有足够的智慧,能从平常的设计中发掘出一个个引人入胜的细节来!说了要感人,讲了要精彩,做了要到位,目的要明确,过程要精细,成效要突出。"这句话对我触动很大,我就以这个标准来要求自己。

开学的第一个月我就跟学生说,无论是谁我都不会找你谈话,但你要主动找我或其他科任老师谈话。谈话的内容围绕自己所感兴趣的、所困扰的以及在校和居家的学习或生活问题。通过谈话可以了解学生动态,从而有针对性地开展教育。这样做最起码有三个好处:一是让学生卸掉包袱,排除对高年级学习的恐惧感,同时避免走弯路;二是尽可能快地掌握学习方法,融入高年级生活,减少受挫的概率;三是协调各科老师及时帮助生活和学习有困难的学生,拉近师生的距离并调动积极性,拧成一股绳甚至融为一体,避免"学困生"越来越差的同时使"临界生"转化为优等生。

(二)精彩亮相,取得家长支持与配合

家长对一个班级的作用不可低估。他们的口耳相传甚至直接决定一位老师、一个班级的成败。鉴于此,上学期的家长会,我改变了以往由老师颁奖的做法,而是采用课件显示获奖学生姓名,然后学生和家长同时登台,面对面站好,请家长为自己的孩子颁奖,让家长和孩子共同体验成功的喜悦。这就使颁奖的家长更有成就感,也就更多地关注孩子的学习,也让没有颁奖给孩子的家长心生羡慕,势必会督促孩子更好地学习。要让家长真正参与到我们的教育中来,一起关注孩子的健康成长。

二、以身作则,远胜于一切说教

孩子的模仿能力很强,要求孩子做到的,我自己首先要做到,做他们的榜样。言传身教是很重要的,比如说:每天晚上要求他们 6:20 到教室,我 6:20 也一定会做好检查监督工作;要求孩子们写字工工整整,我也一定要做到这些;每一次批改完作业,我都把作业本整整齐齐地摆放在书桌上,学生在我的影响下,也能够自觉地做到把自己的物品摆放整齐;每一次作业批改完后,我都会做详细的错误记录,当天的作业务必在当天让学生改正错误,从来没有一次作业拖到第二天批改。教室、宿舍、清洁区的保洁工作只有通过学生的自觉才能有所保障,特别是教室,学生开始的时候也会乱丢碎片、餐纸等垃圾,开学的第一周,我进教室的第一件事就是捡垃圾,整整捡了一周,也不做批评,结果学生一见到桌边有垃圾就会自行清理干净。通过每一件小事,孩子做事认真细心的态度也就形成了。

三、"激励学习",目标激励尽到好处

王金战老师是北京师范大学附属中学的老师,他在《英才是这样造就的》这本书中提到"目标激励制",就是每学期每个学生根据自己的情况都制定一个目标,成绩突出的学生瞄准全年级的高手,成绩差的以班里同学为榜样,做到人人有目标。用王金战老师的话说,目标就是学生学习的方向,能激励引导学生全力关注学习;而没有目标,就像一艘没有方向的航船,无论朝哪个方向努力,都是逆风的。在班上实行目标制以来,我觉得是很有成效的,从入学至今的期中、期末以及 2015 年的中考来看,我班平均分、优秀生比例占有绝对优势。

四、管理"问题学生",变"尽力"为"尽心"

对于"问题学生"和"学困生",班主任既要"尽力"又要"尽心"。学习是有节奏的,我们要遵循不同年龄学生的个性特点和学习状况,该玩的时候不要强迫学生学习,否则适得其反。凡事不可小题大做,因为人无完人,在这里不仅说的是学生,我们老师也是如此。学生说个话、搞个小动作、接个话把、违纪这些都很正常,只要不违背原则,批评教育不可太过,对班里的某些学生的缺点,可佯装不知,淡化它,给学生一个改进的机会,也不要老抓学生的"小辫子",让学生把缺点一直背着。单纯管理与空洞说教的巩固联盟不是真正的"教育",能引起学生自我教育的教师行为才是永恒的教育。我们要用放大镜去找学生的优点,用望远镜去看学生的未来。要学会等待,因为班主任的责任重大,其一言一行对于一个班的学生的影响不可估量,所以我也会适时地请全体同学以书面的形式评价班主任的工作,目的就是让班级走可持续发展之路。

班主任工作千头万绪,只要用心管理,尽职尽责,所带班级必能成功。最后,我用著名教育家肖川老师的话结束:这个世界上 99% 的努力都是没有结果的,但是正是还有那 1% 的希望,鼓舞着我们不断学习探索,而这也是我学着做班主任的最大心得。

"严"在班级管理中的运用

宾阳县黎塘实验小学　吴　嫣

工厂没有严格的标准就会出现废品,军队没有严明的纪律就会打败仗,学校没有严格的规章制度就培养不出合格的人才。严师出高徒,严格要求也是班主任对学生高度责任感的体现。

当然,对学生严格要求,教师应该掌握一定的分寸,严而得当,并且还要在严中融入自己的情感,一分严格掺九分情感之蜜,这样的甘露才能滋润幼苗茁壮成长。

我认为"严"体现在以下四个方面。

一、严而有理

在日常工作中,当班级出现不正常现象或学生违纪时,就首先要求教师及时了解情况,分清对错和利害,选择最为合理、恰当的措施。

我班有个聪明而又早熟的女生,叫容容。她轻松地上课,就可以获得一个不错的成绩;她洞察人情世故,所以早熟而又老练,会用超出年龄和不符合身份的方式思考问题和处理事情。

六年级时,与别班同学发生矛盾,她结集社会上的人殴打对方而被学校、被老师批评教育,所以班上大多数同学对她是又敬又怕,但也有个别学生围绕在她的周围如影随形。本着"惩前毖后,治病救人"的原则,我找她聊天,婉转地提起她做的事情,但她绘声绘色地向我描述事情的整个经过,既没有正确认识自己的错误,也没有争取改正的打算。想要一下子通过口舌之劳让她发生转变比较困难。于是,我便打算从她的周围入手。我和围在她周围的几个学生的家长取得联系,实事求是地向他们反映了情况,要求家长配合,减少孩子之间不必要的交往,并让这几个学生引导她向好的方向发展。但是,就在我和家长联系的第二天,她跑到我办公室当面质问我!"老师,你昨天有没有打电话给××的妈妈?""有!"我诚实地承认。"你是不是叫××不要和我交往?""是!"我毫不犹豫地回答。"背后说别人坏话,你怎么为人师表?""你说说看,我说你什么坏话了?"我没有生气,脸带笑容地问。"我不要在你这个班级了!""可以,哪个班主任要你,我双手奉送!""那……那我转学!""可以啊! 我替你办转学手续!""……"她一时找不到话来回击我。"你为什么要到别的班级去？为什么要转学？是要逃避吗？""做了事情，为什么不敢承担事后责任？当初打那个同学的时候，有没有想到这些！"学生脸上的表情告诉我，她的心理防线开始瓦解了！这时，我乘胜追击！"如果你成绩好，行为好，各方面都优秀的话，随便我怎么说你坏话，家长也不会反对自己的孩子和你交往！""我打电话不是恶意中伤，而是希望你们全都能进步！"气冲冲来办公室的她心平气和地回去了。面对她的质问，我没有退缩，因为我问心无愧！面对她的无理要求，我坚决反击，因为我理直气壮！经过我的批评教育，她认识到了自己的错误，不但改正了自己的不足，还带动了其他的同学。

我处理这件事情，让全班学生都知道了，犯了错误必须要改正，而且有的错误是不可饶恕的，并体会到我是严中有理，对学生关心和负责，从而更加敬佩我。

二、严而透情

打骂不是最有效的教育方法。在教育中不让学生的身体和心理受到伤害，哪怕是再调皮的学生也会感到老师对他的尊重，从而使之为所犯的错误感到后悔、不安，从而改正错误。

平平是一个得不到家庭温暖的孩子，他父母只顾做生意，没空闲照顾他，他就有机会接触社会不良现象，泡网吧、吸烟、喝酒，特别是在六年级最后两个月里，经常不来学校上课。经过调查，发现他是跟社会上的人整夜泡在网吧里，连家也不回，而家长不闻不问。我很着急，几次家访也找不到他。

有一天，有个同学告诉我，他在街上的一间空房睡觉，我立刻跟那个同学去找他，只见他蜷缩在那里睡着了，拍了很久也不醒，我又气又怜，把他扶起来，关切地问他："你怎么不回家？吃饭了吗？"他有气无力地说："两天来，我只吃过一包泡面。"我一听，马上叫同学买来两个面包和一瓶水，他狼吞虎咽地吃了。吃完后才说："我不敢回家，怕家长打骂，也怕老师批评我。"于是，我打电话叫他妈妈来，分别做了他和妈妈的思想工作，叫他什么也不想，先回家，明天按时来学校。

第二天，他果真来了，我很高兴，微笑着对他说："你还是很听老师的话，真不错。"然后扶着他的肩膀，告诉他："你知道吗？这几天你没来学校，老师很着急，全班同学也很着急，老师也乐意帮助你，同学们也想着和你一起学习，一起进步，一起毕业。"他听了感动得哭了。下午来到学校，我打开抽屉，竟然发现有一份他写的保证书。我很意外，也很惊喜，心想，我应该相信他，并下决心关心帮助他，让他走出阴影，重拾信心。

以后的日子,我特别关注他,上课的时候,我总是以鼓励的目光让他回答问题;课后,我不厌其烦地辅导他,教他写作业,教他读书;放学了,我交代班干跟他谈心、做作业;还要求家长配合我的工作,耐心接送一段时间,直到他完全脱离社会上的不良人员,有一定的辨别是非的能力了,我就放心了。在我们的帮助下,他不但改正了不良习惯,还以较好的成绩毕业了,顺利地进入了中学。

通过这件事,我深切地体会到,当学生犯错时,严而透情,严而有爱,让学生感到教师是在非常真诚地关心他、帮助他。记得有一句话是这么说的:"不是锤的敲打,而是水的抚摸,才使石子变得这般光滑剔透。"

三、严而垂范

"学高为师,身正为范。"可以说,一个教师的言行举止,会对学生产生潜移默化的教育效果。这就要求教师品德高尚、言行规范、严于律己。开学初我刚接新班时,刚进教室,只见地面一片狼藉,学生熟视无睹,靠"骂"肯定无济于事。于是,我便弯下身去捡,当捡到一个学生的脚下时,那学生便红起了脸,并说:"老师,我来捡。"我只笑着点头,其他学生都赶忙把自己四周的垃圾捡起来扔进桶里。自此以后,卫生保持情况好多了,每当我躬身捡垃圾时,学生都条件反射般低头四顾,确保自己的"包干区"无事。

在我做班主任的日子里,我总是用自己的点点滴滴去感化学生,做学生的楷模。

四、严而有"恒"

当我们碰到那些屡教屡犯的学生时,我们的爱心往往会被灰心所取代,我们的威信也起不了任何作用,这时我们该怎么办呢? 是否就放弃了呢? 在教育这类学生时,恒心就显得尤为重要了。

我班里曾经有这样一位学生,经常不带笔,跟他反复讲了很多次才断断续续带了几次,家庭作业几乎是不做的。每次都给他辅导很辛苦! 每门功课最多只考三十几分。经过了解,我发现他其实很聪明,但是家庭教育一片空白,甚至给他带来负面的影响! 他爸爸妈妈外出打工,在家的奶奶根本管不了他,是一个很典型的留守儿童,他对一切好像都无所谓的样子,反正他一直以来作业都是完不成的,他已经习以为常了! 对于这位学生我确实也很头痛,但我从没放弃过,总想把他变得有责任感一点,能有所改变,成为好一点的学生。我从关爱他的生活开始,给他买笔买本子,又把他的座位和班长安排在一起,让班长督促他。刚开始他很感动,用我买的笔和本子写了几次作业,但没坚持几天,又不带笔了,班长就经常帮助他,借笔给他。可是后来他借了笔也在座位上玩而不做作业,真是恨铁不成钢,我又把他奶奶叫来,但发现根本就没用。教育他我只有更努力了。我经常上课向他提问,下课帮他辅导,帮他提高功课,培养他的学习兴趣,还抓住他普通话标准、爱搞笑、给班里带来乐趣等优点,经常在班里表扬他,给他信心,让他感觉到自己在班里的价值,慢慢地他变得有自信了,也开朗多了,成绩也在一点点地进步,有时语文能考八十几分了,当然他爱拖欠作业的毛病还是没有根治,他的成绩、行为也很不稳定,但是经过两年的跟踪与帮助,持之以恒、更加耐心的教育,到六年级的时候,他终于学会了主动学习,不需要老师再监督了,并以优异的成绩毕业。

我认为,只有对学生的教育持之以恒,常抓不懈,才能保证教育教学质量。抓住教育时机,有情、有理、有力、有度,"严"字把关,毫不疏忽,这样,还有什么工作做不好呢?

（此论文获黎塘镇中心学校首届"教师发展论坛"论文评比一等奖）

做个快乐的班主任

宾阳县黎塘镇第一完全小学　黄　兰

我是黎塘一小一名普通的语文老师,1982年参加工作,自1988年到现在连任了26年的班主任,其中还兼任了16年的少先队辅导员职务。几十年的教学工作让我知道了班主任工作在学校工作中的重要性,因此,在平时的教育教学工作中,我注重学生日常行为的严格管理,在班规班纪的严格要求下,学生能自觉养成良好的行为习惯和学习习惯,形成了独特的班风。特别是在第一届"教师发展论坛"后,我更是注重对自身的修养,每天至少读半个小时的书,并做读书笔记,通过不间断地读书,我认识到多读书就像跟书籍结下终生的友谊,潺潺小溪,每日不间断地注入思想的大河。读书不是应付明天的课,而是出自内心的需要和对知识的渴求。书籍不仅能造就聪明的脑袋,而且能培养出灵巧的双手。所以在教室的布置中,我是全手工制作图案,把教室布置得温馨可爱。在备课过程中,我还用红、蓝两种笔分别记下提问和解答和一些关键词,下课后及时写反思;除此之外,我还加强对班级的管理和班级的建设,并开展"班级之星"的评选活动,制定评星细则,由于我的努力,在第一届"教师发展论坛"教师成果展评中,我的教案被拿出来展览,教学反思也获得了二等奖,而我的班级也多次被评为"文明班级",去年还被评为"南宁市优秀班集体",我自己也被黎塘镇人民政府授予"优秀教师"称号,还被共青团南宁市委员会、南宁市教育局、南宁市少工委授予了"优秀少先队辅导员"称号。

下面,我就从"爱""细"和"严"三方面说说我的班主任工作情况。

一、关爱每一个学生,教学中让学生的优点迸出火花,让所学知识得以致用

"爱自己的孩子是人,这是人的本能,而爱其他人的孩子你就是神","谁爱孩子,孩子就会爱他,只有用爱才能教育孩子"。因此,我想,要做一个问心无愧的班主任,就要善于接近学生,体贴和关心学生,和他们进行亲密的思想交流,让他们真正感受到老师对他的亲近和"爱"。这是班主任顺利开展一切工作的基础。例如每天早晨走进教室,我先看看学生有没有到齐,遇到天冷或天热的时候,提醒同学们增减衣服,早上上学路上是不是注意安全了。每天做操时,看到学生红领巾没有戴正,我会提醒他系好或帮他们系好;有学生衣服不够整齐,我会轻轻地帮他拉一拉;有人广播操动作不到位,我会马上叫他们做好;有人写字头过于低时我会抬起他们的头;有人读书不捧起书时我会提醒他们捧起书并和视线形成45度角;有人不舒服时我首先抚摸他们的额头……这样学生就感受到了老师对他的关心和爱护。其实,一个教师要做到爱学生并不困难,难的是能做到爱班里的每一位学生,包括那些成绩差或纪律差的学生。工作中,要平等地对待每一位学生,绝不偏心。让每个孩子都能分享到老师的关爱!耐心地教育违反纪律的同学,用心地帮助学习吃力的同学,真心地鼓励有进步的同学。班主任应该学会抓住每一个人身上的优点和可爱之处,其实每位学生都有各自不同的优点,关键是你能否发现他的优点。例如,我有一个学生在作文中写道:黄老师,虽然我的成绩不好,但你一点都没有责怪我、嫌弃我,我很爱这个班集体,很喜欢你,我虽然不能取得好的成绩,但我每天都会认认真真地对待我的工作,每天我都会把教室电脑主控台和讲台打扫干净。(这个同学是专门负责电脑主控台和讲台的清洁卫生的,我们班的清洁卫生都包干到个人。)当时看了,我心里很受感动。的确是这样,教师的关爱是阳光、空气和水,是学生成长不可缺少的养料。你送给他们一束温暖的目光、一句鼓励的话语、一声亲切的问候,他们都会倍受感动,并铭记在心。

二、细处着手,工作更上一层楼

(一)详细了解观察细

学生的很多事情是不一定会直观展现给老师的。要想及时全面地了解学生,平时就要注意观察学生的变化,这样才能更好地做好学生管理工作。

我利用班会和课余时间与学生多交谈沟通。我班的班会课,我都是在开学初做好了计划,每节的班会课都有不同的内容,有"我自得意的一件家务活";有"最值得骄傲的一件事";有"我想对老师说"……让他们谈自己家中的趣事、自己的兴趣爱好,甚至是学习上、生活中的烦恼,观察他们的喜怒哀乐。对班级大部分学生的性格特点和兴趣爱好基本了解了,这样,就连那些平时沉默寡言,对我敬而远之的学生也能对我畅所欲言,和我讲一些悄悄话。有了学生的信赖和拥戴作为前提,开展班级工作就等于有了坚实的基础。

(二)量化管理制度严

在对学生进行了较为详细的了解之后,我就会根据班级目标和学生实际,花费一定的时间,制定尽可能详尽而又具有可操作性的班纪班规。对于这些制定出来的班纪班规,我会在班会课上一条一条向学生公布,并征求班级每个学生的意见,所有学生都通过的规定就留下来,没有通过的规定全部去掉,这样一来,其实这些规定就相当于是全班同学自己制定的一样,他们自己同意的制度,他们自己也就愿意去执行。万一违反了自己也心甘情愿地接受处理,不会有一丝的抵触情绪,有的只是后悔和羞愧。

(三)分工到位落实细

完善班级管理。班主任必须善于组织和管理学生,作为班主任,要做的工作多而繁杂。例如每天督促学生打扫卫生,早上提前到校,检查家庭作业,组织早读,上早操,各种集体活动等,班主任都得到场。每学期工作计划、期末总结、每周班会、平时不定期的班干会、布置教室、出黑板报、主题班会、广播操训练、文娱活动、班主任手册的填写、各项收费等工作都要到位。加上每天发生的偶发事件、家庭访问等琐事,耗费的时间无法计算。那么怎样才能比较轻松而又出色地做好班主任工作呢?作为班主任必须具有一定的组织管理学生的能力,要注意培养班级的骨干力量,让学生自己管理自己。这样不仅班主任轻松,而且可以培养班干部的组织能力。现在我班的一般事情都由班长负责,但各项具体工作分工到各个班委。语、数、英早读各安排人负责;早操由体育委员负责;学习上由学习委员和各科代表负责。当然,班主任要随时随地做检查指导,学校的清洁区和教室的卫生任务分工到人，张贴上墙，劳动委员负责检查。下面是我的具体做法：

1. 卫生方面，总要求是"快、净、齐"。"快"是指十分钟内必须完成；"净"是干净的"净"；"齐"意思是整齐。为了让卫生达标，我把班级卫生工作分成了一个"特区"和三大片区，外加一个校园清洁区。我把"地面卫生和课桌整齐"的保持当作特区。因为教室地面不管你打扫得多干净，只要下课后你到班上转一圈，在地面上或本班走道上总能够捡到一些小纸片、小纸屑等等，每节课都能见到。上课前课桌排整齐后，下课你再看一看，保证不是原来的整齐样子。怎样才能保持地面干净以及课桌的整齐呢？针对小学生这个群体，只有一个办法：每节课后以及放学时，每位同学先进行自检，检查自己座位旁边的地面是否干净，是否有纸屑以及课桌是否与标准桌对齐；另外每天安排专人检查处理教室和走道地面的卫生情况并整理课桌。三大片区的第一片区为打扫片区，分为教室、走廊地面，由两队人分别负责，打扫完毕，由劳动委员检查合格后方可结束工作；第二片区为擦洗片区，包括白板、电脑主控台、讲台、门窗四块，各由一人负责，完成自己的工作后必须请劳动委员检查合格后方可结束工作；第三片区为排列区，桌椅的排列、卫生工具的排列等等，工作方法同上。我们学校的校园清洁区随着年级的变化而变化，不管是清扫教学楼梯和打捞假山池的垃圾，还是学校的公共厕所，还是单双杠沙池片区的卫生，我都是安排到小组甚至个人，也都是由劳动委员检查合格后方可结束工作。我经常对本班学生说，本班没有大扫除但也可以说天天都有大扫除，讲究卫生就是拥有健康。

2. 纪律方面，总要求是安全，做到"快、静、齐"，这里的"静"是指安静、静心。说到纪律，它的范围很广，涉及的内容较多，小学生也不可能样样按要求做到100分。就班级管理方面，我想主要是抓好以下两个方面的工作，要求不要太多，但要实用：第一是课前准备要静心，上课预备铃声响时，学生应迅速进入教室并立即静息，静待老师来上课，只有静下心来才能集中注意力认真上好课。我常常对学生说："如果我们上课认真听讲，坐姿端正，不管哪位老师来上课，看到我们个个精神就愿意给我们讲课，愿意多给我们讲一些知识，我们听得准，记得牢，学的知识就多。"每节课下了以后，首先要准备好下节课的学习用品才能做其他事情，并将学习用品统一放置在各自桌子的左上角，文具盒与课本摆放成直角。关于这一点，开学两周内班主任和班干部必须共同进行检查和监督。第二是课间活动要安全，例如：出入教室、上下楼梯、在校园活动的时候不要乱跑，告诉他们在校园里乱跑的危害很大，如果碰到砖块、小石块，摔倒了，轻则头破血流，重则骨折，甚至死亡；如果一下子撞到了正在行走的同学身上，两个人都失去了平衡，撞在坚硬的墙壁上或者撞在坚硬的地面上，后果会怎样，学生清清楚楚，明明白白。我说老师不愿意看到因为你不守纪律而被摔，也不愿意看到因为你不守纪律而撞着别的同学，同时也不愿意看到别的学生不守纪律而撞着我们。那我们该怎么办呢，同学们都表示要自觉遵守纪律，在校园内不乱跑，再一个就是提倡开展有益的娱乐活动，但不能在教室里；不做危险的游戏；下课禁止在走廊追逐打闹、大声喧哗，做到"轻声漫步过走廊，轻声细语做交流"。

三、严格管理，养成习惯

（一）突出班主任在班级中的地位

都说一个班级就是一个家，那班主任就是这个家的家长，家长就要有家长的权威。一个班必须有主心骨，班主任就是班级的主心骨，主心骨不能软！所以，我非常注意保持在学生面前的"威严"，只有让学生对老师有了一种敬畏，才能真正落实班级的各项规定，做到令行禁止。如果只是一味强调和谐、民主而使学生在老师面前随随便便、目无尊长，我想，那会是一种教育的失败。

（二）重视开始，争取主动

一般情况下，相对调皮的学生进入一个新班后，总是会用一些试探性的举动看你能不能管得了他。能管住，以后他就老实了；否则，他会越来越肆无忌惮。正是抓住了这一点，一般我在接手一个新班的时候，上来总是盯紧靠牢，重视学生的行为细节，必要时非常果敢地给那些故意调皮捣蛋的学生一个大大的下马威。别以为纪律松散的学生通过你开始几天的教育就能转变，要有耐心，刚开始多一些付出，日后就省劲了，对此我确实有"事半功倍"的良好感受。

我觉得做一名班主任不容易，做一名优秀班主任更不容易。有人可能会抱怨班主任工作的辛苦，也正因为如此，有很多人都不愿意当班主任，我认为你现在如果是班主任，就不要抱怨，要有一颗平常心，要从苦中寻求快乐。我们要快乐地工作，快乐地生活，凡事要换一种角度着想，合理排解自身的消极情绪，要学会自得其乐。以良好的情绪感染学生，使自己的教育教学收到较好的效果。特别是中心校开展的第二届"教师发展论坛"，通过开展读书做笔记活动，更使我受益匪浅，下面请允许我用我们"小学教育界的梅兰芳"——斯霞老师说的话来结束我这次发言：教师要有童心和母爱，不仅要掌握知识，更要有童心，与孩子打成一片；有母爱，就要把学生当作自己的孩子一样看待。

让英语课堂充满活力

宾阳县黎塘镇第四完全小学　　郭柳萍

我是"黎塘四小"的一名普通教师。从教以来,我先后担任过班主任,三至六年级的英语课程教学工作,这两年来,我又担任《攀登英语》课程教学工作和英语教研组长工作。作为极其平凡的老师,我确实没有惊天动地的壮举,也没有感召别人的豪言,有的只是一颗做好分内工作的平常心,下面我借这次教师发展论坛的机会和大家粗浅地谈谈我在英语教学中的一些具体的做法和感受。

一、对学生要有责任心、爱心和耐心

随着农村撤点并校的推进,我校大多数学生生源均来自农村,且 30％属于留守儿童,由于他们没有得到父母的监督和引导,导致他们许多人养成了懒散的学习生活习惯,学习基础非常差,且自卑心理强。如:现在六年级的两个班的学生,我刚接班的时候是五年级,刚并入我校时他们掌握的英语知识不系统,课堂上很多学生听不懂,学不进去,面对这样的学生,我没有责备他们,而是先调整好自己的心态,因为我知道他们毕竟还是小孩子,是发展中的人,抱怨学生的基础差,期望学生十全十美是不正常的。为此,我主动与班主任沟通,一起探讨有效的教育方法,首先从了解他们的家庭情况和性格特点入手,我发现他们有城镇学生没有的闪光点,他们聪明能干且独立生活能力强,他们有希望进步的愿望。和其他优等生相比,他们无论在学习上还是在生活上都更渴望得到老师的关心和帮助。在了解他们的情况后,放学后我经常到他们宿舍找他们聊天,了解生活情况,让他们知道老师是关心他们的。我还利用下午活动课的时间从最简单的知识开始对他们进行耐心辅导,教他们认读字母,记忆单词,书写句子,经过一年多查漏补缺,又让他们重新树立了学习英语的自信心。高尔基说过:"谁不爱孩子,孩子就不爱他,只有爱孩子的人才能教育孩子。"作为老师,对学生要有责任心和爱心,这是衡量教师师德的重要标准。

二、立足本职,用心教学

教育是最清苦的行业,教师是最辛苦的群体,作为农村小学的英语老师,由于农村学校教育资源匮缺、家长和学生的不重视,我深深体会到小学英语教学之路,尤其是农村小学的英语教学之路的艰辛。学生为什么对英语产生厌恶感?

为什么觉得英语难学？后来在三至六年级英语教学中经过摸索,我慢慢找到了解决这个难题的答案。要解决这个问题,必须要弄清楚小学英语教学的任务、重点、和难点是什么。英语新课标指出:小学英语教学的任务和重点是激发和培养学生学习英语的兴趣,养成良好的学习习惯和形成有效的学习策略,使学生掌握一定的英语基础知识和听、说、读、写技能,帮助学生了解世界和中西方文化的差异,拓展视野,培养爱国主义精神,形成健康的人生观,为他们的终身学习和发展打下良好的基础,而不是为了应付考试让学生机械地背单词,做大量的语法练习题。难点是单词的记忆、句子和语法知识的理解与应用。那么,在日常教学中我是怎样激发学生的学习兴趣和分解教学的重、难点,使小学生乐于接受与掌握,从而优化课堂教学的呢？

(一)单词的有效教学

在英语教学中单词的发音和记忆又是难点中的难点,也是最让小学生感到头疼的问题,怎样才能让小学生进行有效的学习和记忆单词呢？在教单词的时候我主要是借助实物、图片、动作、计算机动画等直观方式,结合音标的拼读规则来教单词的,再通过例句运用,让学生在句子的语境中理解单词的意义,如:学习颜色的单词时我通过把颜色的单词编成朗朗上口的 Chant(歌谣)运用到 It's … 句子中,和学生边读"Red,red,it's red. Green,green,it's green."边指向物品的颜色,学生在欢快的节奏中轻松地学会与巩固了几种颜色的英语单词。用这种形、音、义相结合的方法在教学单词时确实收到了事半功倍的效果,从而解决了学生学习和记忆单词难的问题。

(二)句子的有效教学

儿童的认知能力还不强,对英语的感知大多还是在语句层面。因此,为了在句子教学过程中做到创设真实的情景,我经常把句子编成歌谣,如:在学习年龄的问答时,我编成"Amy,Amy,How old are you? Seven,seven,I'm seven. Daming,Daming,How old are you? Six,Six,I'm six."和学生一起边唱边配上动作,让学生轻轻松松掌握了年龄的表达。

(三)语法知识的有效教学

复杂的语法规则是最让小学生感到头疼的问题,在教学中我是采用两种方法,做到化难为易,进行语法教学的。1.归纳式语法教学。如:在讲到名词的复数形式时借助实物或图片,通过句子"They are books. They are pencils."来理解在句末的单词都有"s"是表示复数形式;2.比较式的语法教学。在学习时态时通过多媒体呈现例句"I read a book yesterday. I'm reading a book now. I will read a book tomorrow."进行比较,让学生懂得三种时态在于时间的不同决定了动词的构成形式也不同,从而做到化难为易,突破难点。

有付出必有收获,这几年来,我所教的班级都有学生在参加全国小学生英语竞赛中获一、二、三等奖。在学期期末检测中,平均分名列黎塘镇英语科平均分前三名。2012 年春学期,获"宾阳县教学质量显著奖"。

我在担任常规英语教学课程的同时还担任我校《攀登英语》的课程教学,《攀登英语》是北京师范大学"认知神经科学与学习"国家重点实验室针对我国儿童英语学习普遍存在"少、慢、差、费"和"哑巴英语"的现象,结合我国儿童英语学习的特点及当前儿童英语学习的情况,研发的一套教材。我校从 2010 年 8 月开始开展"攀登英语"实验项目,有幸成为南宁市 65 所,宾阳县 5 所学校之一,到现在已经是第四个学期了,目前我校的实验班级共有五个,实验学生共有两百多人,实验教师三名。通过两年"攀登英语"教学实验活动的开展,学生、教师、学校、家长都从不同层面受益匪浅,取得了一定的实验成果。

1.促进了学生发展。课堂上他们既可以快乐地演唱好听的歌曲童谣,表演情景对话,又可以欣赏有趣的动画片,使学生在英语学习中养成了大胆自信、乐于参与、敢于展示的积极品质;使学生摆脱了"哑巴"英语,提高了学生的口语水平。在学期末通过召开家长开放日活动,家长们看到孩子们大胆、自信地展示英语会话、歌曲童谣,感受到"攀登英语"的魅力,得到了家长的认可。

2.促进了教师的发展。老师和学生在共同学习的基础上,提高教师的英语素养;通过教师培训和实验实施指导,促使老师树立现代教育理念,提高实验教师本学科的教育教学能力。

3.促进了学校发展。我校目前正在实施着南宁市提倡的"文化立校,特色兴校,质量强校","攀登英语"的课程教学突出了我校"感恩 乐学"的办学特色,"攀登英语"课题实验的开展正符合培养学生"乐学"的要求,它先进的教学理念和具有现代气息的教学方法为我校的英语教学注入了生机与活力。

三、与时俱进,做一个合格的英语老师

当今时代经济全球化、文化多元化、社会信息化等决定了人才培养标准的国际化,作为英语老师的我们要肩负起教书育人的责任,提高自己的专业知识水平和教学技能,否则,我们就很难驾驭课堂。那么,新课程理念下,小学英语老师应具备哪些素质呢? 我认为小学英语老师至少要具备以下几个方面的素质:

一、小学英语教师必须具有系统和扎实的英语知识。包括较高的英语听、

说、读、写的技能和综合运用能力;牢固的英语语法修辞以及英语国家的历史地理、风俗习惯、文化传统、社会制度、政治结构、价值观念等领域的文化知识。只有达到这样的专业水平,我们才能全面地掌握教材,才能解答学生提出的与课内外知识有关的问题。

二、小学英语老师必须具有教育学、心理学知识。

三、小学英语老师必须具有娴熟的教学技能。包括:①口语表达能力;②活用教材和整合教材的能力;③调控课堂的能力;④创设情景和表演的能力;⑤使用多媒体教学的能力;⑥组织课外活动的能力;⑦科学评价学生的能力;⑧创新能力。

那么,要做到这些,我们可以通过到高等院校学习和自学相结合的方式进一步充电,学习英语语言知识、教育学、心理学等理论知识;多听专家的讲座积淀思想与理念;经常走进不同老师的课堂听课,积累素材;多阅读典型案例。只有这样,才能适应教学改革的需要。

回顾自己的成长,离不开领导的关心与帮助,荣誉代表过去,我会永远记得一句话:"生活中充满了问号,生活永远是个逗号,生活要永远追求感叹号。"在今后的工作中,我将更加严格要求自己,不断开拓进取,勇于创新,为构建更加充满活力的英语课堂做出自己的贡献。

做个合格的小学语文教师

宾阳县黎塘实验小学　吴　嫣

我是一个小学语文教师,工作二十一年了,作为一名一线教师,一直努力在做一个合格的语文教师,回顾我的工作、学习经历,那是一路磕磕绊绊走过来,静下心来想想,感慨很多,收获也很多。

一、追问,在思索中进步

1996年7月,我来到刚刚成立的黎塘实验小学,从初中来到小学任教,工作毫无头绪,感到做一名合格的小学语文教师是多么的艰难,一切都要从头开始。好在当时的林崇高校长、彭卫华副校长、何凡主任等领导非常关心支持我们这些年轻老师的教学工作,不但亲自抓教研活动,还耐心地指导上试探课。记得1998年秋学期,轮到我上试探课,我选了《北京》这篇讲读课文。我先是备了一个晚上的课,觉得稍稍有点眉目了。第二天,我找到彭副校长让她指导。她打开课本,问我:"你怎么想的?""课文是怎样写的?""那里的景物怎么样?"天呀!我是怎么想的?我的脸唰地红了,我没深入地解读教材,没有自己的见解,更没想到如何清楚地表达出来。我的备课是多么肤浅!深入理解文本对一个语文老师来说是多么重要啊!还记得2001年,蒙素丽老师上了《匆匆》这一课。评课的时候,彭副校长让黄映红老师、磨婕老师和我三个人各读了一遍《匆匆》,然后问我们为什么这样读,怎么想的。那次,我懂得了读得好很关键,为什么能读好也令人深思啊!后来,2005年秋,黎平校长走入我的课堂,听了《荔枝》第二课时,课后他问我:学生真能从"吃荔枝"中体会到作者对母亲的思念之情吗?课堂中,学生参与率不高,原因是什么呢?是呀!一个个的为什么,引起我的许多思索。我也在自问:语文该怎么教?为什么这样教?在各年段怎样落实好教学目标?怎样在40分钟里扎实有效地进行听、说、读、写训练?……我的额头上总会不停地打上问号,又随着问题的解决逐渐舒展开来。我知道这是一个语文教师该有的追问,我只有在思索中才有所进步,只有在思索中才有所收获。我告诫自己:莫等闲,耽误了学生,空悲切!

二、探究,在实践中积淀

2000年,语文新课标试行,一种全新的课堂教学形式展现在我们的眼前,课程的基本理念是全面提高学生的语文素养,正确把握语文教育的特点,积极倡导自主、合作、探究的学习方式。我积极参与到新课改中,体会到了语文教学生命成长的苦与乐。

2000年5月,学校派我参加黎塘镇小学语文教师基本功比赛,比赛的项目有"三笔字"(毛笔字、钢笔字、粉笔字)、即兴演讲(十分钟准备,五分钟演讲)、说课比赛(事先准备一整册书的教学内容,说课前十五分钟定课题,十分钟说课)、上一节优质课。看到比赛要求,我整个人都蒙了:距比赛只有短短的二十天时间,而我的教学功底浅薄得几乎为零,怎么站到领导、老师面前完成比赛呢?正当我对上"优质课"无从下手时,彭副校长和蒙素丽老师鼎力相助,她们深入浅出地帮助我解读教材,设计教案,让我一遍一遍地试上,还给我借来了一大沓书,让我恶补教学理论。她们针对磨课中出现的问题及时分析,帮我解决。我上不出感觉时,她们并没有对我失去信心,而是一个劲儿安慰我,鼓励我,指导我反反复复地诵读课文《荷花》,在读中,我慢慢地品味到了文章的灵魂,荷花在我的心中活了!课就越上越顺了。白天,我除了上那几节语文课,其他时间都放在磨课上,信心更足了。晚上,就看书做笔记,累了就练字,练习即兴演讲,练习说课。二十天后,我顺利地完成了比赛。从这次比赛中,我深切地感受到:作为语文教师,必须增加自己的知识储备,丰富自己的文化底蕴,崇尚读书,喜欢思考。如果没有文化的支撑,没有精神的引领,知识贫乏、语言干瘪,不可能去研读课文,做深度解读;不可能开挖丰富的资源,上一堂真正的语文课!读书应该成为我生活的一种方式!

有个教育家说过"如果平日里能用实习生心态对待教学工作,我们就可以做得更好!"从那以后,我把磨课中学到的方法用到教学当中,和学生一起诵读课文,品词析句,感悟文本,运用语言,走进由文字构成的多姿多彩的世界里,努力习得语言,提高语文素养。后来,我还参加了宾阳县的优质课比赛、说课比赛、送教下乡活动。这十几年中,我也跟随着彭副校长参与指导了十几位老师参加各种比赛、有语文课、美术课、自然课、品德课,每一次活动都对课改抱着一种敬畏的态度,谨慎地探究,在实践中积累,生怕一不小心就落后了。2004年5月,黄映红老师将参加南宁市六县一区的语文优质课比赛,这是宾阳县并入南宁市后的第一次重要语文教学比赛,林校长非常重视,亲自指派了我们五六个老师组成备课小组,由彭副校长担任组长。在选定课题为《圆明园的毁灭》后,我们备课组就紧锣密鼓地开始工作了。彭副校长先让我们找来语文新课标,逐条逐条地学习,再对照课标找出我们这节课要求达到的课程要求,又找来一大摞有关阅读教学的书籍,叫我们把有关理论、课例找出来看一看、读一读,有意识地夯实我们的理论基础。一天晚上,我们又集中在一起,任务是研读教材。彭副校长叫我们选读圆明园辉煌的那一部分。黄映红老师先是信心满满地读了几遍,却发现没有美感。彭副校长叫我读,说说自己的感觉,叫黄映红老师再读,还是不满意。我们画出几个重点词,理解意思,她再读,还是没感觉。彭副校长叫陈洪杰副主任又示范了一次,又叫黎平老师读一遍,让黄映红再读,还是不满意。黄映红都有些泄气,她感叹:"你们怎么那么会读,怎么来的那么多的体会和感想?我一点感觉都没有!"彭副校长微微一笑,说"你以为呀!他们是下过功夫的!你呀,还得多读!""我要崩溃了!""才刚开始呢!就叫苦了!"我们一下子哄笑开来。就这样,整个晚上,我们一遍一遍地读,经过通读、品读、悟读、赏读、美读,圆明园在我们面前一点点地掀开她神秘的面纱,读着读着,我们仿佛徜徉在美轮美奂的世界里……二十多天后,黄映红老师的这节课参赛获得很大的成功,我们也在磨课中更快地成长。事隔多年,那白炽灯映衬下的一张张因课改而兴奋得通红的脸庞还历历在目,那种因投入学习而酣畅淋漓的感觉仿佛还萦绕在身边,领导们那严谨求实、精益求精的工作精神还激励着我。以后,我也在实践中不断尝试、不断积淀。上个学期,我作为中心校备课组成员在"二小"上了一节作文指导课《秋天的图画》,这是我事隔十一年后又一次面对着黎塘镇各校老师上课,心里是惶恐不安的。在课后反思中,我说:"不知道这节课是不是一张旧船票,能否登上黎塘课改的大船。"我担心:"学如逆水行舟,不进则退""不是不学,而是学慢了。"

三、阅读,在浸润中提升

十几年来,我看过许多书,有专业的如:《给教师的建议》《教学的革命》《素质教育在美国》《李吉林情境教学》《于永正课堂教学与经验》《窦桂梅的主题教学》等等;订阅过《小学语文教师》《小学语文教学》《语文教学通讯》《语文报》等报刊,也找来非专业的书、杂志拓宽视野,如:《人性的弱点》《优雅是一种选择》《读者》《中国国家地理》等等。我只想保持着阅读的习惯,把阅读当作滋养生命的精神食粮。

2001 年,林校长推荐我看《赏识你的孩子》,书中的观点让我如获至宝,至今难忘:

"赏识是热爱生命,善待生命,是给孩子无形生命的阳光、空气和水。赏识是沟通,是平等,是生命之间交往的桥梁,让孩子找到好孩子的感觉,还孩子金色的童年。"

"赏识不等于简单的鼓励加表扬,在鼓励加表扬的同时,还要有针对性地不断帮助孩子建立新的目标,让其有努力的方向。只有这样,才能使孩子不断地从一个高度到另一个更高的高度。"

"赏识教育"就像一场及时雨,随着当时的课改春风悄悄地潜入我的课堂,我尝试着运用赏识教育,收起自以为是的师道尊严,给学生更多的欣赏和期待,赞美和鼓励。了解学生,善待学生;学会倾听,尊重学生;宽容学生,允许失误。渐渐地,我发现:学生在被认可、被信任、被尊重时,他们的爱心、善心就会不断被强化,自尊、自信也就会逐渐提升,学习积极性大大提高,我的心态也不知不觉轻松自在起来,师生关系变得和谐融洽,整个班级面貌焕然一新。当时把"赏识教育"贯彻实施的还有许多老师,"允许犯错误,那是我们学习的途径"这行字被蒙素丽老师贴在教室的墙上,也深深地刻在了我的心里。

2008 年,我看到了张文质老师的《生命化教育的责任与梦想》。我震撼了,读着那些充满着温情的文字,我的生命被滋润着,很惬意!

在生命化教育的理念里,"教师它不仅是一种职业,更是一种生命存在方式。"生命化教育"从关注每一个学生开始,从尊重每一个学生开始,从开启每一个学生的智慧开始,从相信每一个生命的意义开始,从成全每一个生命发展开始"。

生命化教育的另一个重要理念是"教育是慢的艺术","我们的教育往往过于急切地盼望着出成效,成正果,能够'立竿见影',缺乏期待和从容;我们缺乏一种悠闲的心态。"

读着张文质先生的文字,想到自己常对学生讲的话:"我们不是最聪明的,但一定要做最努力的。""每个人来到这个世界上,都有他来的理由,相信自己!""学骆驼,沉得住气,慢慢地走,总会到的;慢慢地嚼,总会吃饱的。做了,就对了"。这些话竟与张先生的理论不谋而合。回想多年的学习与实践,我特别感谢同事们和学生们,是他们给了我前行的力量,是他们让我对教育有了更深的感悟,我有种前所未有的幸福感。

2009年春,我从一本中学生读物中看到一篇文章《装满水的筛子》,文章的大意是这样的:

一群信徒请禅师讲禅。禅师说:"修行的过程就像把筛子装满水一样。心中常怀敬畏,就是真正的禅修之道。"

信徒们苦思冥想,却得不出任何满意的解释。后来,众人渐渐放下了这件事,只有一个妇女除外。她决意去拜见禅师,求得答案。

禅师给了她一个筛子和一只水杯。他们一起来到海边,"请你把筛子装满水。"禅师说。

妇人舀水倒进去。水从筛底流走了。妇人满脸的疑问。

禅师接过她手中的筛子,远远地抛向大海,筛子漂浮片刻后便沉了下去。

"现在它装满水了,而且永远是满的,"禅师说,"这就是把筛子装满水的方法:不是把一小杯的神性生命注入个体,而是把个体抛进神性生命的海洋中去。"

读完这篇文章,不禁恍然大悟:教师不正是"筛子",我们所从事的教育事业不正是那生命的海洋吗?要想成为一名合格的教师,必须把自己抛入教育的"生命的海洋"中,心怀敬畏地沉下去,才能把自己装得满满的。

四、叩问,在反思中前行

我是一名合格的语文教师吗?我常常这样叩问自己。语文是一门综合性很强的学科,现代语文提出的是大语文观,语文学科教学内容所涉及的知识,大至宏观世界,小至微观世界,古今中外,无所不有。语文教学集德、智、体、美、劳五育于一炉,这就要求我们具备多方面的涵养,这样才能在教学中得心应手,左右逢源,收到良好的教学效果。"业精于勤,荒于嬉;行成于思,毁于随"是我信奉的格言,我相信:只要我做一个有心人,不断地反思,不断地前行,就能成为一名新时期合格的小学语文教师。

(此文为2013年黎塘镇中心学校第二届教师发展论坛"教师专业成长汇报会"发言稿)

小学六年级毕业班数学复习经验介绍

宾阳县黎塘镇第一完全小学　韦秋兰

小学六年级数学总复习是小学数学教学中的重要组成部分,总复习不同于单元复习、学期复习,对学生来说知识量大、跨度大、时间长,所学的知识遗忘率高;对教师来说则是感到时间紧、内容多,知识的综合性强,难以在短期内取得复习的效果。因此,这个过程的优化对于小学阶段减轻学生过重的学业负担尤为重要。在这个学习过程中,要引导学生把所学的知识进行系统归纳和总结,弥补学习过程中的缺漏,使六年来所学的知识条理化、系统化,从而更好地掌握各部分知识面的重点和关键。根据自己多年来带毕业班的教学实践,我认为可以从下面几个方面来提高复习的质量和效果。

一、充分了解学生,激发学生学习的热情

往往到了毕业学期,特别是最后进入总复习的阶段,很多学生会出现思想混乱、厌学情绪。之所以出现这些现象,一是六年级学生心理和生理的变化,使得他们的思想开始有了变化,集中不了精力来学习;二是有的学生认为所复习的都是学过的知识,不必再听;三是有少部分学生认为自己的学习基础差,怎么也赶不上别人,所以就得过且过,无心向学。针对这些情况,作为毕业班教师的我们必须做好学生的思想工作,让其明确学习目的,努力培养学生学习的兴趣,要让学生乐学、好学,让学生体验学习成功的喜悦,营造一种宽松、愉快的学习氛围,促使学生积极地参与到学习中来。对于如何激发学生的学习热情,我在班上用了以下的方法:

1.发挥激励性评价语言的作用

我们都知道,任何一个人都希望得到别人的赞赏、鼓励,更何况是小学生。

所以在课堂上我尽量发挥激励性评价语言的作用,如:"你比以前更爱动脑筋了""你的表现让老师对你更有信心了""同学们,你们越学越有方法了,相信通过大家的努力,我们的学习成绩很快就能赶超××班了"。通过这些简短的评价语,可以让一个成绩平平的学生重新树立起学习的信心,让一个不爱学习的学生回归到班级这个大集体中,让一个团体的荣誉感越来越强。

2.增强学生学习的成就感

为了提高学生写作业的兴趣和质量,我也制订了一些激励的措施,如每次写的作业是满分的话就让组长记录下来,到了满10个100分时就可以换一颗星,满5颗星就能换一个"优"字,到了期末比一比看谁的"优"字最多,然后统计出班里的前十名,并以资鼓励。通过这些做法,我发现学生学习的积极性被调动起来了,学习的热情也提高了。

3.全员参与,做学习的主人

我们班的周二和周四早上早读前是学习数学的时间,通常我是让数学科代表来组织同学们学习,学习的形式可以是读书,也可以是做习题,不过大多数是做习题。这些习题不是我找给学生的,而是让学生自己找或是自己编,他们都会根据班上同学的学习情况以及每个知识的重难点来出一些相应的练习题,每个同学都有机会参与出题,然后由科代表选题来进行练习,最后也是由学生来讲评。学生看到自己出的题目能拿来给全班同学做,心里的自豪感油然而生。

二、注重研究复习课的教法,提高复习效率

复习前,教师应认真钻研有关小学数学复习指导说明,然后根据本班学生的实际情况来实施教法。其实,不管是复习基础知识,还是复习重难点,或者是专题训练、试卷评讲,我们都应该重视对教材的使用,切不可抛开教材,盲目地追求学生能力的提高,轻视对基础知识的复习。一般的复习课有以下几种:

1."回忆式"复习课

在上这类复习课时,我先给学生准备好复习的提纲,然后让学生通过提纲回忆相关知识,一般都是采用问答的形式进行。如在复习《因数与倍数》时,我采取小组学习的形式,让学生回忆学习了因数与倍数的哪些知识,然后要求学生思考这部分知识我们在小学阶段是怎样运用的,以前学习时遇到过哪些困难。复习时可分为两大环节:(1)小组交流。(2)各小组代表发言,全班交流。老师则根据学生汇报的情况归纳知识要点,并补充整理成板书,以便学生形成清晰的知识网

络。接下来让学生提出质疑,进行共同探讨,最后得出解答疑问的方法。

2."融通式"复习课

这类复习课的主要特点是:全部素材都是从学生的生活经验和已有的知识水平出发,联系生活学习数学,把生活经验数学化,把数学问题生活化,体现"数学来源于生活、服务于生活"的思想。如在复习长方体的相关知识时,我先出示:要挖一个长 10 米,宽 7 米,深 3 米的水池。然后让学生根据信息提出数学问题,并取一些有关的数学问题加以分析、解决。如:(1)这个水池的占地面积是多少?(2)要挖这样一个水池需要挖多少立方米的土?(3)如果要在这个水池的四周和池底抹上水泥,抹水泥的面积是多少平方米? ……像这样,既可以起到梳理知识的作用,又可以把所学的知识与解决实际生活问题联系起来。

三、精心编排练习题

我们应该把这一点作为重要的一点提出来,要坚持每天布置适量的习题作业,从作业中发现问题,并且引导学生集体讨论,利用课余时间针对问题进行个别纠正,这个方法应该是可行的。

1.对学生进行专题复习训练,向练习要质量。在练习时,从专题知识出发进行分类训练,如应用题专题复习训练、几何相关知识、计算专题复习训练等。尽量做到精讲精练,加强普及提高,加强反馈,正确引导学生形成知识系统观念,按类型做题。

2.加强"一题多解"的训练,寻找多种解题的方法,适当进行"优化",逐步发展学生的创新思维。练习题不在于多,一道好的题目,往往能同时复习好几个方面的知识,起到事半功倍的作用。

3.最后对常考题、易错题需多讲、多练。常考题、错题多是教学内容中的基础知识、重点知识,而往往又是学生一不小心就错的题。从实际来说,这类题的失误、丢分让人感到可惜、不应该。所以,在总复习时,我们不能忽略此类题的复习,只有通过复习,才能让学生学会抓住关键之处正确解题。具体地说,老师要经常把做过的填空题、选择题、判断题等拿出来让学生不断地讲思考过程,注重过程,同时要有意识地把这些题放在一起进行对比复习,提高学生的鉴别和分析能力,加深对知识的理解,提高学生正确、灵活运用合理算法的能力。

总之,六年级数学总复习教学是一个艰辛的过程,学生通过系统的整理复习、综合复习、查漏补缺,他们的数学综合素质会得到一定的提高,相信会有好的收获。但是，要搞好毕业班复习工作，只凭几点想法、几条经验还远远不够，只有下苦功夫、真抓实干，才会多一分辛劳多一分收获，才能不辜负学校和家长们的期望。

六年级英语复习计划经验介绍

宾阳县黎塘镇中心学校　韦燕燕

对于六年级老师和学生来说，这个夏天是最繁忙的季节。近阶段的复习工作显得尤为重要。我认为在复习过程中要从学生的实际出发，做到因地制宜，因材施教，有的放矢。目前六年级学生英语学习方面普遍存在的问题主要有：学生基础普遍较差，学习习惯差，两极分化现象极为严重，"学困生"比较多。

针对目前我的学生的现状，在复习过程中我准备以循序渐进、慢慢渗透，以记为主、以练为辅的形式着手，以英语基础知识为主要内容，指导学生从单词到词组到句子到短文，全面把握所学内容。

一、复习的指导思想

六年级英语复习和其他年级复习相比，既有共同点，又有不同点。所以在复习时，要以英语新课程标准中提到的六年级学生达标标准为依据，面向全体学生，本着全面复习又有侧重点的原则，考虑到毕业班学生的心理特点，适时调整复习策略。

二、复习目标

通过系统的复习，让学生能扎实地掌握本学期所学的单词、句型和其他知识技能，能灵活地运用所学知识。通过总复习，让全体学生特别是中下生能扎实地掌握本学期的知识点，全面提高班级的合格率和优秀率。

三、复习内容和时间安排

(一)温故而知新

我们学校有晨读和午读的习惯。晨读也就是没有打正式铃之前的20分钟时间。午读也就是下午2:30之前学生已来到班级的这段时间。我会在这两个时间段安排一些能干的学生领读一到八册的英语书。

早读和晚读我会领全班读已分类好的单词、短语及一些英语的口诀。如,用什么问就用什么答;用什么时态来问就用什么时态来答;单数"is"复数"are";等等。

1.对单词的分类。我分成文具书刊、身体部位、颜色、动物、家庭成员、人物、职业、三餐、食品饮料、水果蔬菜、课程、服饰、交通工具、家具房间摆设、电器、餐具、杂物、房间、学校场所、地点、景物、植物、气象、国家、时间、星期、月份、季节、方位、方位介词、情绪、味道、频率副词、基数词、序数词、形容词、动词、疑问词等。

2.对短语的分类。我主要分成动词短语和介词短语。

经过反反复复的朗读,才能深深地印在脑海里。

(二)分类复习

1.我们学校一个星期早上安排有两节英语课。这两节英语课我安排用来分类复习。如:字母、语音、名词、冠词、数词、代词、形容词、副词、介词、一般现在时、现在进行时、一般过去时、一般将来时、句子、情景交际、阅读理解、书面表达。

2.复习的时候讲完每一类的重点要点和注意事项后我会用20分钟的时间给他们做一些针对这类知识的课堂练习,对所学的知识点进行检测,加深学生们的印象,也让他们学以致用。

3.着重复习。

①字母。字母是必考题。因此,在复习字母时,我要求每一位同学都能正确地书写,会默读默写。记住大写字母都是占第一格和第二格。小写字母记住一些特殊书写的单词,特别是"j""f"这两个字母要占完三格。尽量不要在字母题上丢分。

②动词的变化。动词在英语教学中占有很大的分量。动词的变化分为第三人称单数的变化,现在分词的变化,动词过去式的变化,特别是动词不规则的变化。这些知识点比较多,也比较复杂。学生也大多在动词的这方面弄混,导致丢分。因此,我打算花多一点的时间在这。尽量帮助学生们记住知识点。方法就是多读多练。

③四个时态的变化。这个是重中之重。首先,我让学生们记住并弄清什么叫作一般现在时、现在进行时、一般过去时、一般将来时。其次,教授学生看句子时学会抓住标志性的单词来区分句子的时态,教给学生适当的语法知识。最后,我会针对这四个时态出一些习题进行比较练习。根据句子类型指导学生在比较中复习句子,这样一步一步,逐层深入,让学生在有限的时间内得到最大的提高。

④书面表达。这个也是必考题。对于基础差的学生来说这题几乎是空在那

儿的。原因是他们不记得单词,更别说是句子的表达。因此,在教授时我要把"学困生"考虑进去,寻找一种简单便捷的方法。比如,在教授时,我鼓励有能力的学生通过对题目的理解用自己的话来描述。然后两人一组互相批改。接下来才是交给我批改。通过这种方式,既加深了他们的印象,也达到了逐步提高他们正确运用句子的能力。而能力差的同学,我除了将完成得好的书面表达投影给他们看,还逐句逐句地教授给他们。并运用触类旁通的方法进行教授。如:教写"My friend"时的方法,在遇到"My teacher""My family""My pet"时可相通;"Myself"与"My hobby"相通。"My bedroom"与"My classroom"相通;等等。尽量让他们会写一种就会让他们会写一点其他种,不至于都是留空白。

(三)练习巩固

1.我们学校每周安排三节下午的英语课。这三节英语课我主要是用来讲每天晚上布置的英语作业及周末布置的作业。每隔一周,我还会设计练习进行一次小测验。把每周的知识重点进行复习并巩固。训练他们考试的能力。及检测他们通过复习后能接受多少,主要有哪个知识点没有掌握牢固。及时做好检测和小结工作,以便及时地复习调整,为下一周的复习做导向。同时,我还会记录他们每一次的成绩让他们进行对比,看看是否一次比一次有进步,和看看自己与别人还存在多大差距,刺激他们的上进心。

2.后期,我会设计模拟考试试题,全面复习。为最后的升学考试做最后的铺垫。

这就是我的复习经验,有不好的地方希望领导和老师们能帮忙指正。

羊羊身体柔韧测试仪介绍

宾阳县黎塘镇第一完全小学　蒋小斌

(一)教具名称:羊羊身体柔韧测试仪

(二)使用材料:木板若干块,铁钉若干,锯子,铁锤等

(三)教具简单制作:

1.简单裁剪底板 30cm×60cm 两块,30cm×70cm 一块,10cm×3cm 一块。

2.选择 30cm×60cm 两块,30cm×70cm 一块木板,用铁钉固定钉成 U 形木架。

3.涂上彩色油漆,贴上喜羊羊贴图。

4.在 30cm×70cm 平面上分为正负两个分值,每 5cm 为一个等级,共 8 个等级。

这样一个简易的羊羊身体柔韧测试仪就制作成功了。

(四)教具的作用

用于人们做体质健康测试,测试人体在静止状态下身体的柔韧素质水平。

(五)教具的特点

这个教具设计具有简单性、易行性,操作起来方便、可行,并且还具有自身的一些特点:所使用的材料简单易得,可以随意搬动,相对传统的测试仪更方便使用。此教具能够充分调动学生的竞争意识,促进学生的创新意识。

(六)教具的使用方法

试者坐在连接于箱体的软垫上,两腿伸直,不可弯曲,脚跟并拢,脚尖分开 10~15cm,踩在测量计垂直平板上,两手并拢;两臂和手伸直,渐渐使上体前屈,用两手中指尖轻轻推动标尺上的游标前滑(不得有突然前伸动作),直到不能继续前伸时为止。

(七)教具测试评价

1.分为八个等级。2.按尺度记录

(八)测试注意事项

测试前,受试者应在平地上做好准备活动,以防拉伤。

二、实践篇

1. 课堂教学实录

《太阳是大家的》课堂教学实录

宾阳县黎塘镇新圩小学　巫秀莲

一、激情导入

师:上课,同学们好!

生:老师好!

师:今天老师给大家带来一位特殊的朋友。你们想认识吗?

生:想!

师:瞧,它是谁?(点击音频课件太阳笑脸图:小朋友们好)

生:太阳!

师:多有礼貌的太阳啊,我们一起和它打声招呼吧!

生:太阳您好!

师:真是一群有礼貌的孩子。太阳对于我们来说并不陌生,谁来说说太阳给我们带来了什么呢?

生1:光!

生2:温暖!

师:是啊,太阳给我们带来光明和温暖,没有太阳就没有我们这个美丽可爱的世界。今天我们继续学习第25课——(师指向课题)

生:太阳是大家的。

二、自由读书,读通读顺

师:请同学们打开课文第 106 页。自由朗读课文,并画出自己喜欢的诗句多读几遍。

生:(自由读课文)

师:同学们读得很认真,谁来把自己喜欢的诗句再读一读?

生1:(读诗句)

师:你读得真流利。

生2:(读诗句)

师:你的声音真好听。

师:都是一群爱读书的孩子。听了你们的朗读,老师也想来读一读了,可以吗?

生:可以。

师:我读诗歌的第一小节。(课件展示:第一小节)同学们认真听听,老师读得怎么样?

生:(鼓掌)

三、精读感悟,沉淀语言

(一)感受快乐,读诗成画

师:(点击课件出示课文第一小节,师有感情地范读)

西边天上的朵朵白云,

变成了红彤彤的晚霞;

从东山上升起的太阳,

到西山上就要落下!

师:你觉得老师读得怎样?

生1:老师读得很有感情。

生2:老师读得很投入。

师:谢谢你们真诚的评价,刚才老师在朗读的时候,眼前仿佛就看到了一幅幅美丽的图画,你们也一起来读一读。

师:谁来说说你看到了什么?

生:我看到了天上有朵朵白云,太阳落山了,晚霞变得特别的红。

师：你看到的图画居然和老师看到的一样，你是从诗句中的什么地方体会到的呢？

生：西边天上的朵朵白云，变成了红彤彤的晚霞。

师：再把这两句诗读一读。

生：西边天上的朵朵白云，变成了红彤彤的晚霞。

师：你们觉得他读得怎样？

生1：我觉得他读得很好。

师：哪里读得好？

生：我觉得他"朵朵白云"读得特别好。

师：你听得真仔细，那你在读的时候，仿佛看到了什么？

生：有白云。

师：蓝蓝的天空中飘着朵朵白云，多美啊！（点击课件"朵朵白云"）你们看，太阳让白云发生了神奇的变化。（点击课件"红彤彤的晚霞"）朵朵白云变成了——

生：晚霞。

师：晚霞红不红？

生：特别的红。

师：课文里用了一个什么词形容晚霞？

生：红彤彤。

师：你们现在知道"红彤彤"是什么意思了吗？

生：特别红。

生：特别特别的红。

师：像红彤彤这样 ABB 式的词语还有很多，比如特别的绿——

生1：绿油油。

师：特别的白——

生2：白花花。

师：特别的黑——

生3：黑乎乎。

师：同学们真了不起，反应特别快，看来同学们平时积累的词语真不少。掌声送给自己。

晚霞那么鲜红艳丽，多美呀！能把这如画的美景通过朗读表现出来就更厉害了。谁来读这一小节？

生:西边天上的朵朵白云,

变成了红彤彤的晚霞;

从东山上升起的太阳,

到西山上就要落下!

师:你觉得他读得怎样?

生:我觉得他读得很大声,又有感情。

师:听了你们的朗读,老师知道优美的诗就是画,如画的美景就是诗呀!刚才我们就是一边读一边想象画面来学习的。(板书:边读边想象)让我们再一次把这美景留在脑海中吧。(学生配乐朗读这一小节)

(二)体验快乐,读出诗情

师:太阳落山的景色真美啊,同学们的读书声更让老师陶醉。也把你们的好朋友吸引来了。(画太阳笑脸图)太阳不仅给我们带来了美的享受,还给我们带来了无尽的关怀,为我们做了许多好事呢。请同学们默读课文第二小节,想想太阳都为我们做了哪些好事,用直线画出来。

生:(自由读)

师:画好的同学请坐好,太阳为我们做了哪些好事,谁知道?

(大部分的学生都举手了)

师:很多同学都知道了,大家一起来说出太阳做的好事

太阳把——

太阳把——

它陪着——

看他们——

(老师引读,学生齐答,老师根据学生的回答回到板书:鲜花、小树、小朋友)

师:你认为这一小节中哪些动词用得特别好的,把它圈出来读一读,也可以通过做动作来感受。

(教师巡视,发现大部分学生都能圈出:洒、拔、陪、看等,指名汇报)

师:同学们真聪明,这几个字充分表达了作者的情感,特别是这几个动词,我们要好好体会体会。看到大屏幕,一起来填一填。(点击课件)

一天中太阳做了多少好事:

她把金光往鲜花上( ),

她把小树往高处( );

她( )小朋友在海边戏水,

（　　）他们扬起欢乐的浪花……

师：谁来说说"洒"字是什么意思，你能用动作表达出来吗？

生1：用洒水壶洒。

生2：（示范动作）

师：如果把"洒"字换成倒、泼，可以吗？

生1：不可以。

生2：泼水下去花瓣都掉了。

师：是啊，太阳往鲜花上洒，那么均匀，那么轻柔，这个"洒"字让我们体会到太阳是那么的——温柔。你能读出她的温柔吗？（指导朗读"她把金光往鲜花上洒"）

师：每朵鲜花在你的呵护下都开得那么鲜艳，每朵都能得到太阳温柔的照耀，鲜花在你的关爱下可舒服了，我们一起来看（点击课件）太阳轻轻地把金光洒在花朵上，鲜花更——

生：美了！漂亮了！

师：鲜花得到太阳温柔的洒，它可舒服了，太阳还把小树往高处拔，真的拔起来了吗？（点课件）

生：不是，是太阳想让小树长得更高。

师：你真会思考，小树慢慢长大，变成了茂盛的大树，心情怎样？

生：高兴。

师：让我们带着快乐的心情读一读这句，加上动作就更好了。

师：太阳还陪着——（点击课件）

生：小朋友们在海边戏水。

师：小朋友们玩得开不开心？

生：开心。

师：你们在玩的时候，希望谁陪在你们身边？

生：爸爸、妈妈、小伙伴。

师：从"陪着"和"看"这两个词语中让我们感受到，太阳就像是我们的爸爸妈妈、小伙伴一样，陪着小朋友们快乐地成长。看，小朋友们在太阳的关心爱护下玩得多开心呀，请你用开心的语句读一读。

（生齐读句子）

师：太阳会"洒、拔、陪、看"吗？这里是把太阳当作人来写，写得非常生动、形象、具体。

师：多么温柔、细心的太阳啊，多么生动的语言，多么聪明勤快的你们，读书能读出自己的见解，十分的可贵。在这小节里，我们抓住重点词语来理解太阳给予我们无限的欢乐和幸福。（板书：抓重点词语）下面让我们通过朗读来告诉大家心中的快乐吧。

生：（齐读这一小节）

师：你们读得很快乐，再加上动作就更好了。

生：（加上动作和老师齐读）

师：太阳仅仅做了这几件好事吗？你从哪里看出来？这是什么符号？

生：省略号。

师：这省略号说明了什么？太阳还是谁的朋友呢？一起看到大屏幕，展开想象的翅膀，你们也来说说吧！（点击课件，指导学生边看图边说）

生：（边看图边说）

师：太阳还会做许许多多的好事，让我们也做一回小诗人，像课文上一样用优美的语言把太阳做的好事记一记。你可以写图上的，也可以写自己想到的。请同学们拿起笔，开始吧。

（学生自由发挥，教师巡视指导）

师：同学们写得真认真，写完的同学，赶紧拿起来读一读给你的前后桌同学听一听，让他们给你评一评你哪个地方写得好。

（前后桌互相读互评）

师：同学们评得多投入啊，谁先来把自己的成果和全班同学分享下？

（指名上讲台读诗）

生1：她把金光往衣服上撒，帮我们把衣服晒干了。

师：声情并茂地读出太阳做的好事，你真是一个感情丰富的小诗人。还有哪个同学也来说说？

生2：她让叶子换上了新衣，她让石榴裂开了嘴。

师：你真是一个细心的小诗人。

生3：她把金光往我们身上洒，她把禾苗往上拔；她陪我们在校园里快乐地学习，看我们脸上笑开了花。

师：你真是一个善于观察的小诗人，你和太阳一样可爱。我们把掌声送给所有的小诗人。

师：太阳做的好事真多，它使大地万物焕发勃勃生机，所以课题会说——（指向课题）

生:太阳是大家的。

师:一起把太阳做的好事记下吧。我们把这一小节背一背。

生:(在老师的提示下背第二小节)

(三)畅谈感受,读出意境

师:同学们,白天,我们沐浴在阳光下,温暖着,快乐着;傍晚,太阳要和我们告别了,她会去哪?请同学们运用读、想象画面、抓重点词语等方法,自学第3和第4小节,看看你读懂了什么?开始吧(课件出示3,4小节)

生:(自由读3,4小节)

师:同学们读书真用心,边读书边做旁注,这是一个良好的读书习惯。谁来说说,你从这两小节里读懂了什么?

生:我读懂了太阳要下山了,它要趁人们睡觉的时候走向另外的国家。

师:你真会读书,那么你就通过朗读表达出来吧!我们注意到第三小节的标点符号"!?"

师:太阳就要落了,她就要走了,你的心情怎么样?

生:我真是舍不得,我不想让她走。

师:那你就把这个"感叹号"所要表达的感情读出来吧!

师:那大脑袋的问号呢?谁来读读这一句?

(指名读)

师:谁来说说,你还读懂了什么?

生1:我读懂了太阳要到别的国家去。

生2:它要去美国了。

师:同学们知道的真多。太阳还可能走向哪些国家去呢,请看大屏幕。(点击课件)太阳也许会到美国、英国、瑞士……无论哪个国家,太阳都走到,无论是哪个国家的人们,都喜欢太阳,因为太阳是——(指向课题)

生:大家的。

师:谁来说说你还读懂了什么?

生:我知道外国也有小树、鲜花、小朋友在等着太阳。

师:同学们,别的国家的(指板书)鲜花、小树、小朋友,在等着太阳干什么呢?

师:太阳把她的金光也往——

生:鲜花上洒。

师:她也把小树——

生:往高处拔。

师:她也陪着——

生:小朋友在海边玩耍,看他们扬起欢乐的浪花。

师:太阳不仅是属于我们的,也是属于别的国家的,所以说——(师再次指课题)

生:(大声齐读课题)

四、拓展延伸,升华主题

师:太阳是大家的,它是人类共同的光明使者;地球是大家的,它是人类共同的生活家园。但只有全世界和睦相处,才能共同分享阳光带给人们的快乐。可是,有很多孩子却在饱受着战争带给他们的痛苦,看!(点击课件)这是伊拉克的小朋友在战争中生命受到了威胁。看着这因为战争而悲惨的画面,你有什么话要说呢?

生:他们很可怜。

师:(课件展示:书中插图)你们看,现在别的国家的小朋友都来了,你想对别的国家的小朋友说什么? 让太阳把我们的话带去给他们吧。

生1:我们做朋友吧!

生2:你能来我家玩吗?

生3:我不想看到有战争。

师:是啊! 让世界充满爱,让幸福、安宁、和平永驻人间,这是我们共同的愿望,下面让我们一起放飞手中的和平鸽,祝愿地球上的每个人都能在阳光下幸福地生活!

(学生放飞手中的手工鸽子)

师:最后让我们再次走进诗中,用我们深情的语言来朗诵这首诗歌,来歌颂太阳,呼吁和平!

生:(配乐齐读全文)

2. 推荐薛卫民写的两首关于和平主题的儿童诗——《地球万岁》《为一片绿叶而歌》。

【教学反思】

《太阳是大家的》这篇课文是一首拟人化的儿童诗,描写了一幅欣欣向荣的景象:鲜花上洒满了金色的阳光,小树在阳光的照耀下茁壮成长,小朋友在阳光下欢快地玩耍。整首诗想象丰富,意境深远,语言简练而优美。它具有语文性——词句生动、形象;人文性——太阳是大家的,太阳是博爱、无私的。文辞很简单,但含义却不容易领悟。

我是这样设计的:激情导入后,依托文本,根据第一节诗歌的特点,让学生边读边想象,让学生走进诗中展开想象,去感受太阳所带来的美,通过不同层次的读去感受"朵朵白云"的多、美。通过不同方式去理解"红彤彤"的意思,让学生积累表示颜色的 ABB 式的词语。进而总结第一种学习方法:边读边想象。学生边读边想象夕阳西下的美丽,他们能想得有多么美就读得有多么美。

诗歌的语言是简练而优美的,所以应该让学生把握重点词,对其进行理解和积累,但这种理解不是要求做概念上的解释,而是领悟体会。如在第二节的教学中对"洒""拔"等拟人化的动词的理解,通过做动作,想象体会等形式进行启发,使学生感受到用词的准确。新课程标准要求我们语文教学中"在发展语言能力的同时,发展思维能力,激发想象力和创造潜能。"根据这一理念,我在让学生理解了第二小节后,紧扣小节末的省略号,让孩子们看图说出太阳还做了哪些好事。在说的基础上让学生展开想象进行创作。在"太阳还会做哪些好事"环节中,学生的想象力得到充分的发展,因势利导,恰到好处地发展学生的想象思维,同时,学生的写作能力也得到提高。

学习了诗歌的第一、第二小节后,总结边读边想象、抓重点词语的学习方法,让学生自学第三、第四小节,把课堂还给学生,体现学生是学习的主人。学生通过读、想象太阳西下后去哪儿,去干什么,让学生明白太阳还会去别的国家,在别的国家也会做很多很多的好事,从而升华到"太阳是大家的""世界是大家的",照应题目,也突破难点。

为了更好地升华"太阳是大家的"主题,我通过课文的"小泡泡"让学生进行说话训练:你想对别的国家的小朋友说什么? 最后让学生放飞手中和平鸽实现和平相处,享受阳光的愿望。

为了让学生对和平有更深一步的认识,了解诗歌的特点,感受诗歌的韵味,我推荐薛卫民的两首儿童诗《地球万岁》和《为一篇绿叶而歌》给学生,丰富学生的课外阅读量。

(此课例获黎塘镇中心学校第一届"教师发展论坛"语文课赛课一等奖。指导老师:欧兰,陈雯,罗燕兰)

《生命 生命》课堂教学实录

宾阳县黎塘镇新圩小学　赵海滨

一、记忆游戏

师：同学们，赵老师今天很高兴认识大家，下面老师想考考你们的记忆力，看谁能在最短的时间内一字不漏地记住老师的话，有信心吗？

生：有。

师：有吗？

生：有（大声说）。

师：真自信！那要听好啦……谁记下来啦？

生：天空说：生命是飘动的白云。

师：你的记性真好！

生：天空说：生命是飘动的白云。

师：你记得也很快！还想来挑战第二句吗？开始了哦！开始了哦！谁记住了？你们个个都是敢挑战的勇士，真聪明，好，大家一起来说。

生：海洋说：生命是起伏的波浪。

师：你真厉害！

生：海洋说：生命是起伏的波浪。

师：你真能干！课件出示第三句。我想说：（全班一起读）生命是乐章，是一段孕育生命的乐章。这节课我们就来欣赏杏林子一段孕育生命的乐章。

生读：生命 生命。

二、读课文，了解生命之歌

师：同学们，上节课我们已经初读了课文，了解了课文的主要内容，现在请同学们快速浏览课文，边读边思考课文写了哪几个故事。读完了请举手。谁来说说课文讲了哪几件事？第一个是？第二个谁来说？第三个谁愿意说？

（生说师板书：飞蛾求生、瓜苗生长、心脏跳动）

师：同学们能把长长的一段话用短短的几个字就概括出来，这就是一种了不起的阅读本领！

三、品读课文,生命感悟

师:这三个故事都很有趣,描写飞蛾求生的是哪一个自然段呀?

生:第二自然段。

师:请同学们自由读读这个自然段,边读边画出令你感动的句子,并想想这个故事给了你什么启发。

师:你画了哪一句?(问两个)

生:"但它挣扎着,极力鼓动双翅,我感到一股生命的力量在我手中跃动,那样强烈! 那样鲜明!"

师:这句话为什么打动了你?

生:飞蛾生命力很强。

师:你们也找到这句话了吗? 来,我们一起去感受飞蛾求生的欲望吧! 但它挣扎着——

生接读句子。

师出示课件。

师:这句话中有三个动词我们比一比,看谁圈得又快又准! 看你们能不能把这三个动词填到句子里,第一个是——

生:挣扎。

师:你填得真是太准确了! 第二个是——

生:鼓动。

师:你真是太厉害了,那第三个是——

生:跃动。

师:你记得真牢。刚才我们填了三个动词,第一个——

生:挣扎。

师(问的速度要逐步加快):第二个——

生:鼓动。

师:第三个——

生:跃动。

师:你们的反应真快。那挣扎是什么意思? 我想请两个同学上来表演,告诉一生你要拼命地紧紧抱住他,问一生你想逃跑吗? 用力啊,你不能要他打败你啊! 其他同学你们要注意看前面这个同学的动作哦,刚才你们看清楚了吗? 他刚才做的这个动作就叫——

生:挣扎。

师:你那么拼命地挣扎,你心里面想些什么?

生:逃走。

师:人之常情,有谁被困住了不想逃走啊!

师:他们表演得精不精彩?

生:精彩。

师:掌声送给他们,这只飞蛾在作者手里,它拼命地挣扎,它想说什么?

生:求求你放了我吧!我想活着。

生:我的生命只有一次,放了我吧!

师:你真的很想逃出去吗?

生:想。

师:把你的心声大声地讲出来!

生:放了我!

师:放了我吧!我要——

生:自由。

师:放了我吧!我要——

生:活下去。

师:放了我吧!我想——

生:自由。

师:放了我吧!我想——

生:活下去。

师:你们的想象力真丰富,说出来飞蛾在作者手里挣扎的时候的心声,那作者放了飞蛾没有呢?

生:没有。

师:所以它在我的手掌中极力地鼓动双翅,你会做鼓动这个动作吗?

生:做动作。

师(采访生):你刚才用了多大的力气?

生:一点。

生:一半。

师:飞蛾用了多大的力气?

生:用尽了全身的力气。

师:用尽了全身的力气鼓动双翅,这就是"极力鼓动"。

师：理解了吗？让我们再来极力鼓动一次。

生做动作。

师：飞蛾用尽了全身的力气鼓动双翅，就是为了——

生：活下去。

生：我一定要逃走。

师：你的想法很独特，飞蛾在作者手掌中拼命地挣扎，极力地鼓动它的双翅，让作者深深地感受到它那种强烈的——

生：求生欲望。

师：但作者并没有放了它，这时它在我的手中(师做动作)碰这里，碰这里，碰来碰去，跳来跳去，想寻找逃跑的出路，这就叫作——

生：跃动。

师：就是这种跃动让我感受到他那种求生欲望是那样——

生：强烈。

师：那样——

生：鲜明。

小结：同学们，你们知道吗？飞蛾的平均寿命只有短短的九天，只有九天啊，可它为了这短暂的九天，它在作者手里挣扎了一分钟、两分钟、三分钟、十分钟……直至生命的最后一刻，只要有一丝希望它都没有放弃，这是多么强烈的求生欲望啊！(板书：欲望)飞蛾那种强烈的求生欲望，你佩服吗？你震惊吗？就让我们带着这种感情来读读这个句子。(生读)听你们读书真是一种享受多么了不起的飞蛾啊，让我们一起呼唤——生命。

2.寿命只有九天的飞蛾竟表现出了如此强烈的求生欲望，那普通的香瓜子又会带给我们什么样的感受呢？请同学们默读课文第三自然段，用学习第二自然段时先读课文、再画句子，还要说感受的方法自学这个自然段。

师：在这段话中有哪个句子深深地打动了你？

生：墙角的砖缝中掉进了一粒香瓜子，过了几天，竟然冒出一截小瓜苗。

师：这句话为什么深深地打动了你？

生：我觉得它很顽强。

师：你的感受很好，谁还来说说有哪句话深深地打动了你？

生：那小小的种子里，包含着一种多么强的生命力啊！竟使它可以冲破坚硬的外壳，在没有阳光、没有泥土的砖缝中，不屈向上，茁壮生长，即使它仅仅只活了几天。

师：这句话为什么深深地打动了你？

生：因为什么都没有它也能活。

师：除了没有阳光、泥土，也可能没有什么？

生：水。

生：肥料。

师：是的，即使没有水，这棵瓜苗也会——

生读：冲破坚硬的外壳，不屈向上，苗壮生长。

师：即使没有养分，这棵瓜苗也会——

生读：冲破坚硬的外壳，不屈向上，苗壮生长。

师：即使没有阳光，这棵瓜苗还会——

生读：冲破坚硬的外壳，不屈向上，苗壮生长。

师：即使没有泥土，这棵瓜苗仍然会——

生读：冲破坚硬的外壳，不屈向上，苗壮生长。

师：在这种条件下，香瓜子只能存活几天，但它不屈向上，苗壮生长。（板书：不屈）

师：世界这么精彩，即使是一粒香瓜子，即使它仅仅只能活几天，它也要让这短暂的几天焕发光彩。多么顽强的生命力啊！让我们一起赞叹——学生（读课题）生命 生命。

师：动物和植物都是如此珍惜自己的生命，我们人类又是怎样对待自己的生命呢？让我们一起来聆听心脏的跳动。（播放心跳声）

师：你听出了什么？

生：心跳声。

师：你听出了什么？

生：心脏的跳动。

师：这样的心跳声怎么样？

生：很有规律。

师：对，那一声声沉稳而有规律的心跳给了我极大的——

生：震撼（板书：震撼）。

师：请你来读。

生：震撼。

师：你的震撼在心里，请你读。

生：震撼。

师:你的震撼在脸上。

师:让我们一起把这种极大的震撼表现出来,请读。

生:震撼。

师:让我们带着震撼一起去读第四自然段,边读边画出最震撼你的句子。

师:你画的是哪一句?

生:我可以好好地使用它,也可以白白地糟蹋它。

师(出示课件):大家看这句话中的"糟蹋",你们觉得这个词还可以换成什么?

生:浪费。

生:损害。

生:破坏。

师:你们的词汇真丰富! 这些词语都是"糟蹋"的近义词。其实用找近义词来理解词语,也是一种很好的学习方法。

师:同学们,在生活中你见过哪些糟蹋生命的现象?

生:天天去上网玩游戏,不好好学习。

师:这就在糟蹋自己的生命。

生:有的同学甚至为了上网去偷钱。

师:甚至干违法的事。这不但糟蹋生命,还危害社会。

生:私自去游泳。

师:这是不珍惜自己的生命。

生:学抽烟、喝酒。浪费时间。

生:贪玩,不写作业,不学习……

师:老师上好每一节课就是在好好地使用生命。作为小学生的你们,怎么好好地使用它?

生:说得很对,生命是我们自己的,我们必须对它负责。既然生命是自己的,我们一定好好使用它,决不白白地糟蹋它。(课件放句子并让生读)

师:我们必须好好使用它,( )白白地糟蹋它。谁会填?

生:不能。

师:你真有智慧! 一起来读。

师:我们( )好好使用它,( )白白地糟蹋它。

师:谁能把这个句子补充完整?

生:我们会好好使用它,不会白白地糟蹋它。

师：你真是个学习的小主人。一起读。

师：同学们，我们的生命是宝贵的，让我们对自己的生命负责，让我们对自己宣誓。（请坐正）老师引读，你们接下去读，我读前半句，你们读后半句，记住了吗？

师：这就是我的生命……

生：单单属于我的。

师：我可以好好地使用它……

生：也可以白白地糟蹋它。

师：一切全由自己决定……

生：我必须对自己负责。

师：同学们读得真认真！

四、整合教学，生命延伸，读写结合

师：让我们再回到作者杏林子的故事。（放课件让生自己看）

师：看看这时候，对于杏林子来说，生命是不是简单地活着。

师：我们一起到第五自然段去找找，用自己喜欢的方式边读边想，作者想要告诉我们什么。

师：你来说，作者想要告诉我们什么？

生：虽然……

师：你来说，作者还想要告诉我们什么？

生：我们要珍惜自己的生命……

师：你找到了两个很好的词，一个是"珍惜生命"，一个是"光彩有力"，请你把这八个字写到黑板上，好吗？

师：让我们一起来好好地读这一段，虽然，起——

生齐读这个自然段。

师：这段话，我希望同学们把它好好地记在心里，把它当作一段人生的格言。

师：我们来看下面这些人是怎样让自己活得光彩有力的，请看大屏幕。（课件出示图片，边放师边说）

盲童安静好好地使用它，她用心灵的触摸创造了一个属于自己的春天。

聋哑作家海伦·凯勒好好地使用它，她的文字诉说了生命的美好。

聋哑舞蹈演员邰丽华好好地使用它，她用舞蹈诠释了生命的意义。

中国飞人刘翔用成绩告诉世界，生命因顽强的拼搏而精彩。

小巨人姚明在篮球赛场上尽情地燃烧着生命的火把。

做好事从不留名的雷锋,曾说过我要把有限的生命投入到无限的为人民服务中去。

师:刚才我们看到的这些人,他们都在好好地使用生命,珍惜自己的生命,让自己的生命更加光彩有力。同学们,我们怎样才能让自己活得更加光彩有力呢?请同学们在小组内讨论。

生:好好学习,考上大学,报效祖国。

生:多做好事。

生:孝敬父母,多帮父母做些事……

师:课文学到这儿,相信大家对生命都有了更深刻的认识,老师也把自己的感悟写了出来,和同学们一起共勉。(课件展示老师的感言)你也能像赵老师一样,写一两句对生命的感言吗?课后把它写在你的感言卡上,过后请你们老师转交给赵老师。

师:老师向大家推荐几本有关生命的书,让我们通过快乐阅读、快乐成长,使我们的生命过得更有意义。

师:课文结束了,但生命永不停息。就让我们怀着对生命的珍视,对生命的热爱,再一次大声地呼唤——

生:生命　生命。

师:请起立,让我们大声地告诉所有的人,要(指板书)

生:珍惜生命。

师:让生命活得更加(指板书)

生:光彩有力。

师:好,这节课我们就上到这里,让我们一起相约下一节课,下课!

板书设计:

19.生命　生命

飞蛾求生　　　欲望

瓜苗生长　　　不屈　　　珍惜生命　光彩有力

心脏跳动　　　震撼

【教学反思】

今天我上的《生命 生命》这篇课文整节课都围绕"生命"这一话题,让学生在和谐的课堂氛围中自读、自悟,感悟生命的意义,激发对生命的热爱。这篇充满哲理的散文,通过"飞蛾求生、瓜苗生长、静听心跳"三件小事,传递着作者对生命的思考,表达了作者的独特生命体验和感悟。帮助学生理解文中含义深刻的句子,让学生对"生命"这个如此宏大的话题有自主的、个性的感悟,是我这节课想要努力实现的目标。在本课的教学设计中,我尝试通过"记忆游戏""读课文,了解生命之歌""品读课文,生命感悟""整合教学,生命延伸,读写结合"四个层次,去引导学生由浅入深地品词析句,抓住重点词理解,读出自己的感受,以课堂为起点引发孩子们对生命的感悟并写出生命感言。但上完课,我感到现实的课堂与理想相去甚远。课堂上我在努力演绎着教案,以至于忽略了学生的阅读节奏。常常还没让学生读懂读透,我就急着上下一个环节。我组织语言的能力要继续加强,有些环节训练得少,效果不够好。如:第二、第三个故事,读得少,悟得还不够深,上课时过于紧张,情感不到位,语调不够激情。还有,我的激励评价语没有全部到位。

总之,每上一次课都会有收获。成功是一笔财富,遗憾更是无价的财富,它能提醒自己今后努力的方向,让自己今后的课堂更加出彩有力!

(此课例获黎塘镇中心学校第二届"教师发展论坛"赛课二等奖。指导老师:欧兰,罗燕兰,陈雯)

《自己的花是让别人看的》课堂教学实录

宾阳县黎塘镇凤鸣小学 韦彩红

教学目标

1.能够结合具体的语言环境理解姹紫嫣红、花团锦簇、应接不暇、耐人寻味等词语的意思。

2.能有感情地朗读课文,了解德国奇丽的景色以及奇特的民族风情;能结合上下文和生活实际来理解含义深刻的句子。

3.在学习的过程中潜移默化地受到"人人为我,我为人人"的教育。

教学重点

体会"人人为我,我为人人"的境界,并从中受到教育。

教学难点

让学生不仅体会到德国奇丽的风景之美,更感受到德国人的心灵美。

教具准备

多媒体课件

教学过程

一、谈话导入

师:同学们想不想一起去欣赏德国的风光?

生:想!

师:下面我们就一起走到德国的大街上去看看德国的风景。(出示配乐的德国风光图片)

师:你们看到了什么?

生:花。

师:美吗?

生:美!

师:是啊! 德国的风光很美,大街上每家每户的窗台上都养着鲜花,因为他们养的花是给别人看的。(老师指课题,让学生读:自己的花是让别人看的)

二、复习词语

(出示词语)

师:同学们,这些词语还会读吗?

生:会。

师:好,我们一起来读,看谁读得又准确又大声。

(学生齐读词语:脊梁 莞尔一笑 花团锦簇 姹紫嫣红 应接不暇 耐人寻味)

师:你们真是太棒了!

三、再读课文,整体感知

齐读课文。

师:下面把这些词语放到课文中去,相信你们会读得更好。在这里老师有一个小小的要求,请看大屏幕。四五十年后季老先生到德国故地重游,他发出了怎样的赞叹? 用横线画出来。

(生读完后)

师:同学们读得多认真呀! 你画的句子是? ……你的呢?

生:多么奇丽的景色! 多么奇特的民族!

师:你真会读书。师出示:"多么奇丽的景色! 多么奇特的民族!"(板书:奇特 奇丽)

四、品读课文,感受景美

师:文中哪些地方描写了奇丽的景色? 下面请同学们默读课文,画出有关的句子,读一读。(师巡课指导)

生读出找到的句子。

(走过任何一条街,抬头向上看,家家户户的窗子前都是花团锦簇,姹紫嫣红。许多窗子连接在一起,汇成了一个花的海洋,让我们看的人如入山阴道上,应接不暇。)教师把这个句子放到屏幕上,让学生齐读。

师:你从哪些词语体会到了街道的"美丽"?

生自由发言,师点评。

师:请同学们看大屏幕(出示鲜花图片),说说你看到了什么?(理解什么是花团锦簇、姹紫嫣红)

生:好多花。

师:花儿成团,一簇堆在另一簇上面,这就是——花团锦簇。

生:我看到了五颜六色的花。

师:都有哪些颜色呢? 感觉怎样?

生:红的、白的、黄的、紫的……感觉美极了!

师:这些五颜六色的花就是——姹紫嫣红。这么多的颜色,你还能用什么词语来形容?

生:五彩缤纷、绚丽多姿、五彩斑斓……

师:你们的词汇真丰富!

师:让我们再一次走进德国的街道去感受这奇丽的景色。老师读前半句,同学们读后半句,好吗?

生:好

师(引读):走过这条街,抬头向上看——

生:家家户户的窗子前都是花团锦簇,姹紫嫣红。

师:走过那条街,抬头向上看——

生:家家户户的窗子前都是花团锦簇,姹紫嫣红。

师:走过这条小巷,抬头向上看——

生:家家户户的窗子前都是花团锦簇,姹紫嫣红。

师:走过任何一条街,抬头向上看——

生:家家户户的窗子前都是花团锦簇,姹紫嫣红。

师:我们的合作太愉快了!

师：这儿的花不但美，而且还很多呢，你还能从哪些词语看出花的多？

生：花的海洋、应接不暇。

师：是啊，家家户户窗前都是这么美的花，许多窗子连接在一起，汇成了一个——花的海洋，让我们看的人如入——山阴道上，应接不暇。（引读）

师：那么，"花的海洋、应接不暇"又是什么样的呢？

生："花的海洋"用比喻的手法写出了花的多。

师：对呀！

（师灵活说，生答。）

师："我看了这条街的花。"

生："又想看那条街的花。"

师："我看了近处的花。"

生："又想看远处的花。"

师："我看了这种花。"

生："又想看那种花。"

师：这里的花太多、太美了，我的眼睛都忙不过来，这就是——应接不暇。

师：好一片花的海洋啊！这是多么美的画面啊！请同学们闭上眼睛静静地听老师朗读，边听边想象你眼前出现了什么画面。

师：听完老师的朗读，你们仿佛看到了什么？（生：花的海洋。师：走进这片花的海洋你又闻到了什么？生：花的香气。）

师：下面就让我们用美美的声音一起来读这段话。（齐读，配上音乐、画面。）

师：同学们读得太好了，我们加大难度，试着来背背这一段，有信心吗？

教师出示：走过任何一条街，抬头向上看，（　）的窗子前都是（　），（　）。许多窗子连接在一起，汇成了一个（　），让我们看的人如入（　），（　）。

师：同学们太厉害了，一下子就背出来了。

五、精读课文，感悟"奇特"，感受"人美"

师：刚才我们感受到了德国景色的奇丽，他们民族的奇特又体现在哪儿呢？用波浪线画出来，读一读。

生读出找到的话语。

课件出示："家家户户都在养花。他们的花不像在中国那样，养在屋子里，他们是把花都栽种在临街窗户的外面。花朵都朝外开，在屋子里只能看到花的脊梁。"

"每一家都是这样，在屋子里的时候，自己的花是让别人看的；走在街上的时候,自己又看别人的花。人人为我,我为人人。我觉得这一种境界是颇耐人寻味的。"

师:我们许多人是怎样养花的?

生:养在屋子里。

师:我们养花是为了什么?

生:是为了给自己看。

师:德国人又是怎么养花的呢?

生:养在临街窗户的外面。

师:德国人养花是一家两家而已吗?

生:不是,是家家户户。

师:德国人在家里只能看到——

生:花的脊梁。

课件出示花的脊梁。

师:花的脊梁美吗?

生:不美。

师:但是德国人养的花却是让人看的,这是多么高尚的品质,所以说它是一个奇特的民族。

师:如果你和作者一样,第一次来到德国,看到德国人都这样养花,你会有什么感受?

生:吃惊,不理解。

师:那就让我们带着这种吃惊、不理解的语气来读读这段话。

生齐读:是啊!德国人每家每户都是这样,在屋子里的时候,自己的花是让别人看的;走在街上的时候,自己又看别人的花。

师:文中作者用了一句更耐人寻味的话来表达这个意思,是哪句呢?

生:人人为我,我为人人。(师板书)

师:你真会读书。请同学们看这段话(出示句子),哪个句子体现了"我为人人"?哪些地方表现的又是"人人为我"?

师:"人人为我,我为人人"就是说我为别人奉献,别人为我奉献,我们要想人人为我,必须先为别人奉献。

师:我们的身边也有很多"人人为我,我为人人"的例子,四人一小组互相说说你都知道哪些"人人为我,我为人人"的例子。

师:看来在生活中很多同学都能做到"人人为我,我为人人"了。其实德国人早已把"人人为我,我为人人"化作了无声的行动,化作了满街的花朵。这已经成为德国的又一道亮丽的风景。

师:同学们,四五十年前,季老先生看到的是这样美丽的景象,今天,他看到的还是这样的景象,因此,他说:"变化是有的,但美丽并没有改变。"

师:那么,到底什么东西变了?什么还是没有改变呢?请你联系上下文完成这道填空题,看谁能先把它完成。

课件出示填空题:

四五十年后,我又到了德国,我发现很多东西变了:＿＿＿＿＿＿＿＿＿,可当我走在街上,抬头一看,又是＿＿＿＿＿＿＿＿。是的,＿＿＿＿＿＿＿＿＿＿＿始终没有变。

生动笔写,写完汇报。

师:刚才从这几位同学的回答中,我们知道很多东西都在变,但唯一不变的是——(指板书:人人为我,我为人人)

六、总结回顾,课外延伸

师:同学们,一次次读书、一个个细节让我们感受到了"人人为我,我为人人"这种境界是多么的耐人寻味,所以作者做了一个花的梦,做了一个思乡的梦,在梦里我们每个中国人都有了这样一个"人人为我,我为人人"的境界。

师:在结束这节课之前,我建议大家回去之后找季羡林写的《我的求学之路》这本书看看,进一步了解德国,了解季羡林。

板书设计:

　　25 自己的花是让别人看的

　　　　奇丽　奇特

　　　人人为我,我为人人

【教学反思】

这节课我主要围绕两句话"多么奇丽的景色!多么奇特的民族!"来展开教学,让学生自主去找文中描写景色奇丽的句子,通过想象、品读关键词、带着感情朗读去感受德国街头美丽的花景。再次让学生自主去找文中描写民族奇特的句子,通过自主思考、小组讨论、联系实际去领会那种"人人为我,我为人人"的境界。

第一,教学语言给学生一种美。

这篇文章本身就像诗一样美丽,因此在教学中要给学生以一种美的享受,而这美的享受大部分是需要教师的语言来进行引导的,这节课我用优美的语言来引导学生说、读、总结,用自己的语言让学生感受到了德国美丽的风景,在某些地方配上了舒缓的音乐和图片,更让学生有了美的感受。

第二,读的形式多样。

有个人读、齐读、分角色读。讲解风景的句子时让学生通过读来体会意境,在读中学生对于文章、句子的理解一次比一次深刻。

在我的教学中还存在一些问题:

第一,课堂节奏把握不够好。

说实话,之前上的所有课我都讲不完,都要再花一些时间才能讲完。这个问题一直都苦恼着我,之前我还一直担心上不完怎么办,同事对我说上到哪儿就是哪儿,不要担心,语文它是一门不完美的艺术,不完美才美。

第二,表扬语单一。

在课堂上,对于学生好的表现或更好的表现,我总是用"好""不错""太棒了""真厉害"来回应学生。我觉得语文课上的表扬语比起其他学科要难多了。要想当好一名语文老师,自己还要继续打磨啊。

另外,在读写结合这方面点得还不够透,学生理解不够到位,说话的表达仍需坚持训练。

"台上一分钟,台下十年功。"我真切感受到了这台上40分钟背后的艰辛。一堂课点亮了我前方的教师道路,告诉我该如何改进以成为一名优秀的语文老师,并懂得了"思想有多远,路就有多远"。

(此课例获黎塘镇中心学校第三届"教师发展论坛"赛课二等奖。指导老师:欧兰,赵海滨,罗燕兰)

《介绍自己》课堂教学实录

宾阳县黎塘镇第四完全小学　莫静芳

一、教学目标

(一)知识与技能

1.抓住自己的特点来介绍自己。

2.通过举例子来表现自己的特点,说真话。

(二)过程与方法

1.精心创设教学情境,让学生入情入境,产生表达兴趣。

2.采取多种表达形式,使学生由听到说,由说到写,准确而生动地表现真实的"我"。

3.运用科学的评价方式,注重与学生的心灵交流与情感沟通,引导学生在赏识中取长补短,共同进步。

(三)情感态度价值观

1.培养学生习作的兴趣,让学生乐于书面表达,增强习作的自信心。

2.认识自我、了解自我,展示一个"真实"的我。

二、教学重难点

1.学会抓自己某方面的特点来做介绍。

2.学会把自己某方面的特点写具体。

三、课前交流

师:小朋友们,你们喜欢做游戏吗?

生:喜欢!

师:那么,就让我们一起来共度欢乐时光。(出示课件)

游戏一:做"比比谁最聪明"的游戏。

师:游戏的规则是,老师喊口令,你们要做出相反的动作。比如老师说"举右手"你就"举左手",老师说"摸右耳"你要"摸左耳",做得全对的说明你是一个非常聪明的孩子;只错一次的说明你比较聪明。准备好了吗?接下来,我们就看谁最聪明,头脑反应最快。(举左手——摸右耳——闭左眼——坐下——起立)

师:通过这个游戏,可以看出我们班的同学非常的聪明,接下来的学习,肯定难不倒你们,有信心吗?

生:有。

四、教学过程

(一)游戏激趣思考

师:从刚才你们玩游戏时的表情,老师可以看得出同学们十分的开心。那么你们还想做游戏吗?

生:想。

师:接下来的这节课,我们将一起闯三关,有信心吗?

生:有。

师:好,我们把全班分成两个组,这边的同学定为第一组,这边的同学定为第二组。请注意听好要求:哪个组的同学说出一个答案,他(她)就能为本组获得一个笑脸。(老师请两个学生到讲台前)

师:都准备好了吗?

生:准备好了。

师:好,我们马上开始第一关——"见识关"。

师:你们都看到这两位同学来,然后说一说她们有哪些地方不同?

生1:陈璐是瓜子脸,张婷是国字脸。

师:那这是她们的什么不同之处?

生:外貌。

生2:陈璐喜欢画画,张婷喜欢跳舞。

师:这又是她们的什么不同之处?

生:爱好。

生3:陈璐是个温柔的女孩,张婷脾气比较暴躁。

师:你真够了解她们,这是她们的什么不同之处?

生:性格。

师:好,这个游戏先到这里,谢谢这两位同学,请同学们把掌声送给她们吧!

生:鼓掌。

师:现在我们还不能马上分出胜负,因为接下来还有比赛,要等所有的比赛完了,我们才能分出胜负。

师:我们看,一个人有这么多地方和别人不一样。这些与别人不一样的地方就是一个人的特点。(板书"特点")

师:刚才我们的同学非常棒,说出了那两个同学的特点,那么,你们敢不敢挑战?也来说说你们自己的特点?

生:敢。

(二)概括地介绍自己

师:为了让别人更了解我们,下面我们就一起来介绍自己。

(师出示课件后进行板书:介绍自己)

师:请同学们大来朗读。

生：介绍自己。

师：介绍自己就是把自己的特点告诉别人，我们不一定把所有的方面都介绍完，主要介绍你最想告诉别人的特点。可以是外貌，也可以是爱好，还可以是性格等等。想一想，你打算从哪些方面来介绍自己？

师：下面可以同桌之间或者前后桌之间互相交流。

师：刚才老师听到同学们说自己的特点时说得很好，那么你们是不是都迫不及待地想介绍自己了？

生：是。

师：接下来我们要闯第二关——"勇气关"（课件出示：简单地介绍自己）。

师：我们的闯关规则是，哪个组的同学来介绍，他（她）就能为本组争取一个笑脸。既然是勇气关，老师想看看咱们班的同学谁最勇敢，敢第一个起来介绍自己。

师：我们比赛开始。

生1：我叫王鹏，今年九岁了，个子不高，眼睛小小的，平时爱打羽毛球。

师：这个同学真勇敢，而且说得也很棒，请记分员给他们组贴上一个笑脸。

师：其他组可要加油了，不然你们就落后了。

生2：我叫罗文，是一个活泼好动的男孩，我的爱好是骑自行车、打篮球、玩电脑，平时发现同学有困难我会主动帮助他们。

师：你的爱好真广泛，而且是一个乐于助人的孩子。

生：……

（三）引导学生把自我介绍写具体

师：好，比赛时间到。比赛先告一段落，刚才这几个同学在介绍他们自己的特点时，都只是用一两句话来概括，这样的自我介绍是很难给别人留下深刻的印象的，所以我们介绍自己时，一定要通过举具体事例来反映自己的特点（板书：具体事例），这样才能让别人记住你。

师：莫老师的班里有一位叫张明的同学，他和莫老师的关系可好了，你们想不想认识他？

生：想。

师：我们来看看张明是从哪方面介绍自己的？

生：性格。

师：同学们，在你们身上一定有许多能反映你自己特点的事情，你准备举一个什么事例来表现你自己的特点呢？莫老师愿意帮助你们打开记忆之门（出示

课件）

师（根据图片内容）：你是一个喜欢运动的人吗？喜欢打球，溜冰，跑步，还是跳绳？把你运动的乐趣与大家一起分享吧！

你爱画画吗？平时都喜欢画什么？当你画出一幅漂亮的画时，得到了哪些人的赞扬？

多有爱心的孩子啊！你是否也像他们一样，为灾区的人们或者你身边需要帮助的人们捐过款呢？把你的经历告诉我们吧！

你是一个乐于助人的孩子吗？看到老爷爷或老奶奶过马路时，你会去帮助他们吗？同学摔跤时或下雨天忘记带伞了，你是否帮助过他们呢？

师：同学们，看到这一个个画面，你是否想起了你经历过的事情？当然，我们的生活是丰富多彩的，这里只是我们生活当中的一点点，下面请你选择最能表现你特点的事情来和同桌说说吧！

生（同桌互说）：……

师：看到大家说得那么认真，我都迫不及待地想听到同学们的介绍了，愿不愿把最能表现你的特点的事情和大家一起分享？

生：愿意。

师：接下来我们闯最后一关：自信关（课件出示：举事例把自己的特点介绍具体）。

师：哪组的代表来回答他（她）就可以为本组争取到两个笑脸。谁先来？

生1：……

师：你介绍得真详细，老师相信不久的将来你一定能成为一名画家。

生1：谢谢老师的夸奖。

生2：……

生3：……

生4：……

师：好，比赛结束。

师：三关都闯完了，我们来看看哪一组获胜？

生：第二组。

师：祝贺你们！我们用掌声向第二组表示祝贺。

师：通过刚才的学习我们了解了自我介绍的一些方式、方法。我们向别人介绍自己时，要抓住特点，可以从外貌、爱好、性格等方面介绍，但是要通过具体事例来表现你的特点，这样我们就能给别人留下深刻的印象。

师：每个人都有不同的特点。俗话说得好：好记性不如烂笔头。现在就请你们把想起的和说过的最能表现你特点的事写下来吧。

课件出示习作要求：

1抓住自己某个方面的特点来写一段语。

2.写好后自己读一读,有不合适的地方改一改。

师:我们一起来读一读习作要求吧!

师:你们都明白要求了吗?

生:明白了。

师:下面就让我们在美妙的音乐声中把你经历过的最能表现你自己特点的事情写下来吧!

师:看到有些同学还在认真地写着,我非常不愿意打断他们,但是因为时间关系,我们先停下来,好吗?

五、点评习作

师:谁愿意把你写好的片段来给大家展示一下?

1.让两三个学生展示习作。

2.师生共同点评。

六、小结

板书设计:

介绍自己

特点

爱好

性格

外貌

举事例

【教学反思】

《介绍自己》是人教版三年级下册"语文园地三"的一篇习作。中年级的习作教学,首要任务是拓宽学生的思路,调动生活的积极性,激发学生的习作欲望。三年级虽然经历了低年级的写话阶段的训练,但从作文教学的整体思路来看,它则是刚刚起步。所以本次习作我重点关注以下两点:

一、激发学生的习作兴趣

语文新课标对中年级的习作明确提出了阶段性目标,也就是激发学生写作兴趣,让兴趣成为他们写作的动力。所以本节课我以游戏贯穿整个课堂,我设计了"闯关"游戏,这个游戏要闯三关(见识关、勇气关、自信关);从课堂效果来看,孩子们的写作积极性被调动起来了。

二、教给学生的习作方法

用范文引导学生,是中年级习作教学的一个必要手段。我让学生玩第二个闯关游戏(简单地介绍自己)之后,出示一段范文,目的是让学生明白要想给别人留下深刻的印象,必须通过举具体的事例来表现自己的爱好、性格等方面的特点。引用范文的另一个目的也是为学生下面的说与写引路。

虽然整节课基本上达到了我的预想效果,但是我还感觉自己有许多不足的地方。比如,我的课堂评价语不够丰富,我的点评还不够及时和恰当。有时学生说不出,我总有些急,抢学生的话题。课堂对学生的关注度还不够。在今后的教学工作中,我一定要努力改进,力争把作文教学提上一个更高的台阶。

(此课例获黎塘镇中心学校第三届"教师发展论坛"语文赛课二等奖。指导老师:施晓梅,覃丽)

《平行四边形的面积》课堂教学实录

宾阳县黎塘实验小学　　何兰秀

教学内容:人教版五年级上册教科书第87,88页的内容。

教学目标:

1.通过操作、观察、比较等活动,让学生经历探索平行四边形面积公式的推导过程,发展学生的空间观念,渗透转化的数学思想方法。

2.能正确地应用公式计算平行四边形的面积。

教学重点:探索并掌握平行四边形面积公式。

教学难点:理解平行四边形面积计算公式的推导过程,体会转化的思想。

一、复习导入

1.老师:同学们,在前面的学习中,我们认识了哪些平面图形?(学生说,老师相应点出)

2.老师:在这些图形中,我们已经掌握了哪些图形的面积计算方法?(怎样算长方形的面积?正方形的呢?)(板书:长方形的面积=长×宽)

3.老师:大家回忆一下,我们是用什么方法得出长方形的面积计算公式的?(学生:数格子。老师板书:方法:数格子)同学们记性真好,还记得我们是用数方格的方法得出长方形的面积等于(长乘宽),相信同学们在新课的学习中会有更精彩的表现。

二、探究新知

1.引出情景图

老师:这段时间,老师和同学们都在努力打造我们的花样校园。光明小学的师生也在美化他们的校园。瞧,他们学校新做了两个花坛,它们分别是什么形状的呢?我们来看,这几个同学在议论些什么?他们遇到了什么问题?

老师:要想知道这两个花坛哪一个大,我们就必须要算出它们的(面积)。

老师:长方形的面积我们已经会计算了,那如何计算平行四边形的面积呢?今天我们就一起来研究(板书:平行四边形的面积)

2.引出数格子,完成表格

老师:在前面的学习中,我们用数方格的方法得到了长方形的面积=长×宽,那平行四边形的面积可不可以用数方格的方法来试一试呢?(出示方格图及要求)

老师:为了便于研究,老师把这两个花坛的形状画在了方格纸上,我们在数方格时,该注意些什么?大家一起读一读(表头上的要求)。同学们要特别注意,不满一格的按半格计算。

学生汇报。(老师做出评价)(老师指表格让学生说答案)

老师:有不同的看法吗?(也就是说同学们的答案和他的一样,长方形的长……)

老师:那谁来说说你是怎样数出平行四边形的面积的?

(每排有几个?这样的有几排?)

老师：这个同学很会数，他按一定的顺序来数，这样就能做到不（重复）不（遗漏）。

老师：请大家仔细观察表格，你发现了什么？

学生汇报。

3.让学生结合表格大胆猜想

老师：刚才我们用数格子的方法知道了这个平行四边形的面积，如果有一个很大的平行四边形花坛，我们也用数格子的方法才知道它的面积的话，那就太（麻烦了）。如果不数方格，能不能计算平行四边形的面积呢？

老师：请同学们根据发现，猜一猜：平行四边形的面积有可能等于？（底乘高）

4.根据经验找方法

老师：同学们的猜想是否正确呢？是不是所有的平行四边形的面积都等于底乘高呢？我们可以用什么方法来证明？（略停）同学们还记得吗？我们在研究一个不知道的新问题时，我们可以把它转化成以前学过的知识，利用旧知识来解决新问题。今天要研究平行四边形的面积，我们可以借助这个经验把平行四边形转化成（长方形或正方形），因为转化成长方形或正方形后我们就可以计算面积了。

5.自学

老师：怎样把平行四边形转化成长方形呢？请同学们自学手上的教材。

老师：怎样做可以把平行四边形转化成长方形呢？

老师：为什么要沿着高剪？（这样才能得到直角）

老师：所以在动手剪之前，我们应先标出平行四边形的底和高。

老师：现在，我们就同桌合作，先标出底和高再剪。

6.学生动手操作、展示

老师：完成的小组把你们转化后的图形贴在白板上。

老师：为了让同学们看得更清楚，老师把这种剪法搬到了屏幕上，我们一起来看看。有的同学是这样剪的，我们也来看一看。这种方法可以吗？刚才，我们看到同学们都是沿着高，把平行四边形割成两部分，再把其中一部分移到另一边补上，这样的方法我们称之为割补法。（板书：割补法）

7.观察，发现两者间的联系

老师：刚才我们动手操作，把平行四边形转化成了长方形，请大家认真观察原来的平行四边形和转化后的长方形，你有什么发现？

老师：转化成长方形后什么没变？（面积）就说明长方形的面积和原来平行四边形的面积（相等），那它们还有哪些等量关系呢？

学生说，老师板书。

老师：因为长方形的面积等于长乘宽，所以平行四边形的面积等于（　　　）

老师：如果用 S 表示平行四边形的面积，a 表示底，h 表示高，那么平行四边形的面积公式可以写成：（$S＝a×h$）（老师板书）（生集体读）

老师：同学们真能干，用转化的方法得出了"平行四边形的面积＝底×高"这个公式，那我们要想计算平行四边形的面积，必须知道它的（底和高）。如果知道平行四边形的面积和底，可以算出它的（高）；如果知道平行四边形的面积和高，我们可以算出它的（底）。

老师：同学们真能干，通过动手实践操作，验证了平行四边形的面积等于底乘高这个猜想，接下来，我们就用这个知识来解决下面的问题。

三、练习巩固

我会算

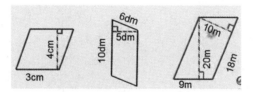

老师：我们在计算平行四边形的面积时要找到它对应的底和高。

我会选

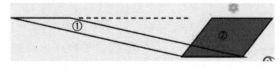

老师：两个平行四边形不管形状怎样，只要等底等高，它们的面积就相等。

我会解决

1.有一块平行四边形的蔬菜基地，底 150 米，高 80 米，这块蔬菜基地的面积是多少平方米？

2.一块平行四边形广告牌，每平方米大约要用油漆 400 克。要刷完这块广告牌，需要多少克油漆？

老师：同学们很能干，利用我们所学的知识解决了生活中的问题。

我会分

你能把下面的平行四边形平分成两个完全一样的三角形吗?

老师:我们发现平行四边形可以平分成两个完全一样的三角形,反过来,两个完全一样的三角形也可以拼成平行四边形。到底平行四边形的面积与三角形的面积有着怎样的联系呢?我们将会在下节课继续研究。

四、总结提升

老师:同学们,时间过得真快,回顾这节课的学习过程,你有什么收获?

学生发言(略)

老师:这节课,我们推导出了平行四边形的面积等于底乘高,更可贵的是,学会了转化新旧知识,从而找到它们之间的联系。这种转化方法在数学学习中尤为重要,希望同学们在今后的学习中利用它来掌握更多的新知识。

板书设计:平行四边形的面积

方法:数方格

长方形的面积　　　　＝　　长　×　宽

↓　　　　　　　　　↓　　↓

平行四边形的面积　　＝　　底　×　高

$$S = a \times h$$

【教学反思】

一节课下来,我觉得自己做得较好的有以下几点。

1.重视动手操作与实验,让学生经历探索的全过程

让儿童通过各种观察与操作活动来获得体验,是帮助儿童构建空间观念、发展儿童空间知觉能力和空间想象能力的一条非常有效的途径。在课堂上,我为了让全体学生都能经历这一过程,在有学生提出平行四边形的面积等于底乘高的猜想时,及时引导学生利用旧知学习新知,平行四边形面积公式的推导都是建立在学生数、剪、拼的操作活动之上,每个学生都经历了这个过程。

2.注意渗透"转化"的数学思想方法

"转化"是数学学习和研究的一种重要的思想方法,在教学中,我突出了"将未知转化为已知"的基本转化思想,让学生通过操作,将所研究的平行四边形转化为已经会计算面积的长方形,探究平行四边形与转化后的长方形之间的联系,从而知道平行四边形面积的计算方法,促进了学生知识的迁移和学习能力的提高。

3.练习设计有梯度

在探究完新的知识后,我有意安排学生先进行基础练习,巩固学生掌握平行四边形的面积公式,在这个基础上进行变式练习,深化学生对公式的理解,培养学生结合实际,灵活解决问题的能力。

不足的有以下两点:

一是在学生猜想时过早板书"平行四边形的面积＝底×高"这个猜想。因为学生的猜想不全是这样的,还有别的猜想,这时把这个猜想板书出来有点牵强。

二是在推导出平行四边形的面积计算公式后没有能及时带领学生回顾、梳理推导的过程,进一步渗透转化数学思想方法。

(此课例获黎塘镇中心学校第四届"教师发展论坛"课堂教学评比一等奖。指导老师:马丽名,黄春兰)

《葡萄沟》课堂教学实录

宾阳县黎塘镇第四完全小学　吴瑰华

教学目标:

1.运用多种方法理解"茂密""阴房""凉棚""五光十色"等词语的意思,从而加深对课文的理解。

2.通过对文章的学习让孩子们深深感受到:葡萄沟真是个好地方,进而激发学生热爱祖国的思想感情。

教学重点:

有感情地朗读课文,在朗读中体会葡萄沟的美好,激发学生的爱国情感。

教学难点:通过看图、学文,了解葡萄沟的葡萄及葡萄干的色鲜味甜。

教学准备:课件、葡萄实物

教学过程:

师:(出示课件:中国地图)同学们请看,这是中国地图。我们住在广西。在遥远的西北部,有一个地方叫新疆,在新疆有一个盛产葡萄的地方叫(生:葡萄沟)。那里可美了!同学们想不想去那里看一看呢?(生:想。)今天我们就一起学习《葡萄沟》。生齐读课题。

师:学习课文之前,我们先来复习上节课学过的生字新词。(出示生字新词课件)(开火车读,指名读,齐读。)

师:同学们都是会学习的孩子。下面我们开始学课文,文中有一句话是夸葡萄沟的,请同学们打开课本第 43 页,用自己喜欢的方式读课文,在文中找出夸葡萄沟的这句话,用"____"画出来。(课件出示读书要求。生自由读课文,师巡视。)

师:同学们都读得很认真。谁来告诉老师哪一句话是夸葡萄沟的?(生纷纷举手。)

生:课文的最后一句是夸葡萄沟的。

师:你能读出来吗?

生读。

师:有没有不同的意见?

生:没有。(齐喊)

师:你们找得真准,请同学们一起读这句话。

(课件出示句子,全班齐读。)

师:是呀! 葡萄沟真是个好地方! 同学们想不想知道好在哪里呢?

生:想。

师:请同学们带着这个问题再次读课文,把有关的句子画出来,也可以把你的想法写在你画的句子旁边。(生读课文,师巡视。)

师:老师看见同学们都认真地写写画画。谁先来说说你是从哪里知道葡萄沟真是个好地方的?

(根据学生的回答,师相机出示相应的课件)

生:我是从第一自然段知道葡萄沟真是个好地方的。

师:为什么呢?

生:因为这里告诉我们葡萄沟出产的水果很多。

师:你来读句子。

生读。(课件出示水果图片。师板书:出产水果　多)

师引读:(出示句子):通过刚才的了解,我们知道新疆的吐鲁番有个地方叫(葡萄沟)。那里出产(水果)。五月有(杏子),七八月有(香梨、蜜桃、沙果),到了九十月份,(人们最喜爱的葡萄成熟了)。

师:刚才这位同学从第一自然段知道葡萄沟真是个好地方。还有谁从哪里知道呢?请你也像他一样说说自己的看法。

生:我是从第二自然段的第二句话知道葡萄沟真是个好地方的。

师:你能把这句话读出来吗?

生读。

师:你真会思考。

师:(出示句子和凉棚图片)茂密的枝叶向四面展开,就像搭起了一个个绿色的凉棚。

师:山坡上茂密的葡萄架就像什么?

生:像凉棚。

师:(老师用手势表演让大家感悟出"一个凉棚")难道只有这一个棚吗?

生:不是,有很多很多。

师:你们从哪个词语知道的?

生:从"一个个"这个词。可以看出哪里种了很多葡萄树,而且它们的叶子长得很茂密?

师:(出示凉棚图片)说得真好。(师做搭凉棚的手势)老师的两只手就像葡萄的叶子,叶子怎样长才叫茂密呢?请同学们帮帮老师的忙和老师一起搭出叶子茂密的样子。(生搭出叶子茂密的样子后师表扬。)

师:在炎炎烈日里,来到这茂密的枝叶搭成的一个个绿色的凉棚之下,你有什么感觉?

生:我感到"凉快","凉爽","舒服"。

师:说得好,那请你带着舒畅的心情读读这句话。注意:读这句话,应该突出哪个词?

生:凉棚。(生声情并茂地读。)

师:请全班同学像他一样美美地把这句话读一遍。

(生齐读。)

师:还有谁从哪里知道葡萄沟是个好地方呢?

生:我从"到了秋季,葡萄一大串一大串地挂在绿叶底下,有红的、白的、紫的、暗红的、淡绿的,五光十色,美丽极了"这句话知道的。

师:(出示句子)你真会读书。为什么呢?

生:因为这句话告诉我们葡萄很美。

师:说得好!

师:这里的葡萄都有什么颜色?(指名说)

生:有红的,白的,紫的,暗红的,淡绿的。

师:这么多的颜色,课文用了一个词语来形容,谁能找出来?(指名说)

生:五光十色。(板书:五光十色)

师:(课件出示各种颜色的葡萄图片再出示"五光十色")这里的葡萄除了颜色美,还有什么特点呢?

生:大和多。(齐说)

师:课文用了哪一个词语来形容呢?(指名说)

生:一大串一大串。

师:说明葡萄怎样?

生:多。

师:你真会动脑筋!

师:这么多,这么美的葡萄,谁能美美地把这句话读一读?自己先练一练。(生很投入地练)

师:谁愿意第一个来试一试?

生1读。

师:你真勇敢。谁来评评他读得怎样?

生2:他读得很有感情,但是没有读出美的感觉。

师:请你来示范。

生2美美地读。

师:你真会读书。我们也学着他的样子美美地读这句话?(生美读)

师:大家美美的朗读让老师快垂涎三尺了。老师也想来美读这句话。(师读,故意把"五光十色"误读成"五颜六色"。)

师:你给老师的朗读打多少分?

生:90分。

师:为什么?

生:您读得很美,但是您读错了一个词。应该是"五光十色",而不是"五颜六色"。

师:你是个细心的孩子。这两个词能不能互相交换呢?

生:不能。因为五光十色不仅写出了葡萄的颜色多,美丽,而且还强调了葡萄很有光泽,亮晶晶的,水灵灵的,就像一颗颗晶莹剔透的玛瑙。

师:你讲得太好了!这里的葡萄串儿这么大,数量这么多,颜色这么多,种类这么多,而且水灵灵的,像一颗颗晶莹剔透的玛瑙,真是美丽极了!我们来看着图,再美美地读一读这句话。

生读。

师:同学们读得真好!(出示课后"我会填的句子")这样还会读吗?

生:(自信地)会。

师:好,你们就读一读。

(生读)

师:同学们好厉害呀! 很快就能背出来。

师:同学们,葡萄沟的葡萄又多又美,你们知道吗? 那里的人更美。请你再读一读第二自然段,把句子找出来。(生读书,找句子。)

生:读句子:要是这时候你到葡萄沟去,热情好客的维吾尔族老乡,准会摘下最甜的葡萄,让你吃个够。

师:你找得很准确。(出示此句和课文图片,板书:老乡 热情好客)

师:现在,我是外地慕名而来的客人,谁愿意扮演葡萄沟的维吾尔族老乡,用你的语言或者动作,表现出你的热情好客?

(师把事先准备好的葡萄端出来。)

生:尊敬的客人您好,欢迎您到葡萄沟来。请尝尝我们的葡萄吧! 这里的葡萄很甜,您慢慢吃个够。

(师学着吃,然后用手摸摸圆圆的肚子。)

师:你是个小小表演家。刚才老师吃葡萄的样子用哪个词来形容?

生:吃个够。

(师鼓励学生联系动作和生活中的体会理解这个词。)

师:谁再来说说你是从哪里知道葡萄沟是个好地方的?

生:我从第三自然段知道葡萄沟真是个好地方。这里告诉我葡萄干很鲜,很甜,非常有名。(师板书:葡萄干 色鲜 味甜 有名)

师:请你把描写葡萄干的句子读一读。

生:读句子。

师:原来葡萄还可以制成葡萄干。同学们想不想知道葡萄干是怎样制成的?

生:想。

师:那我们就去第三自然段找找答案。(生齐读)

师:(出示葡萄干制作的视频)旁白:这就是阴房。老乡先把葡萄收下来,接着运到阴房里,然后把葡萄挂在架子上,最后利用流动的热空气,把水分蒸发掉,就制成了葡萄干。

师:同学们,葡萄沟真是个好地方,请我们用"因为……所以……"来夸一夸葡萄沟。(指板书)师引导说:因为葡萄沟出产的水果——(多),葡萄——(五光十色),那里的老乡——(热情好客),葡萄干——(色鲜 味甜 有名),所以葡萄沟真是个——（好地方）。

师：（板书：真是个好地方）是呀！葡萄沟是我国的一个好地方。同学们长大了可以到美丽的葡萄沟去玩一玩，也可以去开发它，把它建设得更美丽。

板书设计：

葡萄沟　　出产水果　　多

　　葡萄　　　五光十色

　　老乡　　　热情好客　　　　真是个好地方

　　葡萄干　　色鲜　味甜　有名

【教学反思】

在授课过程中，我紧紧抓住"葡萄沟真是个好地方"这一中心句展开教学，我做到了将自主、合作、探究的学习方式与有效的接受学习方式相结合，直观形象的媒体画面欣赏与入情入境的文本阅读相结合，信息技术手段与语文学科特点相整合。在教师的指导帮助下，通过多媒体技术和网络工具的辅助，让学生读读悟悟，质疑探究，自主学习。通过让学生读一读，找一找，议一议，演一演，做到生生互动，师生互动。在理解关键词句时，我结合图片和比一比的方法，让学生感受出葡萄多和美。不足之处在于，问题设计得不够简洁，留给学生思考的时间不够多，表扬语过于单一。在指导朗读方面没有做到从"美"去引导学生，虽然抓住了关键词句，重视了孩子的朗读，但是朗读形式少，没有让孩子个别读，忽视了学生个性的体验。这些都是我在今后的教学中要努力改进的地方。

（此课例获黎塘镇中心学校第二届"教师发展论坛"语文赛课二等奖。指导老师：覃丽，李莉，张翠萍）

《Module 8 Unit 1 It's on your desk. 》课堂教学实录

（外研版三年级起点）

宾阳县黎塘镇中心学校　　雷梅兰

一、教材分析

本课主要是让学生用英语描述物品的方位，能够口头运用"It's on your desk"这类语句说明物品的位置。Unit 1 讲述的故事十分吸引人。大明要过生日，大家没有直接送给他礼物，而是通过一封封信逐步引导 Daming 进入卧室，最后送给了他一个很大的生日蛋糕。这个趣味小故事为学生学习这几个表示方位的单词:in, on, under,behind 及"It's on your desk"这类描述方位的句子创造了语境。

二、学情分析

小学三年级的学生活泼好动,喜欢表现自己。经过了一个学期的英语学习,学生能用英语进行一些简单的问候和交流,对英语学习保持浓厚的兴趣,但是由于年纪小,有意注意持续时间不长,所以课上要采用形式多样的教学方法,吸引学生的注意力,提高学生学习英语的兴趣和积极性,让学生积极主动地全面参与到课堂学习中来。

在第一册第 8 模块第二单元中,学生们已学过"Where's the bird/cat?""Is it in the green bag?""No,it isn't. It's in the yellow bag."等语句,已经学过介词 in 的用法。

三、教学目标

知识目标:

1.能听懂关于描述位置的介词和句子:in, on,under,behind, It's in the box. It's on your desk. It's under the chair. It's behind the door.

2.能够使用英语描述物品的位置。

能力目标:

能通过所学的知识与实际生活相联系,能够用英语描述物品的位置。

情感目标:

教育学生学会整理好自己的物品,不乱丢东西。在教学过程中,通过丰富多彩的教学活动,充分调动学生学习英语的积极性,努力营造宽松和谐的课堂气氛,培养学生的创新精神和协作精神。

四、教学重点和难点

教学重点:

1. 能掌握并运用介词 in, on, under,behind

2. 能掌握功能句来描述物品的位置:It's in the box. It's on your desk. It's under the chair. It's behind the door.

教学难点:

1.介词 under 和 behind 的读音;

2.能用英语描述具体物品的位置。

五、教学方法:活动教学法、情境教学法、游戏教学法

六、教具准备：课件、单词卡、玩具老虎、书包、文具盒等学习用品

七、教学过程

Step1. Warm-up

T：Good morning, boys and girls.

Ss：Good morning，Ms Lei.

T：How are you？

Ss：I'm fine，thank you.

T：Today，our friend is coming. Look，who is he?（幻灯片呈现大明的图片）

Ss：Daming.

T：Yes. Today is Daming's birthday. Let's sing birthday song for him.

T&Ss：（师生共唱生日快乐歌）

Step2. Presentation

（1）出示包装好的礼品盒，导入新课

T：Look，I bring a present .（教学单词 present）

T：A present for you.（把礼品盒传给一个学生，并示意学生把礼品盒传递给下一个同学，同时操练句子"A present for you." "Thank you!"）

S1：A present for you. S2：Thank you! A present for you. S3：Thank you! A present for you....

（2）（礼物传到老师手中）

T：Let's have a look, what's this?

（把礼品盒包装拆开，露出盒子，指着盒子上的单词"box"教学）

T：This is a box. box

Ss：box

T：o,o,/ɒ/, /ɒ/, box

S1：o,o,/ɒ/, /ɒ/, box

S2：o,o,/ɒ/, /ɒ/, box

S3：o,o,/ɒ/, /ɒ/, box

...

教学 in，on，under，behind 的用法

（1）摇一摇盒子，传出老虎的叫声

T：（做惊恐状）What can you hear?

Ss：Tiger.

T: Let's open the box. wow, it's a—— tiger.(打开盒子把玩具老虎突然拿出来)

T:(拿出老虎吸引学生注意力后再把老虎放回盒子里)Now, Where's the tiger?(引导学生说出"in the box",引出单词 in 并板书)

(教师拿老虎一边放入课桌里,一边说 in the desk,然后拿老虎放进书包内)

T:In the desk. Can you say in ...?

S1:In the bag.

S2:In the classroom.　S3 ...

(2)(教师把老虎放在课桌上)

T:Where's the tiger? It's on the desk.(板书 It's, on,并领读。)

(教师拿着老虎放在书上、课桌上、盒子上等不同的位置,练习 on 的用法:It's on the book. It's on the desk.)

(3)(同样的方法,学习 under 的用法。It's under the chair.)

(4)(同样的方法,学习 behind 的用法。It's behind the door.)

3. Can you chant?

In, in, in the box, it's in the box.

On, on, on the desk, it's on the desk.

Under, under, under the chair, it's under the chair.

Behind, behind, behind the door, it's behind the door.

Step3. Practice

(1)"I say, you do"

(每个大组选两个代表参加游戏竞赛"I say, you do":一个同学发出指令,另一个同学根据指令来放玩具,完成得好并且用时少的组获胜。)

Step4. Text－teaching

T:Look,today is Daming's birthday. Listen to the tape and answer the question:What present will Daming get?(放课文 flash 动画)

T:Who can answer?(根据课文内容回答问题)

S1:A cake. S2:A cake. S3:A cake ...

T:Listen to the tape again and answer this question:where is the present?(再放课文动画)

T:Who can answer? Where is the present?

S1:It's in the bedroom.

T：Good job! It's in the bedroom. Look，this is a bedroom.（课件出示卧室的图片，教学 bedroom：bed—room，bedroom）

Ss：bed—room，bedroom

T：Now，listen，point and say.（再次听录音，跟读课文）

T：Now read the text by yourselves. Now，work in groups.

Ss：（学生分角色读课文）

T：Now，it's your time to show.（学生展示课文朗读）

Step5. Consolidation：Group work（教师给每组学生准备一张大图片及几张小图片。）

T：Look ，this is a beautiful bedroom，and some things ，you can put this things in the right order.

Ss：（在音乐声中全班同学以小组为单位合作粘贴画）

T：Which group can show us and introduce your picture?

S1：The apple is on the desk.

S2：The bag is under the desk.

S3：The cap is behind the door ...

Step6. Homework ：Draw a picture of your bedroom. Use "in ，on ，under，behind"to introduce your bedroom to your friends .（画一张你卧室的图片并用"in ，on ，under，behind"向你的朋友介绍一下你的卧室。）

T：Goodbye, class.

Ss：Goodbye, Ms Lei.

附：板书设计

It's on your desk.

in the box.

It's on your desk.

under the chair.

behind the door.

【教学反思】

本课以游戏和丰富多样的活动引导学生进行学习，使学生在课堂上保持浓厚的学习兴趣，进而让他们积极主动地参与到学习过程中来。我采用了多种的教学方法实现了孩子们学习过程中的对话与协作，展示和分享学习成果。但在方位词的学习中，个别学生对 behind 和 under 这两个难点单词的音形义没有很好地掌握,所以描述物品的方位时表达得不是很理想。不过由于课文是在有趣的故事中进行学习,所以整堂课孩子们的学习热情很高。

(此课例获黎塘镇第二届"教师发展论坛"赛课一等奖。指导老师:吴伟,陆筱稀,游紫英)

《London is a big city.》课堂教学实录

(外研版三年级起始第四册)

宾阳县黎塘实验小学　张丽焕

知识目标:

1.能听说读新单词:ship　city　beautiful　whose　close　queen

2.能运用 This is ....　It's ....and/but ...来简单描述物体

能力目标:培养学生认真观察事物及发散思维的能力

教学重难点:形容词在句子 It's ...and/but ....中的灵活运用。

教具准备:PPT 课件、单词卡片、CD text

Step 1:Warm-up and Review

1.Greeting.

T:Good morning, boys and girls.

Ss:Good morning, Ms Zhang.

T:What's the weather like today?

Ss:It's sunny.

T:Yes, it's sunny. I'm happy today. Are you happy?

Ss:Yes.

2. Play a game to review the adjectives.

T:Let's play a game , Ok ?　Ss:Ok!

T:The game names"唱反调".Are you ready?

T:big

Ss:small

tall— short long—short　thin—fat　sad—happy

big, big, big—small, small, small　　long, long, long,—short, short,

short …（老师边说边做相应的夸张的动作,学生做相反的动作。）

　　Step 2:Learn new words and some sentences.

　　1.学习单词 ship。

　　a. Look at the picture to learn "ship" and practice textbook activity

　　T:（课件出示被遮挡的大部分的轮船图片）,What's this？Guess.

　　Ss：....

　　T:（移开遮挡物）It's a ship.（用单词卡教读 ship,看手势用低、中、高音练读单词,单独让学生读单词）

　　T:Yes,it's a ship, this ship is very big.（用"大"的手势引导学生一起说）

　　b. 以同样的方式出示一艘小轮船。

　　T:Look at this ship ,it's very small.

　　学习课文活动一的句子。

　　T:（课件出示大小轮船一起的图片和句子）So we can say "This ship is very big, but that one is very small."

　　Ss. （Read the sentence together.）

　　T:（课件出示高矮熊猫的图片）Look at these pandas. This panda is …

　　Ss：This panda is tall, but that one is tall.

　　3. Use pictures to learn some new words（queen, beautiful, close, whose） and preliminary practice some sentences （Is it your house? No, it isn't. / Whose house is it? It's the Queen's house.）

　　a. 学习单词 queen, beautiful.

　　（课件出示一张漂亮女王的图片）

　　T：Look, Who is she ?

　　Ss：...

　　T:She's a queen.（ 单词卡教读 queen, 以 one by one 的方式操练单词。）

　　T:（ 指着课件图片）This is a queen. She's very …

　　Ss:漂亮/ 美

　　T：Yes , She's very beautiful.（ 单词卡教读 beautiful,大小声、指读方式操练单词）

　　b.学习单词 close, whose

　　（课件出示一栋漂亮的近海的房子）

　　T:Waa ,what's this ?

Ss:House./ It's a house.（老师用"大"的手势和 beautiful 单词卡引导学生说 It's a big house./ It's a beautiful house.）

T:Yes , it's a house. It's very big and very beautiful.（指着大海）And it's close to the sea.（让学生明白 close 的意思，并学习、操练单词 close）

T:（指课件房子图片,）The house is very beautiful and close to the sea, Do you know whose house is it ?（老师走到学生中间去用句子 Is it your house? 问几个学生）

T:Is it your house ?（学生听不懂,翻译中文）

S1:No，it isn't.（引导学生完整地回答问题）

T:Is it your house ?

S2 /S3/ S4:No, it isn't.

T:（问全班同学）Is it your house ?

Ss:No, it isn't.

T:（举着 whose 单词卡）Whose house is it?（学习单词 whose,用大小声、指读操练单词。）

T:（指着课件中的房子）Whose house is it?

Ss:I don't know.

（课件出示女王的照片）

T:Oh, it's the Queen's house.   Read it together.

（师生一起读句子:Whose house is it? It's the Queen's house.）

4. Play a guess game to consolidate the words.

T:（指着贴在白板上的单词）Ok, boys and girls ,do you remember this words，read them loudly.

Ss：...（大声读老师指的单词）

T:You are great! Let's play a small game, Ok? ... Look at my mouth and guess which word I have said ...

5. Talk about travel city "Beijing，Nanning，London."

a.学习单词 city.

T:Boys and girls, you are very clever. Do you like travel?

Ss：Yes.

T:I like travel too. There are lots of beautiful travel cities.

（课件出示北京城市图片）Look，What city is it?

Ss：Beijing.

T：Yes ，This is Beijing. Beijing is a big city.(用手势引导学生说 big,出示 city 的单词卡,学习单词,分组操练单词,全班一起看图读句子：Beijing is a big city.)

b.(以同样的方式说城市 Nanning ,引导学生说句子)

S1：Nanning is a big city.

S2：Nanning is a beautiful city.

c.(看伦敦城市图片)

T：Look ，Do you know what city is it?

Ss：London.

T：Oh，you knew London. Yes，this is London.(教读几遍 London)London is the capital of England.　Today let's go to visit London，ok?

Ss：Ok！(师生一起观看伦敦城市的视频)

6.Watch the video about London. Feel and elicit the topic "London is a big city."

T：(学生还沉浸在伦敦的美景中）Waa … Is London big ？/ Is London beautiful?

Ss：Yes，it is.

T：(课件出现句子 London is a big city.) Yes，London is a big city.(教读句子,指几个学生读句子,把句子板书在白板上。)

Step 3：Learn the text.

1.Watch the text video about Picture 1 and Picture 2 ，then talk about Picture 1 and 2.

T：Just now we have talked about London. Two girls are talking about London，too. Who are they?（ 观看课文动画,看图一、二的动画。）

T：(指着动画画面中的 Lingling and Amy 问)Who are they?

Ss：They are Lingling and Amy.

T：(指着课文动画中的书问)What is this?

Ss：It is a book.(引导学生说句子 It is a book about London.教读句子,用 about 来说句子)

T：(老师拿着英语、语文书问全体和几个学生)What's this?

Ss/ S1：It's a book about …

2.Watch the text video about Picture 3 to Picture 6, answer question: What places are they talking about?

T: Yes, Lingling and Amy are reading a book about London. What places are they talking about? (接着看余下的课文动画)

（观看完课文动画，请学生说课文中 Amy and Lingling 谈到的地方，然后课件出现答案 Buckingham Palace 和 Amy's house 的图片，重点教读 Buckingham Palace）

3.Watch the video about Buckingham Palace，Practice sentence: This is … It's …and …

T: (指着课件图片) They're talking about Buckingham Palace and Amy's house. Do you want to visit Buckingham　Palace ?

Ss: Yes …

T: Good，Let's visit Buckingham Palace .(观看 Buckingham Palace 视频)

T: (学生完全被视频中白金汉宫的美丽豪华给震撼了) Waa… How do you feel about Buckingham Palace ? / Is it very big? / Is it very beautiful? …

Ss: Very big/ beautiful /old .It's very big/beautiful …

T: (课件出现白金汉宫的图片和句子: This is Buckingham Palace. It's very …and very …) Yes. This is Buckingham Palace. It's …and …

（请举手的学生说句子并和全班同学评价学生说的句子，对说得好的学生给予贴贴画作为奖励）

T: Now let's read the sentence loudly together.

（学生一边说，老师一边板书句子，并把白金汉宫的图片贴在句子 This is… 的后面。）

4.Talk about Amy's house. Practice sentence: This is … It's …but …

T: Buckingham Palace is very big and very beautiful. What about Amy's house ? （课件出现 Amy's house 图片和句子 This is Amy's house. It's v … but v …）

（用说练 Buckingham Palace 句型相同的方式说练 Amy's house.板书句子）

5. Listen, repeat the text.

（师指着白板上的图片和句子和学生一起说）We knew London is a big city. Buckingham Palace is very big and very beautiful. Amy's house is small, but it's very beautiful too. Now today we'll learn Module 2 Unit 1 . Please open your book and turn to page 8. Listen, repeat the text.

Ss:(Read after the text recording.)

6. Act out the text.(男女分角色比赛朗读课文,老师评价)

T:Boys and girls, you're wonderful. I think the boys are good, but the girls are better. Come on Boys!

Step 4:Practice.

1.Describe some pictures of the textbook.

T:(课件出现课本 Practice 4 的几幅图片,逐一指着让学生用句子 This is ...It's ...来描述)Now look at this pictures, this is ... It's ...

2.Talk PPT pictures with partners.

(课件上出现六张图片,让学生先和搭档用句型 This is ... It's ...来描述练习,然后请志愿者上讲台上去指着相应的图片说,及时评价所说的句子,并给予贴贴画进行奖励。)

3.Describe more pictures immediately.(请志愿者上来从老师准备的图片中抽取一张,并马上描述,及时评价学生所说的句子并大力表扬学生。)

Step 5:Summary.

T:Ok,boys and girls, you have made a good job today. Look at the white board, we have learned six new words can you read them ... And we knew London is ...(指着板书的句子让学生一起说。)

T:Do you like London? Ss:Yes, we do.

T:I like London too. One day, I will visit London, will you?

Ss:Yes, we will.

T:Good. That's all for today, here is the homework for you.

Goodbye boys and girls.

Ss:Goodbye, Ms Zhang.

Homework.

1. Listen and read the dialogue two times.

2. Introduce London, Buckingham Palace, Amy's house to your parents.

Module 2 Unit 1 London is a big city.

This is (Buckingham Palace 图片、Amy's house 图片).

It's very big and very beautiful.

It's very small. But it's very beautiful too.

【教学反思】

本课授课对象是四年级学生,他们活泼好动,有着丰富的想象力和好奇心,对游戏、动画、音像视频等特别感兴趣。因为有一定的英语基础,所以他们的表现欲很强。他们对外面的世界充满好奇心,教学中我使用了伦敦和白金汉宫两个视频材料吸引学生的注意力,从视觉上让学生真切地感受了伦敦城的大,白金汉宫的大和美,震撼人心的画面让学生忍不住要用所学的形容词来描述所见所感,从而提高了英语学习的效率和效果。

我认为这节课上得好的地方主要有三点:一是巧妙简洁地运用和课文内容相关的几张图片,把本节课要求掌握的新单词和一些句型在学习课文之前进行了学习和渗透,为接下来的环节做好铺垫。二是,成功运用了伦敦和白金汉宫两个视频材料,从视觉上让学生真切地感受了伦敦城的大,白金汉宫的大和美,震撼人心的画面让学生忍不住要用所学的形容词来描述所见所感,成功突破了课文的重难点。三是恰当地处理了文本,先让学生看课文前两幅图的动画,重点让学生理解 It's a book about …接下来主要是围绕课文的主要句型 This is ….It's ….and/but …来进行练说。教案的设计由浅入深,由点到面,由课内拓展说到课外,达到了预期的效果。

但是这节课也存在以下问题:

1.在学习 Buckingham Palace 这个专有名词的时候,学生不容易掌握单词读音,影响了口语运用。

2.对接受能力较弱的学生创设更多的机会,应设计一些难度较小的问题。

3.提高教师本人的教学基本功,让英语说得优美动听。

(此课例获 2015 年黎塘镇中心学校第四届"教师发展论坛"英语科课堂教学比赛中一等奖。指导老师:吴伟,李艳军)

《Will you take your kite?》课堂教学实录

宾阳县黎塘镇第五完全小学 陈晓霞

一、Warming-up

1.T:Class begins. Good morning, boys and girls.

S:Good morning, teacher.

2.T:How are you?(提问个别学生)

S:I'm fine, thank you.

3.Sing a song:OK, now let's sing a song" London bridge is falling down."

二、Leading-in:创设情境

T:What day is it today?

S:It's Friday .

T:I have a good idea. We are going to have a picnic on Saturday ... What will you take ? Will you take your kite? ——出示标题,板书"Will you take your kite?"

三、Presentation

创设情境学习新单词以及重点句型。

1.picnic :We are going to have a picnic on Saturday .(1)出示野餐图片,利用升降调、高低音、拼写单词教读单词。提问"Who can try?"并抽查 2 到 3 位学生。(2)出示 have a picnic、we are going to have a picnic on Saturday .

2.T:" We are going to have a picnic" is the same as "we will have a picnic."

3.出示风筝图片:T:What's this? S:It's a kite . T:Fly a kite .教读 fly(升降调、动作、拼读 、开火车)

拼读并板书 fly。T:let's write it together. F—l—y—fly.

4. great(T:We are going to have a picnic. We feel very happy .we can say "great".)教读"great"(升降调、拼读、男女读)

5.T:On Saturday , we are going to have a picnic. What will you take? 教读"take"(升降调、空中旋写);利用小手枪——little gun 游戏 :T:OK,now let' s play a game-little gun. For example(示范给学生看)

6.T:What will you take ? Will you take your kite?（出示句子并板书以及其肯定与否定回答。）

7.教读句子并以问答形式巩固。

8.出示不同图片巩固句型"will you ..."T:OK，look at the screen.

9. Why not(T:We are going to have a picnic .Will you take your kite tomorrow ? S:...)

T：Why not？（教读 Why not、why）.

10.because（T：Because tomorrow is Friday .）

11. so（T：So I will take …）

12.Consolidation：以较快的速度比一比谁记得快又准。T：OK，look at these cards. Who can read it quickly？ Are you ready？ One ，two, go …

学习课文

1.T：We are going to have a picnic on Saturday.What will Amy's family do on Saturday ？ Ok，now please open your book and turn to page 20.Part 2.

2.T：First ，watch the video and find "will you …?"

Watch the video again and answer the questions.

3.Listen to the tape and follow it.

4.Act the dialogue. T：OK，who can act the dialogue ？ Who want to be Amy？ （评价语：You are very good. Thank you .）

四、Consolidation

小组活动（Do a survey）

1.教师找学生示范说明。

2.T：Make a dialogue with your partner,I will give you 2 minutes.

3.请学生展示。T：Who can try？

4.对学生展示成果进行评价

五、Homework

【教学反思】本节教学设计是外研版三年级起点四年级下册 Module 4 Unit 1 Will you take your kite？ 以 picnic 为话题,通过询问别人将要带什么东西使学生了解有关将来时的用法及回答。主要学习 Will 引导的第一、二人称的将来时态,通过相互交流、合作,制订计划。

本节课较好的就是在导入和操练重点句型的过程中,通过运用动画以及生动形象的卡片组织教学,不仅激发了学生的学习兴趣,而且为操练重点句型搭建了平台。情景贯穿始终,情景教学法让学生置身于真实语境中学习真实的语言,充分发挥他们的主体作用。本节课,我始终以情景性原则贯穿始终。开始创设周六打算去野餐的情境,学生轻松学习理解了新单词 picnic,take,又通过"猜猜我要带什么"渗透了新句型"will you take...",为新授课做好了准备。综合拓展部分,利用了交互式电子白板辅助学生巩固所学知识,不但方式新颖,激起了学生的学习兴趣,而且让学生在学习中动起来,参与到实践中来,培养了学生自主学习、合作学习的能力。当然,在本次授课中也存在很多问题。本节课有的环节指令也不够简练清晰。在学习课文的时候设置三个问题,让学生读课文找答案,部分学生还是很茫然。时间控制得不够理想,导致整个上课过程有点紧。

希望在以后的教学设计中能打开思路,主次处理得当。同时,我还需要苦练基本功,不断学习,让自己能真正掌控住课堂。

(此课例获黎塘镇中心学校第四届"教师发展论坛"赛课一等奖。指导老师:游紫英,陈坚芳,韦暄)

《Do you often play with dolls?》课堂教学实录

(新标准英语第七册 Module8 Unit1)

宾阳县黎塘实验小学 韦秋菊

知识目标:

1.能听、说、读、写单词 often 和 clean.

2.学会使用句子:Do you often ... ?

技能目标:谈论行为习惯和喜好。

情感态度:通过多种形式的教学活动,激发学生学习英语的兴趣,用"Do you often ... ?"询问别人的日常行为和习惯。引导他们积极参与小组活动。

教学重点:准确理解对话中 often 的含义。

教学难点:用 Do you often ...? 句型询问经常性的行为。

教学准备:卡片、课件。

教学程序:

T:How are you, boys and girls ?

S:I'm fine ,thank you ,and you ?

T:I'm fine ,too . And I feel happy today . Do you feel happy ?

S:Yes, I do .

T:OK ! Let's sing a song together .

S:Sing a song :I can speak English .

T：Boys and girls ，do you like singing songs ?

S：Yes!

T：Me too . And I often sing songs . Show the new word "often".

T：often often often

S：often often often

T：Boys ：" often often often"

T：Girls ："often often often"

T：Who can read? Have a try !

S：often.

....

T：Very good ! Big hands ! Boys and girls , I often sing songs . Do you often sing song?

S：Yes，I do .

S：No，I don't .

T：And you ? Do you?

S：Yes，I do .

S：No，I don't .

T：Ask and answer with your deskmate." Do you often sing song?"

T：Wich deskmate want to show the dialogue：Do you often sing songs?

S：Do you often sing songs?

S：Yes ，I do .

S：Do you often sing songs?

S：No ，I don't .

T：Boys and girls , now please look at this picture(出示本课学习内容的短语图文课件)：play with dolls

T：Boys and girls , what are they?

S：They are dolls .

T：Yes，they are dolls ，who can read?

S：dolls，play with dolls

....

T：Do you often play with dolls?

S：Yes ，I do . / No ，I don't .

T：Any else answer?

S：Not really .

T：Yes，we can answer"Not　really ."

T：Answer together ；Do you often play with dolls?

S：Not really.

T：One by one.

S：Not really.

....

T：Do you often play with dolls?

S：Not really .

S：Yes ，I do .

S： No ，I don't .

T：Boys ask and girls answer .

Boys：Do you often play with dolls?

Girls：Yes，I do .

Boys：Do you often play with dolls?

Girls：No，I don't .

Boys：Do you often play with dolls?

Girls：Not really .

T：Great，Great boys and girls! Now let's look at another picture（出示本课学习内容的短语图文课件）：clean your room

T：Do you know "clean"? Who can read?

S：clean.

T：You are right! clean，clean clean clean

S：clean clean clean clean

T：The phrase clean your room，who can read?

S：clean your room.

....

T：Group，one，two，three

T：Do you often clean your room?

clean your room clean your room

....

T:Boys and girls，do you often clean your room?

S：Yes，I do.

S：No，I don't.

S：Not really.

T：Any else answer? （出示新的答句）"Not very often." 操练句型和让学生运用新的答句回答。

T：Now let's have a chant.

S：Chant：Hello , hello ，Amy.

Do you often play with dolls ?

Yes，I do./No，I don't.

Not not not really.

....

T：Boys and girls，if I ask you：Do you often ...? （ sing songs/play with dolls/clean your room ... ） You can answer：(Yes，I do./ No，I don't./Not really./Not very often.) Let's ask and answer.

Boy：Do you often sing songs?

Girl：Yes，I do.

Boy：Do you often play with dolls?

Girl：Not really.

Boy：Do you often clean your room?

Girl：Not very often .

T：Boys and girls，you are very great！Let's look at some phrases.（课件出示学过的常用动词短语）

watch films , eat fast food , read stories，play computer games , speak English ...

T：Ask and answer in group：（换词组训练本课重点句型）Do you often ...? 回答用（Yes，I do./No，I don't./Not really./Not very often.)

T：Now it's time to play and show：Pass the ring flower，and the flower stop in the group，the group will show.

S：Do you often ...?

S：No, I don't.

S：Do you often ...?

S：Not very often.

....

T：Boys and girls, just now, we talk about we often do, Amy and Lingling is our friends, do you want to know what do they often do? Let' watch and listen.

S：Watch and listen.

T：Boys and girls, read after the tape.

S：Read after the tape.

T：Have you got any questions about the text?

S：I don't know "I'd love to".

S：stopped

S：camara

S：....

T：Boys and girls, who can help them?

S：Let me try .I know "camara", look ,this is a camara.(Make the action)

S：I know "stopped", please follow me, stop, stop stop!

S：....

T：Boys and girls, can you read the text by yourself? Have a try .

S：Read the text by self .

T：Answer the question of the text. Who want to try?

S：....

T：Boys and girls, now let's act out the dialogue. I'm Lingling, you are Amy, OK?

S：Act out the dialogue.

T：Boys and girls, now let's see today we learnt.

S：Do you often ...? And we can answer：Yes, I do./ No ,I don't. Not really./ Not very often.

T：Today's homework：Make a dialogue with your friends.

A：Hello, Do you often?

B：....

T：That's all for today, good bye, boys and girls!

板书设计：

Module 8

Unit 1 Do you often play with dolls?

Do you often play with dolls?

Yes，I do./ No，I don't.

Not really./Not very often.

【教学反思】

本课教学的重点是一般现在时时态的疑问句形式和相应的回答方式，以及运用频率副词 often，really 等来回答这些问题。

本课的教学内容与我们的日常生活比较贴近，主要是谈论学生的日常活动，运用"Do you often..."句型进行一般现在时态的一般疑问句问答练习，以及相应的肯定和否定的回答方式进行问答练习来谈论学生的日常生活。Warm-up 环节"Let's sing a song：I can speak English"让学生的学习情绪高涨，既活跃了课堂学习的气氛，又自然、顺利地引入新内容的学习。紧接着引出"Do you often..."句型。利用课件学习本课新单词 often，理解单词的确切含义，并通过句型的操练引导学生复习一般现在时一般疑问句的回答，Yes，I do./ No，I don't.在操练本课主要句型的过程中自然而然地引入本节课重点句型的新回答：Not really./Not very often.教学环节层层递进，学生易于接受，操练效果明显。

通过本课的教学，我认为在今后的教学中，我在以下方面需要提高和完善。1.教师的口语和课堂用语要规范化，指令要简洁明了，让每个教学环节的活动更紧凑有效。2.要更加认真地研读教材，更加广泛地运用课程资源，使课堂更加生活化，更加生动有趣。3.课堂上要真正解放学生的头脑和口，教师不要总想牵着学生走或暗示学生跟着老师的教学程序走，有些环节可大胆放手让学生去设计和自主合作完成学习内容。

（此课例获 2015 年黎塘镇中心学校第四届"教师发展论坛"英语科课堂教学比赛二等奖。指导老师：雷梅兰，韦燕燕）

2.教学设计

《泉水》教学设计

宾阳县黎塘镇启明小学　覃周敏

教学目标：

知识与技能

1.正确、流利、有感情地朗读课文,积累好词佳句。

2.认识泉水"多、清、甜、美"的特点,体会泉水一路奉献的精神和奉献的幸福感。

过程与方法

利用课文插图及多媒体课件,借助想象,反复朗读,在读中感悟、理解。

情感、态度与价值观

通过朗读感悟,使学生有像清泉一样无私奉献、帮助别人的渴望。

教学重点：

正确、流利、有感情地朗读课文。认识泉水"多、清、甜、美"的特点。

教学难点：

品析词句,感悟泉水的无私奉献的精神。

教学准备：

PPT

教学过程：

一、情境渲染,激趣导入

师:同学们,你们见过泉水吗?

生：见过。

师：我们来欣赏一组图片。（播放课件）

生欣赏图片。

师：大家看得很认真，都陶醉在这美丽的画卷里了，此时你最想说什么？

生1：我看见水很清。

生2：水很多。

生3：很美。

师：你除了看见美丽的泉水，还听见了什么呀？

生：我听到了水的声音很美妙。

师：叮咚的泉水多么美妙呀！泉水从哪里来的？这节课我们继续学习第五课。（板书课题）请同学们大声地把课题读出来。

生齐读课题。

二、复习生字，巩固字词

师：我们首先来复习生字新词。（课件出示词语）我们来开火车读，看哪列火车开得又快又流畅。

生开火车读。

师：这列火车开得又快又流畅，我们用掌声表扬他们！

师：全班齐读。

师：同学们读得又准确又大声，我们表扬一下自己。

三、整体感知，体会特点

师：通过上节课的学习，我们知道泉水从_____流到_____，那么，从石缝到大海的中间，泉水经过了哪些地方？请同学们带着这个问题听课文朗读。

生看视频。

师：同学们听得很认真，谁来说说？

生：水池 平地 果园 山谷（板书）

四、品读课文，读中感悟

1.师：泉水首先流进哪里？

生：山腰的水池。

师:文中哪个自然段描写这个内容呢?

生:第二自然段。

2.师:老师想请一个同学朗读第二自然段,(出示课件)其他同学边听边思考:哪个句子体现出泉水多的特点?

生:"来吧,来吧! 我的水很多很多,山上有一座天然水塔。"

师:你真会学习,这么快就找到了这句话。水的特点用一个字来概括是——

生:多。(板书:多)

师:谁来读读这句话?

生1读。

生2读。

师:我听了感觉到水很多,谁还能读出更多的水?

生3读。(读出了"很多很多")

师:我发现你会抓住"很多很多"这个词读出泉水多的特点,你很会学习。

3.区别"很多"和"很多很多"

师:我们看大屏幕,一起读这两句话。(课件出示句子:我的水很多很多,山上有一座天然水塔。我的水很多,山上有一座天然水塔。)

生齐读。

师:你发现了什么?

生:第一句有两个"很多",第二个句子只有一个"很多"。

师追问:"很多很多"和"很多"有什么区别?

生:"很多很多"比"很多"还要多得多。

师:你理解得很好! 我们一起通过朗读来体会。

4.用"很_____很_____"练习说话

师:你们能用这个词组说一句话吗?(出示课件:用"很_____很_____"说一句话)

生:我的玩具很多很多。(西瓜很甜很甜)(学校里的花很美很美)

师:你们真会运用词语。还可以用"很_____很_____"来形容我们班的某个同学的优点吗?

生:小红的学习很好很好。

师:看来她是个学霸。

…………

师:同学们,懂得欣赏别人就是很大很大的优点。带着这样的情感我们一起来读读这句话。(课件出示句子:我的水很多很多,山上有一座天然水塔。)

生读。

师:听了大家的朗读,我眼前仿佛出现了一座天然水塔,那么,泉水说的"天然水塔"指的是什么呀?我们来看大屏幕,(课件出示人工修建的水塔和天然水塔)哪一幅是天然水塔?

生:右边的那幅。

师:天然水塔里的水怎么样?

生:很多很多。

师:是啊,天然水塔里的水源源不断地涌出,用也用不完,而人工水塔的水会这样吗?

生:不会

师:那这样的泉水会说什么呢?(课件出示)

生1读。

师:听你的朗读好像很不情愿把水给姐姐哦。谁能大方地说一遍?

生2读。

师:我感受到了你的热情。你能像他这么读吗?

生1再读。

师:有进步,表扬他!我们配上动作,像他们一样读读吧。

生表演齐读。

5.引读,感受泉水无私奉献的精神

师:同学们那么好学,我们来分角色扮演朗读这一段,好吗?老师扮演山里的姐姐,你们扮演泉水。(出示课件)泉水流进山腰的水池,山里的姐姐提着瓦罐来打水,泉水大方地说——

生:来吧,来吧!……

师:我感受到你的热情好客了,谢谢你们,小泉水!

师:山里的姐姐笑眯眯地提着瓦罐来打水回家做饭,泉水热情地说——

生:来吧,来吧!……

师:山里的姐姐还想打更多的水回去酿更多更多的美酒,泉水快快乐乐地说——

生:来吧,来吧!……

师:谢谢你们,小泉水,帮助别人你心里感到怎么样?(生:开心;高兴;快乐……)

6.小结:是啊,给予永远是快乐的! 泉水有着一颗乐于助人、乐于奉献的心。

五、运用学法,自主学习

1.总结学法

师:刚才我们学习第二自然段时,首先读通课文,其次抓住重点词理解,再想象说话,最后通过表演读来理解泉水的特点。这是一种有效的学习方法。下面大家继续用这种方法来学习 3~5 自然段。

2.自主学习

3.汇报

师:谁先来汇报?

生 1:我来汇报第三自然段,(出示课件)我明白了泉水很清很清。

师:这是水的特点,你不仅学会了,还会学了呢。(板书:清)谁来读读这段话?

生 2 读。

师:从你的语言中老师感觉到水很清了。谁能读得更清一些?

生 3 读。

师:泉水真清啊,火红的杜鹃花都能照见自己美丽的身影了。泉水还有什么特点? 继续汇报。

生 1:我知道泉水很甜很甜。(板书:甜)

师:你来给大家读读这一段吧。

生 2:我知道果树喝了泉水会结出更大更甜的果子。

师:这么大的果园里都有哪些果树呀?

生:梨树、苹果树……

师:梨树喝了泉水会——

生:结出又大又香的梨。

师:苹果树喝了泉水会——

生:结出又大又红的苹果。

师:这应该感谢谁呀?

生:泉水。

师:泉水好高兴啊! 老师想请男女同学比赛读读这一段,女同学先来。

女同学读。

师:女同学读得真大方。男同学也来读读吧?

男同学读。

师:男同学也读得很热情。谁还来汇报?

生1:我来汇报第五自然段,我从"很美很美"明白了水的特点是美。(板书:美)

师:你也会抓住重点词来理解课文,太棒了!奖赏你读这一段。

生2:我懂得了泉水为画眉鸟伴奏。

师:静静的山谷里只有画眉鸟在唱歌,她的歌声怎么样?

生:清脆。

师:所以泉水穿过山谷时很乐意为画眉鸟伴奏。谁愿意读这一段。

生3读。

师:好美的泉水呀,你们觉得这是一股怎样的泉水?

生1:乐于助人的泉水。(板书)

生2:快乐。

生3:善良。

师:同学们都理解得很好。泉水这一路走来做了很多好事,这些乐于助人的泉水流到了大家的心里,我们一起读第3~5自然段。

生齐读。

师:你喜欢这些文段吗?(喜欢)这些语言美不美?(美)是那一股股清泉里跃动着一朵朵美丽的语言的浪花。我们通过朗读来体会这些美丽的语言的浪花吧!(出示课件词语:火红的杜鹃花 美丽的身影 明亮的大镜子 静静的山谷 清脆的歌声 大口大口地喝水 尽情地歌唱)

4.学习词语的运用

师:这是作者运用的词语,现在老师给你一个创作的机会,课文中有四处写了"泉水说",你能给它添上一个词语,让它变成闪亮的浪花吗?注意用词不重复。(出示课件)

泉水( )说:"来吧,来吧!我的水很多很多,山上有一座天然水塔。"

泉水( )说:"照吧,照吧!我的水很清很清,像一面明亮的大镜子。"

泉水( )说:"喝吧,喝吧!我的水很甜很甜,喝饱了,你们能结出更大更甜的果子。"

泉水( )说:"唱吧,唱吧!我的琴声很美很美,正好为你清脆的歌声伴奏。"

师:我发现有同学很快就想出来了,谁先来添上合适的词语?

生1:泉水(高兴地)说:"来吧,来吧!我的水很多很多,山上有一座天然水塔。"

师：谁还想到了别的词语？

生2：泉水（快乐地）说："来吧，来吧！我的水很多很多，山上有一座天然水塔。"

师：谁还能添上"闪亮的浪花"？

生3：泉水（热情地）说："来吧，来吧！我的水很多很多，山上有一座天然水塔。"

生4：泉水（大方地）说："来吧，来吧！我的水很多很多，山上有一座天然水塔。"

师：这些词多美啊！如果今后我们写文章或日记时能巧妙地运用，那么我们的文章就更吸引人了。

六、引导想象，拓展延伸

师：叮咚，叮咚，泉水不停地流着，它还会流到哪里？还会看到谁？会说些什么？请同学们拿出快乐写字卡，展开想象的翅膀把你想到的写下来。

（课件出示句子：泉水流到_____，它看见了_____，泉水说："_____"）

生写三分钟。

师：老师看到很多同学写得又快又好，谁来展示？

学生展示作品。

生1：泉水流到江河里，它看见小鱼游来游去，泉水说："游吧，游吧！我的水很凉很凉，你们会更凉快。"

师：你写得真精彩啊，老师相信你将来一定能成为一位优秀的作家。

生2：泉水流到村庄里，它看见村民打水喝，泉水说："喝吧，喝吧！我的水很甜很甜，你们喝了会更健康。"

师：看来你和泉水一样有一颗爱心，所以写得这么美。

七、总结全文，升华主题

通过同学们的发言，老师知道了：同学们都希望自己能成为生活中的泉水，用自己无私的爱心去帮助身边的人，给他们送去温暖和快乐。同学们的想法都很好，但美好的想法要想成为现实，还需要我们行动起来。从今天开始，让我们用行动把这些美好的想法变成现实吧！

板书设计：

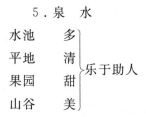

5．泉　水

水池　　多

平地　　清

果园　　甜 〉乐于助人

山谷　　美

【教学反思】

　　《泉水》是一篇很美的课文，无论是文字还是内容，都像一股清泉，潺潺地流淌着，洒下一路爱心。我在教学本课时，强调自读自悟，尊重学生的独特感悟，尽量引导学生在读中感悟，在读中受到情感的熏陶，在读中品味，在读中积累，在读中体会到奉献的快乐感。学生在读和说的语言实践活动中提高了语文素养。

　　一、读中品味，理解感悟

　　本课语言优美，感情真挚，洋溢着对泉水的赞美之情，是一篇学习语言、熏陶情感的好材料。因此，本节课的教学力争做到以读为本，让学生通过各种形式的读，去体味课文的语言美，感受泉水乐于助人、无私奉献的精神。

　　二、自主学习，以学定教

　　教学本课的时候，根据语文教学的特点，先让学生在充分自读课文、熟悉课文的基础上感悟理解课文内容，然后以学定教，因势利导，采用师生合作、自主学习等方式，解决本课的重点和突破难点。

　　三、注重积累，灵活运用

　　本课所描绘的画面很美，课文的语言文字也很美。本节课的教学充分利用教材，让学生通过不同形式的朗读积累课文中的好词，在此基础上还通过用"很_____很_____"说话以及想象写话的练习，引导学生进行了形式多样的语言实践活动，鼓励学生灵活运用课文里的语言，在运用中积累语言，从而使学生体会到运用语言的方法和积累语言的乐趣。

　　这节语文课体现了以学生为主体，以读代教，读中有悟，读中有想的教学理念，既上得扎扎实实，又有新意，让学生学有所乐，学有所得。当然，在这节课中我还是有不足之处，对学生的点评不够及时，语言的激励性还不够，对课堂的把控能力还有待提高。还有不足之处，希望各位领导、老师批评指出，谢谢大家！

　　（此课例获黎塘镇第四届"教师发展论坛"课堂教学评比三等奖。指导教师：唐燕，赵海滨，巫秀莲）

《七律·长征》教学设计

宾阳县黎塘镇中心学校 彭 芳

教学目标：

1.学习红军长征中的英雄气概和革命乐观主义精神。

2.理解关键词的含义及其饱含的感情。

教学重点、难点：

1.高度的艺术概括性和极度夸张的手法。

2.关键字词的含义及其饱含的感情。

3.体会"暖"和"寒"所表达的情感。

学情分析：本节课的授课对象是五年级的学生,他们具有较强的形象思维能力与习惯,并具有强烈的好奇心,易于在形象思维与兴趣方面启发引导;他们已经初步掌握了古诗的学习方法与技巧。但《长征》的内容在时空上具有高度的跳跃性,它距离小学生的现实生活达数十年之久,尽管是五年级的学生,对长征的情况也不甚了解,他们读这首诗时难以感受想象那逝去的艰苦岁月,因此在学习时,学生把握诗中的思想感情有一定的难度。基于以上认识,本人查找了大量的图文资料与影视资源,让学生在假想的长征情境中学习。

教学方法：

教师组织指导,学生进行自主、合作、探究。

课时安排：一课时

教学过程：

一、揭题导入

师:80年前,有一个词,在我们华夏五千年历史中绽放了璀璨的光芒;80年前,有一个词,它记录了我们无数革命先烈惊天动地的英雄事迹;这个词就是——

生:长征。

师:80年前有一个伟人把长征浓缩成一首诗,那就是——

生:《七律·长征》。

师板书课题,生读题。

二、背景介绍

1934年10月，中央主力红军为了摆脱国民党军队的"围剿"，被迫实行战略大转移，退出根据地进行长征。长征途中红军历经了许多磨难，这是一条漫漫长征路，现在再来读读课题你会怎么读？（生读）

过渡：当1935年5月，毛泽东率领中央红军越过岷山，长征即将结束。回顾长征一年来所战胜的无数艰难险阻，他满怀战斗豪情，以极其轻松的笔调写下了这首气壮山河的伟大诗篇。今天我们就好好来读读这首诗，现在请同学们细读两遍诗。出示课件（进行提示）

三、朗读感知，了解内容

1.学生自读两遍。
2.展示读。谁想来展示你的读书风采？

四、资料整合，交流感悟

1.合作探研
出示图片（线路图）。
师：同学们，这就是红军走过的征途，这一路共穿越11个省，翻越了18座大山，跨过了24条长河，总行程约二万五千里，如果老师叫你用一个字来形容长征的历程，你会用哪个字？
生：难（师板书"难"）
师：可是，这首诗只有56个字，毛泽东通过何种艺术手法为我们具体展示了红军长征途中哪几幅威武雄壮的"征难图"？请我们同学四人为一小组讨论讨论。你知道其中的哪一个故事？
生讨论。
师：同学们讨论得很激烈，哪组来汇报讨论结果？
生：翻越五岭、跨过乌蒙山、巧渡金沙江、飞夺泸定桥、翻过岷山。
2.交流、汇报，诵读诗句。
师：有句老话说得好："苦不苦，想想长征二万五；累不累，看看革命老前辈。"那就让我们随同毛主席去感受长征的艰难吧！
腾越五岭图

师:(点击课件,出示五岭山图)同学们,这就是当年红军翻过的五岭山,你看到了什么样的五岭山?

生:连绵不断,群山相连。

生:绵亘蜿蜒。

…………

师:所以主席说五岭逶迤,你能读出这种连绵不断的感觉吗?(指名读,师生共同评价)

过渡:体验了五岭山,让我们再来体验乌蒙山。

疾跨乌蒙山图

师:(点击课件,出示乌蒙山图)你看到了什么样的乌蒙山?

生:雄伟高大,山势险峻。

生:直插云宵。

……

师:怎样读才能表达出乌蒙山的磅礴气势?(指名读,师生共同评价)

师:(点击课件,同时出现两座山的图片)站在这样的山脚下,你会产生什么样的感觉?

生:害怕。

师:假如让你徒步穿越这些山呢?

生:不可能,太可怕了。

师:可红军怕不怕?

生:不怕。

师:从哪些词语中体会出来的?

生:腾细浪,走泥丸。

过渡:同学们,逶迤的五岭山在红军眼里只不过是翻卷着的细小波浪,磅礴的乌蒙山在红军眼里只不过是滚动的小泥球。

师:在这里,毛泽东采用了什么修辞手法?从中你体会到了什么?

生:红军很乐观。(板书:乐观)

生:红军有大无畏精神。(板书:大无畏)

师:(课件出示:五岭逶迤腾细浪,乌蒙磅礴走泥丸)读出这种感觉。(生齐读)

小结:同学们,长征途中,红军翻越了多少座这样的大山?

生:18座。

师:站在一座山的山脚下,咱们都望而生畏,18座山呀!一路长途跋涉是何等的艰难啊！可红军却说(课件出示):红军不怕远征难,万水千山只等闲。

生1读。

师:你是个勇敢的小红军,谁还来读?

生2读。

师:你也是个不怕困难的红军,让我们全体红军一起来表达这种情感吧!

生齐读。

师:体验了山,让我们再来体验水。

巧渡金沙江图

师:(课件出示金沙江图片)请你来介绍眼前的金沙江。

生:两岸悬崖峭壁。

生:两岸的山拔地而起,直插云霄,地势险要。

生:大浪翻滚。

生:水流湍急。

师:过这样的江对于装备简陋的红军来说是何等的艰难!诗人却用了一个"暖"字,有谁知道这里发生过什么故事?(生无人回答,师口述红军巧渡金沙江的故事)红军不费一枪一弹机智地渡过了金沙江,他们心里感到无比的高兴,所以主席用了这个"暖"字。读出这种感觉来(课件出示:金沙水拍云崖暖)(指名读、齐读,师评价)

飞夺泸定桥图

(课件出示铁索桥图片)你看到了一座怎样的桥?桥下的水流又让你的心里充满了什么?(学生看图交流)

师:站在岸边往下看,你心里充满了什么感觉?

生:心惊胆战。

生:一不小心掉到河里就会被湍急的水流冲走。

师:冰冷的铁索,湍急的水流,看上一眼我们都不寒而栗了,再加上对面还有凶狠的敌人用机枪疯狂地扫射着!要渡江谈何容易!想看看当年那激烈的战斗场面吗?(播放飞夺泸定桥精彩视频片段)说出你此时的感受。

生:很悲愤,很伤心,非常难过。

师:读出这种感受。(课件出示:大渡桥横铁索寒)

小结:同学们,同样是渡河却有着两种完全不同的经历,你能通过读表达出两种不同的感受吗?(指名读,评价)

师：同学们，长征途中红军渡过的河哪一条不险？翻过的山哪一座不难？但在红军眼里仍然是（课件出示）：红军不怕远征难，万水千山只等闲。（生齐读）

喜踏岷山雪图

师：（课件出示岷山千里雪图片）同学们，让自己置身于茫茫的雪山之中，翻过千里雪山你敢吗？（生：不敢）那红军翻越这样的山会遇到哪些困难？

生：有被雪埋没的危险。

生：有滑向无底深渊的危险。

…………

师：这些危险对于红军来说是"只等闲"，从哪个词中可以读出来？（学生回答"喜"）

师：请同学们从这句诗中找一找红军遇到了哪些喜？（生交流：翻过这座雪山就迎来了长征的胜利，所以说三军过后尽开颜）此时此刻，你就是胜利队伍中的一名小红军，胜利的曙光就在眼前，你的心情会怎样？（生：兴奋、激动）

师：把这种感觉读出来吧！（课件出示：更喜岷山千里雪，三军过后尽开颜。生齐读）

师：老师听出了你们胜利的欢呼，请把你们坚定的信念、坚强的决心化为这句诗吧！（课件出示：红军不怕远征难，万水千山只等闲。生齐读）

小结：是的，就是有红军这种不怕困难的精神我们才能幸福地在这儿读书，是他们用自己的血肉之躯谱写了这首人类史上无与伦比的史诗！

五、带着情感，诵读全诗

师：请同学们起立，把《七律·长征》印在我们的心里。（课件出示整首诗，生齐诵）

六、升华感情，总结拓展

声声朗诵，饱含着同学们对红军的无限敬意，让我们挥洒手中的笔倾诉你对红军的感激之情吧！

是的，长征先烈们已成了我们记忆长河的永恒群星，今天我们读了这首诗，仿佛看到神峻的山，听到苍凉的水，摸到虚浮的云，触到满天的雪，嗅到战场上的硝烟，长征的精神至今仍是宝贵的财富，最后老师送给你们两句诗：勇攀书山万仞壁，奋击学海千层浪！

板书设计：

25.七律　长征

难　大无畏

乐观主义

（此课例获黎塘镇中心学校第四届"教师发展论坛"赛课一等奖。指导老师：欧兰,韦雨欣,韦汉芳）

《葡萄沟》教学设计

黎塘镇第一完全小学　施　征

教学目标：

1.知识技能:朗读课文,理解课文内容,认识葡萄沟真是个好地方及好在什么地方。

2.技能运用:利用课件进行优化教学,使学生主动、快乐地参与到课堂中来,培养学生听、想、说、写的综合能力;练习有感情地朗读课文,并指导背诵课文第二段的第三句。

3.激发情感:通过阅读、理解课文及正确流利、有感情的朗诵,增强学生对葡萄沟的向往及对祖国大好河山的热爱。

教学重点、难点：

理解为什么说葡萄沟是个好地方。

课前准备:多媒体课件

教学过程:

一、导入

1.播放音乐《咱们新疆好地方》。

师:谁知道这是什么地方的歌曲？ 你们知道新疆在哪里吗？

课件显示中国地图。

同学们请看,这是中国地图,新疆就在我国的西北部,这里有一个美丽的地方叫葡萄沟,出产的葡萄又大又甜。今天,我们就到葡萄沟走一走,看一看,去那里品尝香甜的葡萄。

让我们响亮地把课文题目读一遍吧！（生读）

2.复习生字词

课件出示生字词：

葡萄沟　新疆　吐鲁番　维吾尔族　吃个够　碉堡(指名读再齐读)

3.请同学们翻开书本第 43 页,按朗读要求去读课文,边读边想葡萄沟是个怎样的地方。课文哪句话夸了葡萄沟？ 开始吧——

师:谁来说说课文哪句话夸了葡萄沟？(指名说)(课件出示:葡萄沟真是个好地方。)

4.要求学生拿笔把这句话画下来,再来把这句话读一遍。(生读)

二、授新课

(一)学习第一自然段

1.师:葡萄沟真是个好地方！ 大家想知道它好在哪儿吗？ 那我们赶快到课文中找找吧！ 指名读第一自然段。

2.老师领读第一自然段。

葡萄沟在什么地方？ 出产什么？ 五月有_____,七八月有_____,到了_____,人们_____。

3.读了这段后,你从哪里感受到葡萄沟是个好地方呢？(指名说)

师再问:这些告诉我们什么？

师:这么多的水果,你们喜欢吗？

让我们带着这样的感受再读一读这句话吧！

4.师:品尝了那么多的水果,让我们来夸一夸葡萄沟吧！ ——葡萄沟真是个好地方。

(二)学习第二自然段

1.那么多的水果,人们最喜爱哪种呢？ 人们最喜爱的葡萄种在什么地方呢？自读第二自然段。

师:谁知道葡萄种在哪里吗？

2.(课件出示图片)请同学们认真观察,这些葡萄的枝叶长得怎么样？

师:茂密的枝叶向四面展开,你们觉得它像什么？

课件出示相应的句子,全班齐读句子。

师:这样的凉棚就只有一个吗？ 你从哪里看得出来？

师:一个个的凉棚连成一大片,走在里面,你会有怎样的感觉呢？(指名学生说,并读出自己的感受)

3.葡萄在这么茂密的枝叶下慢慢长大了,到了秋季,葡萄有什么变化?(课件出示成熟的葡萄图)

师:课文哪个词语告诉了我们?(课件出示:"一大串一大串"这个词语)

4.成熟的葡萄又大又多,都有哪些颜色呢? 请同学们从第二自然段中圈出来。

学生圈出表示颜色的词语,教师指名读出来,然后由学生齐读表示颜色的词语。

师:这么多的颜色课文用哪个词语来形容呢?(五光十色)

师:有谁知道描写颜色多的词语还有哪些?

课件出示描写颜色的词语。(五颜六色、万紫千红、五彩缤纷等)

师:那么多表示颜色的词语,课文为什么只用"五光十色"来形容成熟的葡萄呢? 谁知道为什么?

(引导:想想看,成熟的葡萄皮怎么样? 亮,光滑,在阳光的照射下闪闪发光。)

师小结:同学们,其他的词语只表示了颜色多,只有"五光十色"不仅表示颜色多,还表示成熟的葡萄很有光泽。

5.一大串一大串五光十色的葡萄挂在葡萄架下,美极了! 我们赶快来美美地读一读吧!(课件出示句子"到了秋季……美丽极了")

6.指导背诵。

课件出示填空:到了( ),葡萄一大串一大串挂在( )底下,有( )的、( )的、紫的、暗红的、淡绿的,( ),美丽极了。

先指名学生背诵,然后再全班背诵。

7.如果此时你到葡萄沟去做客,维吾尔族的老乡们会怎么做?

(准会摘下最甜的葡萄让你吃个够。)

师:从这里,你觉得那里的老乡怎么样?

师:维吾尔族老乡这么好客,让我们再夸一夸葡萄沟吧!

(三)学习第三自然段

1.葡萄沟的葡萄干是怎么制成的呢? 请同学们在课文中找一找。(请找到的学生读一读)

2.播放视频,了解葡萄干是怎样制成的。

师:谁能用自己的话来说说葡萄干是怎样制成的呢?

师:同学们,利用这种方法制成的葡萄干有什么特点呢?(课件出示葡萄干图片)

3.小结,再夸葡萄沟。

三、总结延伸

同学们,我们的祖国地大物博,除了有葡萄沟这么美的地方,还有许许多多风景优美的好地方。(课件出示风景优美的图片)

四、课后作业

同学们,今天我们学习了《葡萄沟》这篇课文,课后,向你们的爸爸妈妈介绍葡萄沟,让他们和我们一起来感受葡萄沟的美,还可以夸一夸自己的家乡。

板书设计:

水果　　　品种多

葡萄　　　五光十色　　　是个好地方

老乡　　　热情好客

葡萄干　　色鲜味甜

【教学反思】

《葡萄沟》是人教版小学语文二年级下册的一篇课文,本文主要介绍了我国新疆维吾尔自治区吐鲁番的葡萄沟,那里盛产水果,尤其是葡萄又多又好,葡萄干也很有名。本文重点围绕"葡萄沟真是个好地方"展开学习,使学生通过理解语言文字,对那里产生喜爱之情。

在熟读课文的基础上,我让学生自学找到课文的中心句,初步感受葡萄沟是个好地方。在初步感知后,又引导学生思考:为什么葡萄沟是个好地方呢?并让学生充分朗读,感受"好地方"的好。本课围绕总结句"葡萄沟真是个好地方"展开了三个方面的内容:葡萄沟盛产水果;葡萄沟葡萄多,颜色美;老乡热情好客。

本文的教学中我着重抓住重点句子,引导学生充分朗读。如"五月有杏子,七八月有香梨、蜜桃、沙果,到了九十月份,人们最喜爱的葡萄成熟了","茂密的枝叶向四面展开,就像搭起了一个个绿色的凉棚","到了秋季,葡萄一大串一大串挂在绿叶底下,有红的、白的、紫的、暗红的、淡绿的,五光十色,美丽极了","要是这时候你到葡萄沟去,热情好客的维吾尔族的老乡,准会摘下最甜的葡萄让你吃个够"。通过对这些句子的朗读,感受葡萄沟水果之多、景色之美、老乡之好客,从而体会到葡萄沟真是个好地方。

我运用多媒体课件作为本课教学的重要支撑,在课堂上让学生欣赏各种颜色的葡萄图片,体会葡萄的多和美。另外在本文的赏析中,一个重点段的重点词语"五光十色"引起了我的注意。如果把握好的话,学生的情感将被充分调动。"五光十色"除了颜色多,还写出了葡萄很有光泽。通过对词语的学习,孩子们对葡萄的美感受更深了。

本课教学的遗憾之处是:文本解析得不够透彻。在课堂上,老师说得太多,抛给学生的问题太多,以致留给学生自主合作学习的时间少了一点,在以后的教学中,要多留时间给学生充分地朗读重要的句段,激发学生的展示热情。

另外在今后的教学中,要更加注重教学设计的合理性,力求问题设计简洁。让课堂教学思路能够更加清晰明了,问题设计更有层次性和启发性。

(此课例获黎塘镇中心学校第四届"教师发展论坛"赛课二等奖。指导老师:张美华,张省,屈春献)

《跨越百年的美丽》教学设计

宾阳县黎塘镇中心学校　韦燕燕

教学目标:

1.通过对课文的进一步品读,深入体会居里夫人的科学精神和人格魅力,体会"美丽"的深层含义。

2.通过学习课文,使学生从中受到启迪,认识到人生的意义在于探索和奉献,而不是索取和享受。

教学重点、难点:

读懂居里夫人的事迹,从具体的事例、关键的词句中领悟"跨越百年的美丽"就是居里夫人所体现的科学精神。

课时:第二课时

课前准备:

1.教师准备有文字、重点语句的课件。

2.鼓励学生预习课文、熟悉课文。

教学过程:

一、谈话导入新课

师:同学们,我们都知道科学家给我们人类文明带来了巨大的贡献,就比如这几位,他们是谁?(课件出示多名科学家的照片)

生读出名字。

师：今天让我们再次请来一位女科学家。她是谁？（出示居里夫人照片）

生齐读：居里夫人。

师：通过上节课的学习我们知道了居里夫人具有美丽的外表。（板书：外在美）那么这节课就让我们再次深入领悟居里夫人那——（课件出示课题）

生齐读：跨越百年的美丽。

师引读课题。

师：突出美丽读。

生齐读：跨越百年的美丽。

师：突出百年读。

生齐读：跨越百年的美丽。

二、细读课文，寻找美丽

师：同学们，与外表美比起来，我们还知道了居里夫人身上还具有一种更可贵的什么美？

生：内在美。

师：是的。那现在就请同学们快速浏览课文 3 至 6 自然段。找出一句最能集中概括这种可贵的内在美的句子。看看能不能找出来？（课件出示）

生找 3~4 分钟。

（指名说出）

生："玛丽的性格里天生有一种更可贵的东西，她坚定、刚毅、顽强，有远大的、执著的追求。"

师：是的。与外表美比起来，玛丽·居里身上更为可贵的是她的坚定、执著的内在美。（板书：坚定执著）

师：这一句有没有具体写出她的坚定、执著？

生：没有。

师：只是概括地写了一下，那课文的哪一个自然段具体写出了她坚定、执著之美？

（指名说出）

生：第三自然段。

三、品读感悟，体会品格美

（一）学习第三自然段

师：那我们就一起来学习这一部分。现在就请同学们快速默读第三自然段，并找出最能体现居里夫人坚定、刚毅、顽强、执著的句子。试着在旁边简单地写出自己的感受。

预设：

生：从"就像是在海滩上……别人摘叶她问根"这句看出她具有善于发现问题、寻根问底的精神。

师：这个贝壳是指什么？

生：天然放射性。

师：别人认为这个发现——

生：是偶然的。

师：而居里夫人她却——

生：对此提出了新的思考。

师：什么思考？（指名说）

生：其他物质有没有放射性。

师：她还会思考什么？（指名说）

生：镭会不会对人体有危险？

师：也就是说，别人摸瓜她——

生：寻藤。

师：别人摘叶她——

生：问根。

师：那么从居里夫人与别人的（用手势）——

生：对比。

师：从对比中我们体会到了玛丽·居里的（用手势）——

生：坚定、执著。

师：对于玛丽·居里的坚定、执著，谁还有不同的发现？

（指名说）生一边读，师一边放出课件。

生：为了提炼纯净的镭……点点烧痕。

师：你能说说你的理解吗？

生：从"一锅一锅"，"一个废弃的破棚子"体会到了他们做实验的环境很恶劣。

师：体会得真好。还有没有？（指名说）

生："可能"体会到了居里夫人坚定、执著，因为只是可能。居里夫人她不一定能提炼出镭。如果不能提炼出镭那她的实验就白做了。但是她却还要去做。

师：说得真好，加上了自己的理解想象。真聪明。

师：再看看这段文字，谁还有不同的理解？（指名说）

生：从"溶解、沉淀、分析"体会出提炼镭很复杂。

师：还有吗？（指名说）

生："终日"表明不是一小时、两小时而是一整天地做实验。体会到她很辛苦。

师：非常的辛苦。还有不同的发现吗？（指名说）

生：从"点点烧痕"体会出他们的实验充满了危险。

师：很危险。酸碱，如果溅到我们的皮肤上，轻者灼伤，重者可能会导致人死亡。这没有坚定、执著的毅力有没有办法坚持下去？

生回答。

师：再看看还有没有？（指名说）

生：从"烟熏火燎"体会出艰辛。

师：说得真好。同学们你们有没有过"烟熏火燎"的经历？什么时候？

生：烧火的时候……

师：体会很深刻。玛丽·居里在"烟熏火燎"中是一种什么样子？想象一下。

生自由回答。

生：在家烧火的时候可能会被熏得咳嗽。

师引读。

师：在烈日炎炎的夏天，玛丽终日在——

生：烟熏火燎中搅拌着锅里的矿渣。

师：在大雪纷飞的冬天，玛丽还是——

生：终日在烟熏火燎中搅拌着锅里的矿渣。

师：透过这"点点烧痕""烟熏火燎"你看到了一个怎样的居里夫人？（指名说）

生：透过这"点点烧痕""烟熏火燎"我看到了一个坚定、执著的居里夫人。

师：（出示课件，一边指一边引读）我们看到了居里"坚定、刚毅、顽强，有远大的、执著的追求"。

师：眼见为实。让我们来亲眼见证居里夫妇实验的过程吧。（出示实验课件）

师：看到这画面，你看到了一对怎样的居里夫妇？

生：看到了坚定、执著的居里夫妇。

生：看到了一位坚定、刚毅、顽强，有远大的、执著的追求的居里夫妇。

师：同学们，让我们把居里夫妇提炼镭的艰辛记在心头。（读）

生齐读:为了提炼纯净的镭……点点烧痕。

师:玛丽·居里夫妇提炼出了镭吗?

(二)学习第四自然段

生:提炼出了。

师:找到句子。(指名说)

生:经过三年又九个月,他们终于从成吨的矿渣中提炼出了0.1克镭。

师:(课件出示"经过三年又九个月,他们终于从成吨的矿渣中提炼出了0.1克镭"。)这句话运用了什么手法?

生:列数字。

师:据资料显示,玛丽·居里夫妇可是从8吨的矿渣中提炼出0.1克镭。而8吨的矿渣可以填满半间我们的教室,而0.1克,就是圆珠笔笔尖上的那么一小点。我们看从8吨的矿渣中才提炼出这么0.1克镭。从这两个数字中你们体会出了什么?(指名说)

生:体会出了玛丽·居里夫妇的坚定、执著。

生:很艰辛。

师:玛丽·居里夫妇提炼镭是多么的艰辛,让我们读出他们的艰辛。

生齐读:经过三年又九个月,他们终于从成吨的矿渣中提炼出了0.1克镭。

师:此时,你又会怎样读这句话?(指名读)

生充满敬佩地读:她坚定、刚毅、顽强,有远大的、执著的追求。

师:谁能比他读得更坚定、执著?(指名读)

生:她坚定、刚毅、顽强,有远大的、执著的追求。

师:让我们一起读。

生齐读:她坚定、刚毅、顽强,有远大的、执著的追求。

师:在研究镭之后的工作中,居里夫人她变了。她变成什么样子了呢?在课文中找找。(指名说)

生:在工作卓有成效……浑身乏力。

师出示课件"在工作卓有成效……浑身乏力"。

师:找得很准确。我们看"侵蚀"是什么意思?

生:侵入,破坏,腐蚀。

师:是什么在腐蚀着居里夫人的肌体?

生:镭射线。

师:是什么让居里夫人原本美丽的容貌在悄悄地隐退?

生:镭射线。

师:是什么让居里夫人原本健康的身体变得眼花耳鸣、浑身乏力?

生:镭射线。

师:的确如此,镭射线是一把双刃剑,它能为人类做出巨大的贡献。如用来治疗癌症。但它也会腐蚀人类的肌体。居里夫人在长期研究镭的过程中不幸患上了白血病,于1934年7月4日离开了人世。经医生证明,杀死居里夫人的"罪人"就是镭。居里夫人作为一名科学家,一名镭的研究者,她知道不知道镭对人体的危害?

生:知道。

师:她明知道如此,还是——(课件出示:她什么也不管,只是默默地工作)

生齐读:"她什么也不管,只是默默地工作"。

师:她不管什么?(指名说)

生:她不管美丽的容貌在悄悄地隐退。

师:她不管什么?

生:她不管原本健康的身体变得眼花耳鸣、浑身乏力。

师:她管的只是什么?

生:镭的研究。

师:对镭的研究,默默地工作。如此看来,她身上何止是坚定、执著的美。这分明还具有一种——

生:献身科学的精神。

师:对,(板书:献身科学)只是默默地工作。

师:这是平常人难以做到的。她用自己的美丽和健康换来了科学实验的巨大成功,换来了对人类的巨大贡献。她把外在的美丽变成了什么呢?

生读出四个"变成"。

师引读。

师:因为她开创了放射学这门新学科,所以,她从一个漂亮的小姑娘,一个端庄坚毅的女学者,变成——

生:科学教科书里的新名词"放射线"。

师:因为她提炼了镭做出了巨大的贡献,人们后来用她的名字作为放射性强度的单位,所以她变成——

生:物理学的一个新的计量单位"居里"。

师:因为她在科学道路上不断探索,取得了一项项科学成就,所以她变成——

生:一条条科学定律。

师:因为她终身献身科学,所以她又变成了——

生:科学史上一块永远的里程碑。

师:这四项"变成",一项比一项成就要更——

生:更高。

师:那我们朗读的时候应该怎样读?

生:一次比一次强烈。

师:谁能读一读?(指名读)

生读:她从一个漂亮的小姑娘……一块永远的里程碑。

全班齐读:她从一个漂亮的小姑娘……一块永远的里程碑。

师:四项"变成"阐述了居里夫人为人类做出的巨大贡献。

(三)学习第五自然段

师:在居里夫人身上还有一种最震撼人心的美,它表现在哪?(指名说)

生:淡泊名利。

师:找到句子。

生:她本来可以……当玩具。

师出示课件("她本来可以……当玩具。")

师:你能说出你的理解吗?

生:我从视名利如粪土可以看出她淡泊名利。

师:我们来看看玛丽·居里获得了哪些名利?找到句子。

生:她一生共得了10项奖金、16种奖章、107个名誉头衔,特别是获得了两次诺贝尔奖。

师:这一串串数字说明了居里夫人取得的巨大的名利。如果你拥有这些你会怎样?

生:我会……

生:我会……

师:我们来看居里夫人是怎么样的?

生:她将奖金捐赠给科研事业和战争中的法国,而将那些奖章送给6岁的小女儿当玩具。

师:居里夫人还将千辛万苦提炼出来的镭无偿地捐献给了镭实验室,而把英国皇室刚刚颁发给她的金质奖章送给6岁的小女儿当玩具。朋友见了问她,她怎么说的呢?她说我就是想让女儿知道这个荣誉就像是玩具,只能玩玩而已,决不能把它看得太重。她的女儿在居里夫人的影响下,长大后也在科学研究方面取得了巨大的成就。她的一位女儿也获得了诺贝尔奖。我们还看看取得巨大名利的居里夫人是怎么做的?(课件出示句子:她一如既往,埋头工作直到67岁离开人世。)

师:她一如既往地做什么?

生自由说。

师:她还和往常一样做什么?

生自由说。

师:直到67岁离开人世。由此我们可以看出她身上具有淡泊名利的高尚人品。(板书:淡泊名利)所以,连著名科学家都这样评价她。(出示课件"在所有的世界……没有被盛名宠坏的人"。)

生齐读:在所有的世界……没有被盛名宠坏的人。

师:"唯一、没有"可以看出爱因斯坦对玛丽·居里至高无上的评价。让我们也来高度地评价她。

生齐读:在所有的世界……没有被盛名宠坏的人。

四、回观全文,感知美

同学们,学习了这篇课文,你想对居里夫人说些什么?或是你想怎样评价居里夫人?把你的想法写下来。

师放音乐,让学生在音乐中自由畅想。(3到4分钟)

生汇报。

五、回观全文,升华认识

师:我们知道美貌是经不起时间的考验的,再美丽的容貌随着时间的流逝最终也会消失。那么能"跨越百年"的是什么样的美丽呢?

生:内在美。

师:这样的美丽不仅仅能跨越百年,甚至能跨越千年、万年。这是一份怎样的美丽?这是一份永恒的美丽!

师:让我们怀着深深的敬意再次齐读课题——

生齐读。

六、总结全文,树立榜样

师:我想,如果同学们也能学习一些居里夫人的品德力量和热忱,相信以后也一定能为人类做出贡献。

七、板书

跨越百年的美丽

外在美

坚定执着

内在美　献身科学

淡泊名利

【课后反思】

《跨越百年的美丽》讲述了居里夫人提炼放射性元素镭的过程以及她取得的巨大的科学成就和名利,表现了她坚定执著、献身科学、淡泊名利的伟大人格魅力。我在上课时力求通过引导学生理解、体会文章中含意深刻的句子,用有感情的朗读来表达出学生的感悟和体会,进而真正明白"跨越百年的美丽"的深刻内涵。

首先,我从"美丽"表现在哪两方面引入。围绕"玛丽的性格里天生有一种更可贵的东西,她坚定、刚毅、顽强,有远大、执著的追求"这个中心句子,从"为了提炼出纯净的镭……""烟熏火燎""终日""灼伤""经过三年又九个月……""0.1克镭"等这些句子和词语,让学生们说出理解、感受,并有理有据,情真意切。有了一定的感受后我再结合居里夫人的实验现场视频,真正让学生们眼见为实,切身领会居里夫人的坚定执著美。同时我有意识地带领同学们将自己的理解、感受还原到朗读之中。最后落到排比句的诵读上,实现了读中思、读中悟、读中感。

其次,我让学生体会从哪些地方还可以看出她的献身精神和淡泊名利的美。我把时间让给学生,让学生联系文中的词语、句子自己理解,自己感悟,然后说出来大家一起分享。我只在这里做了两个课外补充说明。进一步让学生感动于居里夫人的献身精神和淡泊名利的美。我还设计了一个假设环节,让学生说说如果自己有这么多的金钱、名誉会怎么做。通过拿自己与居里夫人进行比较,更深入体会她的淡泊名利。在这个环节,学生们表现得很踊跃。

最后,通过课文的教学,学生心中已有积蓄。然后我让学生写一写你想对居里夫人说些什么,或是想如何评价她,写出自己的感受。这既是读后的真切的感受,又是敬仰、追随居里夫人的真情流露。学生们也都在这一个环节写了出来并读了出来,说明这节课已经能让他们体会到居里夫人美好的精神所在。也突破了教学重点。

当然,本课的教学也有很多遗憾:1.学生对句子和词语的理解不是很充分,说明教师的引导作用不够。2.课上回答问题的同学不多,大概是六年级学生长大了不太爱发言,老师也没能很好地调动起学生回答的欲望。3.我觉得自己在课堂上还是讲得太多,读得少。不敢完全放手,其实完全可以让学生自由地寻找关于"美丽"的答案。

(此课例获黎塘镇中心学校第一届"教师发展论坛"赛课二等奖。指导老师:张美华,施瑶,唐艳春)

《燕子专列》教学设计

宾阳县黎塘镇中心学校　谢连赞

教学目的:

1.正确、流利、有感情地朗读课文。

2.让学生了解课文内容,受到爱护动物的教育,体会人与动物之间美好的情谊。

教学重点:

教师引导学生把握重点词语的理解,体会人们的爱心,增强保护环境、爱护鸟类的意识。

教学难点:

领会描写恶劣气候与环境的内容与人们奉献爱心的关系,感受这样表达的效果。

教学过程:

一、导入

1.同学们还记得我是谁吗? 同学们的记性可真好。那谁还记得她是谁? 听——"一身乌黑光亮的羽毛,一对俊俏轻快的翅膀,加上剪刀似的尾巴",这说的是谁? 今天我们就学习一篇跟燕子有关的课文,(板书课题)请同学们读课题。

2.读题质疑——你想知道什么?

3.理解"专列"的含义。

二、初读课文

1.带着你的问题自读课文。要求读准字音,读通句子。

2.检查预习情况,读词语。(设计闯关游戏)重点理解词语"长途跋涉、饥寒交迫、濒临死亡",感受词义。例如"长途跋涉"一词,"长途"说明路远,会累。

三、学习课文

1.出示图片并提问:这样的天气你能用什么词语来说一说?(出示词语)

2.此时一群可爱的燕子来到这个地方,这下子可麻烦了,它们都遇到了哪些麻烦? 请同学们读第二自然段找出燕子遇到的麻烦。

1.汇报①疲劳——长途跋涉 ②找不到食物 ③饥寒交迫 濒临死亡(板书:麻烦 燕子)

2.说感受,看到燕子遇到了这样的麻烦,你的心情怎样? 带着自己的感受读句子。

3.提问:①此时燕子们遇到的仅仅是麻烦吗?

②看到它们此时的情况你最想做什么?(救燕子)

③当时的瑞士政府是怎样做的? 请你找到相关的句子读一读。

小结:政府要完成的可都是国家大事,现在能来关心这小小的生灵可真了不起呀!

四、继续学习课文,感悟爱

1.假如你是电视主持人或是电台主播,你会怎样呼吁人们救助燕子呢?(课件出示呼吁要求并展示学生作品)

2.听到呼吁后人们是怎样做的?(板书:人们 救助)

3.找句子、读句子。体会"纷纷"一词。从这个词你体会到了什么?(找燕子、关爱燕子的人多)拓展:都有什么人会去救助燕子?(老人、小孩、年轻人)引读"听到广播后……纷纷走出家门"。

4.居民们是怎样寻找燕子的? 请到书中找一找,并画出来。

5.文中用了哪几个动词?(冒着 顶着 踏着)

6.出示练习"填一填"。从这几个动词中你体会到了什么?(爱,人们对燕子的爱)

7.带着你的体会读句子。

小结:这么冷的天,这么大的风雪,这么危险的路,居民们仍然纷纷走出门救助燕子,那是因为人们_____(板书:爱)燕子。

8.救助的队伍当中有一个小姑娘叫贝蒂,(投影展示图片)这就是贝蒂。①贝蒂她在做什么? ②贝蒂会到哪里去寻找燕子?(山间、岩缝、树林……)

9.一天下来,她的手冻得僵硬,脸冻得通红,但她一点儿也不在乎。贝蒂不在乎什么? 她在乎什么?

10.小结:贝蒂关爱燕子的生命更胜于自己。①你觉得贝蒂是个怎样的孩子? ②你想对她说什么? 请你把你想说的话写下来。

11.燕子在人们的爱心救助下坐上了温暖舒适的列车回到南方。瑞士居民关爱燕子、救助燕子的行为多么令人感动,可是现实生活中却有很多残害动物的现象。

12.拓展

A.展示图片。　　　　B.谈谈你的感受。

五、总结

动物是我们的朋友,我们每一个人都应该爱护鸟类,关爱小动物。让我们一起关爱所有生灵 ,保护美好家园!

【教学反思】

《燕子专列》是人教版三年级下册第二单元"爱护环境"专题中的一篇精读课文。这是一篇和燕子有关的感人故事,它反映了人与动物之间的友好和谐。本课的教学重点在于引导学生通过对课文的整体把握和重点词句的理解,体会贯穿全文的爱心,增强保护环境、爱护鸟类的意识。学习本课时我让学生在自读、自悟、合作学习之中不断增强"人与动物是朋友,应该和谐相处"这一环保意识。

反思整个教学过程,我认为比较满意的是以下几个方面:

一、深入研读文本,走进语言深处。针对三年级教材的特点,着重借助对"长途跋涉""饥寒交迫""濒临死亡""纷纷""冒着"" 顶着"" 踏着""一点不在乎"几个重点词语的理解组织教学。通过多种理解词语方法的渗透,经过多角度、多层次的语文训练,孕育着丰厚的情感、丰富的内涵,实现了语言训练立体化,真正体现了语文教学工具性与人文性的有机结合。

二、营造了宽松、民主、和谐的课堂氛围。让学生不以一个旁观者的角度去了解故事,而能入情入境地体验课文。我想方设法让学生把自己当作救助群众中的一员来呼吁民众、帮助小燕子,设身处地地自主阅读,交流感受。这样,充分调动起了学生学习的兴趣和积极性,使学生融入其中。

三、创设一个个情境使学生融入文中,把孩子们带进文中。在学生理解政府号召居民拯救燕子时,让学生当电台主持人、记者,"动之以情,晓之以理",呼吁居民救助燕子;在感受小贝蒂一心救燕子时,让学生看图说说贝蒂的动作、神情,想象她可能在说些什么。这些情境使学生更快地融入课文中,感受到人和动物间的美好情意,充分理解课文。这些动情的语言把孩子们引入了课文中的世界,在那里,他们激动着,感受着主人公的感受。

四、在整个教学中注重训练学生的读书方法,如做批注、画重点句子、圈重点词。

五、运用多种形式的朗读,让学生在读中不断加深对课文的理解。让每一次读都有目的性,每一次读都有收获,每一次读都能使自己与文章的情感更贴近。例如体会"纷纷"一词时我就让学生反复地去读。

六、整节课围绕"爱"之主题构建课堂,理解层层推进,情感步步升华。

当然教学中也有不足之处,例如在观看了人们残害动物的图片后本应让学生说自己的感受和对这些行为的看法,但由于我的经验不足给疏忽了,这也是我今后教学要注意的地方。

总而言之,教学是一门博大精深的艺术,我还需要潜下心来,认真钻研,细心学习。

(此课例获黎塘镇中心学校第四届"教师发展论坛"赛课一等奖。指导老师:覃丽珍,陈雯,韦婷婷)

《一面五星红旗》教学设计

宾阳县黎塘镇第六完全小学 陈红梅

教学目标:

1.理解课文内容及面包店老板态度的前后变化。

2.体会"我"遇到的困难及困境下所做出的选择。

3.体会"我"对国旗的尊重和热爱,面包店老板对"我"的敬重和理解。

教学重点、难点:

1.本课的教学重点是理解面包店老板态度的变化。

2.从人物的外在动作中读懂人物内心情感的变化。

3."我"对国旗的尊重和热爱,及面包店老板对"我"的敬重和理解。

教学过程:

一、课前

播放歌曲《我仰望红旗》(课件1)

二、导入

师:同学们,歌曲唱的是什么? 你在哪里见过她?

生:……

师:是啊,升旗仪式是多么庄严神圣啊! 在五星红旗的身上发生过许许多多感人的故事,在我们和平的年代里也有把五星红旗看得比自己的生命还要重要的人。今天这节课老师就要带着大家走近一位远在异国他乡的中国留学生,走进他与国旗之间的感人故事,让我们继续学习第26课,请响亮地齐读课题。请将课本打开,翻到第108页,大家快速地浏览课文,找出课文中的哪些自然段有描写五星红旗或者国旗或者旗帜的内容,给自然段前做上记号,看谁找得又快又准。

三、初读课文

1.师:好! 谁来说一说?

生汇报。

师:同学们啊,全文12个自然段,有8个自然段写到了五星红旗,

板书:五星红旗

2.老师想在五星红旗的旁边再写上一个词语,你们猜猜看,老师会写什么词?

生:……

板书:面包。

3.谁能围绕这两个词语,告诉我们,课文讲了一件什么事?(课件2)

生汇报:课文主要讲了一位中国留学生在国外的一次漂流活动中发生事故,在处境极其艰难的情况下,宁愿挨饿,也不愿用国旗交换面包的故事。(边小结边出示课件3)

四、品读课文

1.师:在这个故事中,老板为什么不直接就送个面包给这个留学生啊?

生:老板是个冷漠的人,他讲究的是平等的交易。

师:哦,老板认为用五星红旗去交换面包,是一种平等的交易,那他始终是这么认为的吗?(不)来,我们一起到课文中找找看,一开始的时候老板对于我的求助他的态度是怎样的?

生汇报:(读书课件3)

师:找得真准,大家跟着他一起读一读。

2.请告诉老师老板的动作? 表情? 语言?

生:双手一摊。演一演。

师:这是一个怎样的老板啊?

生:冷漠、无情、小气、抠门、讲究平等交易。

师:对,带着这份情感你来读读这句话。

生读:1读、2读、3读

师:这位老板很冷漠、很无情、很小气、很抠门,他说得还很明白,他讲究的

是——平等交易。这是他一开始的态度。

师:他始终坚持这样吗?(不)那后来呢,后来老板的态度又怎样呢?请你到课文中找一找!

生答:他见我醒了,冲我竖起大拇指,说:"安心养一养,费用由我来付。"(课件4)

师:这大拇指表示什么? 鼓励! 热情! 还有敬佩!

师:请你来读读老板对我热情的话。

生:……课件出示(……)真热情啊! 你再来读一读。真慷慨啊,你也来读。多温馨的一句话啊! 来大家一起来读!

3.学习课文第3自然段。

师:同学们,一块面包可能值多少钱?

生:一元……两元……两块五……

师:那医药费呢?

生:可能几百元……上千元……几万元……

师:是啊,刚开始面包店老板连几元钱的面包都不愿施舍给我,可现在,他却愿为我垫付成百上千的医药费,为什么会有这样的大变化啊? 现在先让我们把目光回到课文第3自然段,去看看这个留学生在漂流旅行的过程当中到底遇到了哪些困难? 请同学们自己去读读课文。

生读:……醒来的时候,发现自己被一块巨石挡住了,头和身子被撞伤了好几处……(出示课件4)

师:从你们的朗读中我知道他……而且伤得……你知道什么?

生:背包丢了。

师:(背包 ……这背包里可能有粮食,可能有……钱,可能有水,可能有……)

生:……(不管他准备得多充分,可现在一切都没了)不但如此,他还……

生:迷路了!(谁来读出他的困境?)

生:……

师:在大山里,他断粮,断水,此时此刻他一定很……

生:……

师:而且他还是个身负重伤的人,他身上一定也很……

生:……

板书:伤 丢 饿 累 渴 痛

师:在这大山里,你能想象,他还可能会有什么遭遇?

生:……野兽。继续板书:怕

4.学习 4～11 自然段

师:是啊,这么多的困难陪伴他度过了怎么样的三天啊?请同学们再好好读,读出他的困难,读出他的无助。

生读:(醒来的时候……走进一家面包店)

师:此时一个小小的面包对于又冷又饿的他,意味着什么?

生:救命的食物。

师:是啊,救命的粮食,是他活下去的希望!那对于这能活下去的希望,要用五星红旗来交换,他换了吗?

生:没有!

师:他是如何拒绝的?在文中找找。

生:读(我摇摇头,吃力地穿上大衣,拿着鲜艳的国旗,趔趔趄趄地向外走去。)出示课件 5。

师:读了这句话,你体会到了什么?

生:我体会到他此时身体很虚弱

师:你是从哪些词语中看出来的?

生:吃力、趔趔趄趄。

师:好吃力哦,谁再来读一读?

生读。

师:不错,你请看"趔趔趄趄"都带着一个什么字?(走)那是怎样的一种走啊?

生:摇摇晃晃,浑身无力。

师:对,同学们,那是走吗?那是什么?那是挪着身体,拖着脚步啊!你能带着这份情感把这句话读一遍吗?

生读。

师:同学们,即使在生命垂危的时候,这个中国留学生对五星红旗依然不离不弃,这份情感多么打动人心啊!来,通过朗读把这份感情表达出来。

生读。

师:腿是软的,可心是坚定的。中国留学生这一走,改变了面包店老板的态度;这一走,赢得了面包店老板的钦佩;这一走,走出了中国人的尊严;这一走,走出了中国人的骨气!

师:在老板向他提出用国旗交换面包的时候,中国留学生的思想有斗争吗?

生:我愣了一下……(出示课件6)

是这句吗?我们一起来读一读。

师:用你的动作和表情告诉老师你对"愣"的理解。

生表演。

师:久久地凝视?你怎么理解?

生:……(久久地看,久久地注视,久久地盯着)

师:凝视着国旗心中却有千言万语。你猜此刻他会想什么?

生1:他会想,我宁愿饿死,也不能用五星红旗交换面包。

……

师:你们都是有骨气的好学生!

五、拓展延伸

1.师:好,请同学们拿起你桌面上的这面五星红旗,凝视着手中的五星红旗,看着它,注视着它,盯着它,你的眼前还仅仅是一面五星红旗吗?(不,……)对啊!她是我们中华人民共和国的象征啊!她象征着我们960万平方千米的土地,她象征着我们13亿人民的尊严,那岂是一个小小的面包能换的呢!祖国的尊严高于一切!中国留学生用维护国旗尊严的行为告诉我们:只有热爱自己祖国的人才能赢得别人的尊重。(出示课件8)请同学们响亮地读出。

师:通过今天的学习,面对这庄严的五星红旗,我想你的心中一定也有千言万语,请你拿起手中的笔,把你想到的写一写,可以是对老板说的话,也可以是对留学生说的话,还可以是你对国旗、对祖国母亲说的话。(出示课件9)

2.生汇报

3.总结

同学们,五星红旗是祖国的象征,她无处不在。无论我们身在何处,都要胸怀祖国,维护祖国尊严,不做有损国家利益的事。有国才有家,国强民才富,将来我们还要把国家建设得更加美好,让五星红旗永远在蓝天下高高飘扬。

【教学反思】

《一面五星红旗》是一篇感人至深的文章,课文写了"我"——一名中国留学生,在极度困难的处境下,拒绝了面包店老板"用国旗换面包"的要求。表达了"只有热爱自己祖国人的才能赢得别人的尊重"的思想内涵。对三年级学生来说,课文思想性强,篇幅长,不好把握。因此,我本着"简简单单教语文,读读悟悟求发展"的理念来执教本课。下面,我想从这两个方面来谈谈自己的体会:

一、简简单单教语文(教学设计的环节要简洁)。语文学习本身是一件简单、快活的事情,学习的过程应该是科学的,是顺畅的,符合学生的学习需要和学生的心理年龄特点。我根据教学目标设计了三个学习环节,在教的过程中引导学生读、悟。设计的问题尽量减少障碍。因此,在课堂上我对学生的提问尽量做到言简意明,每个问题的出现都要考虑它的价值性。

二、"书读百遍,其义自见。"学生只有在反复诵读的基础上才能认知、感悟、体情。针对学生的朗读,我既肯定优点,同时也指出存在的问题,并引导学生对文本进行深层次的理解,更重要的是让学生吸纳指导意见并带上自己独特的理解和感受进一步披情入读。

三、不足之处:1.在调控课堂教学中,语言机智似乎有待锤炼;2.有时抓不住学生问题的实质进行有效的指导。

(此课例获黎塘镇中心学校第四届"教师发展论坛"课堂教学评比二等奖。指导老师:吴嫣,陈艳,韦玉珍)

《桥》教学设计

宾阳县黎塘镇第一完全小学　　陈日英

教材分析:

《桥》的作者满怀深情地塑造了一位普通的老共产党员的光辉形象,面对狂奔而来的洪水,他以自己的威信和沉稳、高风亮节、果决的指挥,将村民们送上跨越死亡的生命桥。他把生的希望让给别人,把死的危险留给自己,用自己的血肉之躯筑起了一座不朽的桥梁。这座桥梁是以老支书为代表的优秀共产党员密切联系群众的"桥",这正是课文以"桥"作为题目的深刻内涵。

学生在阅读这些生动感人的故事的同时,借助有感情的朗读感受人物心灵的美好和品质的高尚,学生的情感得到陶冶升华;教师还要引导学生在阅读的时候既要抓住文章的主要内容,体会文章的思想感情,又要领悟作者的一些表达方法。因此教学中要"以读为主,以读促悟",通过反复诵读,感受人物的精神品质;体会作者的情感脉络和表达方法。

课时目标:

1.通过研读课文词句,结合洪水肆虐的危急情境,逐步深刻感受老汉在危急时刻把生的希望让给别人,把死的危险自己扛起来的人格与精神。

2.积淀情感,让学生通过层层深入的感情朗读课文,得到语感的有效提升。

3.体会《桥》的深刻含义。

教学重点:研读课文,感悟老支书沉着镇定、先人后己、大公无私的高尚品质。

教学难点:体会《桥》的含义及文章结尾布局的巧妙。

教学过程:

一、复习导入

1.这节课我们继续学习第 16 课(生齐读课题)

2.(课件出示生词:咆哮、狂奔、狞笑、放肆、势不可当)这几个词语大家还认识吧?一起来读一读吧!(生读)

3.师:这几个词在课文中是对什么的描写呢?(生:大水、洪水)

二、进入情境,感受桥的重要

那么现在就让我们穿越时空,再次走进那个黎明(播放视频,师旁白:听雷声轰鸣,黎明时分雨突然大了,像泼、像倒,山洪咆哮着,像一群受惊的野马,从山谷里狂奔而来,势不可当,近一米高的洪水已经在路面上跳舞了)。

通过视频我们看到了什么样的洪水?(生答:咆哮、疯狂、可怕、肆虐、凶猛)

是啊,可怕的洪水狂奔而来,它会给人们带来怎样的灾难呢?请同学们自由读课文 1~4 自然段,用笔画出描写洪水的句子。(学生读书)

谁来说说,你画了哪些句子?(学生回答)

从你们所画的句子和刚才的视频中,我们可以感受到洪水就像可怕的——(生答:魔鬼、野兽、死神)(板书:洪水 如魔)师:带着这种感觉读一读 1~4 自然段。(生读)

三、品读描写老汉的语句,体会老汉的崇高精神

面对突从天降、狂奔而来的凶猛洪水,从睡梦中惊醒的人们有什么表现?(生答:惊恐、慌乱、惊慌失措、疯狂、失去理智)

对,洪水来了,人们非常惊恐,要想逃生有出路吗?(有)出路在哪?课文是怎么说的?(北面的这座窄窄的木桥)是啊,唯一的出路就只有北面的这座窄窄的木桥,此刻这窄窄的木桥在人们的心中变成了什么?(救命桥 生命桥 救命的稻草 唯一的道路……)

对,窄窄的木桥现在是人们唯一的生路啊,如果过不了桥,就意味着只有什么?(生答:死亡)可如果就这样疯了似的、你拥我挤地、跌跌撞撞地冲上桥,这也意味着——(死亡)。同学们,洪水在狞笑,死亡在逼近,人们都在惊恐中逃生,慌

乱的场面多么需要一个能震慑人群的领导啊！危急关头，一个重要的人物出现了，他就是——（老支书）。

在生死攸关之际，老支书做出了怎样的选择？请同学们一起读课文 7～13 自然段，你会有所发现的，开始吧。（学生读）

老支书做出了怎样的选择？你找到了吗？

（课件出示 7～8 自然段）

"木桥前，没腿深的水里，站着他们的党支部书记，那个全村人都拥戴的老汉。

老汉清瘦的脸上淌着雨水。他不说话，盯着乱哄哄的人们。他像一座山。

面对惊慌失措的人们，老支书只是盯着他们，却不说话，此刻的老支书给你怎样的感觉？（生答：沉着、沉稳、不慌乱、镇定）（板书：镇定）对，因为老支书知道只有自己冷静，才能够稳定乡亲们的情绪，大家才能够有秩序地过桥。

此时的老支书，像山一样的稳重和伟岸，男同学读！面对如山的老支书，人们停住了脚步，他们相信老支书是他们的靠山，是他们逃生的希望。让我们全体起立，像老支书一样稳稳地站着，读出一个如山一般、镇定的老汉！

（板书：老汉　如山）

人们把求生的目光投向了老支书，老支书又是怎样指挥人们过桥的呢？让我们把目光投向屏幕。

（出示）老汉沙哑地喊话："桥窄！排成一队，不要挤！党员排在后边！"

（请听读，再问：谁能像老师这样读，甚至比老师读得更好！）

谁的眼睛最明亮，发现句子的不同之处？（生答：句子简短、话语有力、三个感叹句、指挥镇定）

这个句子一连用了三个感叹号，你体会到了什么？（生答：镇定、果断，情况危急，必须有序）请同学们读出指挥者的镇定与果断。

有了老支书镇定的指挥，一百多号人依次从老支书身边奔上木桥，逃向了生的彼岸，老支书还坚守在桥边指挥着，假如你是老支书，站在滔滔的洪水中，此时你心中会有什么想法？（生答：要把乡亲们平安送过桥）这是一个怎样的老支书呢？（生答：为他人着想、先人后己、舍己为人、忘我）（板书：忘我）

一个置个人生死于不顾，一心想着他人的老支书的形象在我们面前变得高大起来！让我们继续用心灵感受这位老党员。请同学们读课文第 14～23 自然段。

（课件出示）老汉突然冲上前，从队伍里揪出一个小伙子，吼道："你还算个党员吗？排到后面去！"老汉凶得像只豹子。

我们一起来读一读。此时的老支书，动作和之前相比，简直像换了一个人。谁能从句子中找出老支书的动作？（生答：冲、揪、吼、凶）

透过老支书的冲、揪、吼、凶（带颜色），你们读懂老支书的心情了吗？（生答：焦急、恼火）把这种焦急、恼火放到句子中读一读。

（不够焦急，不够恼火，再来读一读）（还能再焦急一点，再恼火一点吗？）

老支书焦急，因为他心系群众的安危；老支书恼火，因为党员小伙子夹在人群中。在老支书的指挥下人们脱险了吗？从文中找一找。（生读）

哪个句子告诉我们，人们脱险了？（生答：一百多号人很快排成队，依次从老汉身边奔上木桥）他们通过了老支书用血肉之躯为村民筑起的一座跨越死亡的生命桥。（板书：生命桥）同学们，"五天以后，洪水退了。一个老太太，被人搀扶着，来这里祭奠。她来祭奠两个人。她丈夫和她儿子。"两个人啊！老太太同时失去了最亲的两个人。

出示句子：水，爬上了老汉的胸膛。最后，只剩下他和小伙子。

让我们来读一读这个句子。他是谁？（老支书）小伙子是谁？（儿子）原来老支书从人群中揪出的那个小伙子是自己的儿子啊！让我们再来读一读这个句子。（生读）明知这是自己的儿子，明知把他从人群中揪出来，儿子就会有生命危险，但他还是这么做了，他揪得是那样果断，那样不容置疑，你读出了一个怎样的老支书？（生答：不徇私情、坚持原则、秉公办事、群众利益高于一切、无私）（板书：无私）

如山一般的老支书啊，你心中难道没有一丁点儿对儿子的爱吗？谁能从文中发现答案？找一找。出示：(1)老汉突然冲上来，从队伍里揪出一个小伙子，吼道："你还算是个党员吗？排到后面去！"

(2)老汉用力把小伙子推上桥。（揪、推变颜色）

老支书的"揪"是要儿子把生的希望留给谁？（生：群众）"推"又是把生的希望留给谁？（生：儿子）老支书从人群中揪出儿子，揪疼的是他的心啊，此时他可能会想？

出示：①父亲从队伍里揪出儿子——儿子啊＿＿＿＿＿＿＿＿＿＿。

他用力把小伙子推上桥，是想把儿子推向生的彼岸，此时，他可能会想？

出示：④父亲推了儿子一把——儿子啊＿＿＿＿＿＿＿＿＿＿。

千言万语，他还没来得及细说，那木桥轰的一声塌了。滚滚洪水中，没有了父子俩的身影，只剩下一片白茫茫的世界。同学们，"洪水无情人有情"，大灾中我们感受到的不仅是浓浓的父子情深,更是老支书大山一般的爱民情怀。

请同学们再次投入地读一读课文第7~23自然段,感受老支书镇定、忘我、无私的形象(指板书)。

四、总结,提升情感

作为一名党员,老支书像一座山,一座老百姓生命的靠山!这样的老支书,这样的党员,用自己的血肉之躯为我们谱写了一首无私的诗篇,铸造了一座不朽的桥梁。

五、学生小练笔

同学们,英雄的脚步离我们渐行渐远,乡亲们对他的思念、感激之情如那滔滔的江水。祭奠这天,老支书的坟前,齐刷刷地跪下了一片。此时此刻,悲痛欲绝的乡亲们会说些什么?请同学们用饱含深情的笔触,写下你对英雄的哀思,或对英雄家人的宽慰吧!(生练)

现在,哪位同学来把乡亲们要说的心里话说出来?

今天我们认识了一位镇定、忘我、无私的老共产党员。那么,课文以《桥》作题目,这是一座怎样的桥?把村民们送上安全彼岸的除了这座木桥,还有谁?老支书用血肉之躯筑起了一座不朽的桥,让老支书这座永不坍塌的桥永远留在我们每个人的心间!

六、板书设计:

桥

洪水　如魔

老汉　如山

【教学反思】

本文作者满怀深情地塑造了一位普通的老共产党员的光辉形象,面对汹涌、咆哮而来的洪水,他以自己的威信和沉稳、果决的指挥,将村民们送上跨越死亡的生命桥。他把生的希望让给别人,把死的危险留给自己,用自己的血肉之躯筑起了一座不朽的桥梁。这座桥梁是我们党以老支书为代表的优秀党员密切联系群众的"桥",这正是课文以"桥"作题目的深刻含义。如果让学生体会,确实不太容易。因此,在教学本课时,我主要以"读"为主线,引导学生细读感悟。对含义深刻的句子,需要学生反复读,拓展学生思维的空间。如在解读"老汉像一座山"时,我指导学生理解山给人怎样的感觉?学生解读老汉沉着冷静是一座山。"读出如山一般、镇定的老汉!"(学生读句子)我接着引导学生解读老支书的镇定,他是群众的靠山,是群众逃生的希望。

文中的老支书是在咆哮、汹涌的洪水中做出的决定,所以之前先让学生找出描写洪水的句子,体会情况的危急。朗读时,要注意引导学生读出洪水的肆虐,情况的危急,人们的慌乱和老汉的沉着、镇定。然后围绕"你读出了一个怎样的老支书"反复诵读课文,画出描写老汉的有关语句,与同学交流自己对老汉的认识。在学生对老汉有了一定的认识后,我让学生在朗读中体会人物的情感,加深对老汉的理解,并通过朗读表达出自己的感受。在学习到最后一部分的时候,让同学们展开想象,在老支书的坟前,悲痛欲绝的乡亲们对老支书说什么? 让大家把自己想到的话写下来,既加深对文章的理解,又培养了学生的写作能力。

教学《桥》这篇课文时存在着不足之处,例如对于课文为什么以"桥"做题目,学生体会不够深入,课中在体会老汉形象时学生已经理解了一些,但结尾如果给学生树立一些优秀党员形象,让学生更加明白像老支书这样优秀的党员在我们身边、生活中还有很多很多,这样党员的形象就鲜明地树立起来了,学生也就很容易理解像老支书这样优秀的人就是一座永不坍塌的桥!

(此课例获黎塘镇中心学校第四届"教师发展论坛"赛课二等奖。指导老师:覃丽,蒙素丽,黄青)

《彩色的非洲》教学设计

宾阳县黎塘实验小学　　葛　　洪

教学目标:

知识与技能

1.正确、流利、有感情地诵读课文,能够快速浏览课文。

2.通过看彩色非洲图片和学习课文,使学生了解非洲自然风光和异域文化,体会作者的思想感情。

3.通过朗读,感受文章的意境美和语言美,积累文中的优美词句。

过程与方法

1.能通过抓重点词句、自学交流感悟、体会等方法,理解"非洲真是一个色彩斑斓的世界!"

2.能在通读课文后抓住文章重点内容,了解文章的写作方法和结构。

情感态度价值观

1.体会作者对非洲的喜爱与赞美之情。

2.通过本组课文学习激发探索异域风情文化的热情和欲望。

教学重点：

使学生感悟到非洲真是一个色彩斑斓的世界！

教学难点：

抓住文章重点词语、句子体会非洲真是一个彩色斑斓的世界！

教学准备：

教师制作教学课件

教学时间：一课时

教学流程：

课前热身，暖场对话

一、激趣导入，揭示课题

1.观看视频。

2.揭示课题。

【设计意图：借助多媒体课件导入新课，创设学习情境。利用学生的视觉激活他们的思维，使学生兴趣盎然，能够在积极的情感中思考，为学习课文奠定基础。】

二、检查新词，正音积累

1.出示词语，指名读。

2.正音。

3.提示读法、写法。

【设计意图：通过指名读、正音读及温馨提示容易读错、写错的字，扎实落实字词教学，让学生掌握字的音形。】

三、自读课文，理清脉络

1.快速浏览课文，找出表达作者对非洲真切感受的两个句子。

2.师随学生汇报，出示这两个句子。

3.读一读这两个句子，你发现了什么？

4.色彩斑斓表现在哪些方面？请同学们快速用笔画出来。

5.读一读你认为描写得美的句子。

【设计意图：快速浏览课文，训练学生的阅读能力，从而让学生理清文章脉络，感悟主旨，为引导学生理解总—分—总写法做铺垫。】

四、品读课文，积累语言

1.课件出示植物世界的重点语段。

2.全班齐读。

3.作者都是怎么描写这些花的？在表达手法上你发现了什么？

4.难度加大了,只看图片来说一说非洲的植物世界。

【设计意图:这个语段作者用色饱满、想象奇丽,植物形象鲜明,因而采用多种形式读书、想象,引导学生入境,在充分的读中强化形象,积累语言。图片的呈现,一是为了印证想象,丰满想象;二是为了营造情趣,感悟文本。并让学生掌握了学习方法。】

五、自主品悟,体会详略(动物世界)

1.非洲不仅植物世界是彩色的,动物世界也是彩色的。这一句话是什么句?在文中起着什么作用?

2.自学这一部分,你看到了什么动物？作者侧重写了哪种动物？

3.小结:是的,像这样的写法叫作详略得当。

【设计意图:迁移运用,学习表达。本环节体现了从"扶"到"放"的学习过程。重点引导学生体会详略得当的写法。】

六、总结全文,提炼写法

1.这篇文章在写作上有什么特点?

2.课堂小练笔:请运用总—分—总的方法写一段话。

我们的校园真美啊! _____

_____

_____

【设计意图:从教语文到学语文的美丽转身,语文课不是"教语文",而是引导学生用课文来"学语文",课堂教学从文本解读型向语言学习型转变,通过阅读扩大学生的语言积累,进行口头和书面语言表达训练。想方设法创造课文语言输入和输出,让学生在实践中提高语言表达能力。】

七、拓展延伸,好书推荐(课件出示)

1.推荐一些有关非洲的阅读书目给大家。

2.可以把你认为优美的文句摘抄下来!

推荐阅读:《非洲地理杂志》《非洲之旅》等。

【设计意图:拓展延伸在立足文本的基础上,突破"文本"的限制,对文本进行有效的拓展与超越,因为教材提供的文本是有限的,教材无非是个例子,学生阅读能力的提高、语文学习能力的发展最终必须超越课堂、超越文本。】

板书设计：

28.彩色的非洲

植物世界　五彩斑斓

动物世界　多姿多彩

日日常生活

艺艺术

总 总—分—总

（此课例获黎塘镇中心学校第五届"教师发展论坛"课堂教学评比一等奖。
指导老师：唐燕，巫家丽）

《两只小狮子》教学设计

宾阳县黎塘镇第一完全小学　谢秋月

教学目标：

1.认识"狮""整"等14个生字。会写"练""习"2个字。

2.正确、流利、有感情地朗读课文。

3.了解两只小狮子中勤勤的表现。

教学重点、难点：

学习生字新词，体会勤勤表现的句子。

教学过程：

一、课前游戏："说反义词"游戏

二、激趣导入，揭示课题

1.今天老师给大家带来一位新朋友，想知道他是谁吗？

2.书写课题，齐读课题。

【设计意图】激趣导入，拉近师生距离，快速地导入新课。

三、初读课文，认读生字

1.初读课文，读准句子

提出自学要求：

（一）把句子读准确，遇到不认识的字借助拼音多拼读几次。

（二）注意读书的姿势，把书拿起来。读完后举起你的小手。

2.认词语,读好重点段

(1)检查带拼音词语(指名读,全班读),老师适时评价。

(2)师:这些词语去掉拼音你们还会读吗? 哪列火车来读一读呀? 拓展ABB式词语,老师适时评价。

(3)段检查

段1:一只小狮子整天练习滚、扑、撕、咬,非常刻苦。另一只却懒洋洋地晒太阳,什么也不干。

段2:孩子,将来我们老了,不在了,你靠谁呢? 你也应该学会生活的本领,做一只真正的狮子。

【设计意图】分层次、多方式地检查学生自学字词句的情况,为学生走进文本做好铺垫。

四、看课文动画,取名字,习文感悟

1.取名

播放课件,学生听读课文,思考:怎样给两只小狮子取个亲切的名字呢?

(师随机板书:勤勤　懒懒)

【设计意图】借助声像的课件,让学生再次走进文本,了解两只小狮子的不同表现,为学生取名搭好桥梁。

2.识记"懒"字 ,积累反义词(指名,齐读)

【设计意图】让学生采用"加一加"的方法,帮助今后更好地识记生字。

3.体会勤勤的表现

(1)从课文中的哪些语句可以看出来勤勤的表现呢?

课件出示:一只小狮子整天练习滚、扑、撕、咬,非常刻苦。

师:是啊,小狮子练习非常刻苦!

对啊,早上,天刚刚亮,小狮子就开始练习——滚、扑、撕、咬。

中午,刚刚吃过午饭,小狮子就又开始练习——滚、扑、撕、咬。

晚上,天都要黑了,小狮子还在练习——滚、扑、撕、咬。

【设计意图】来回反复地朗读勤勤练习本领的句子,以加深对"滚、扑、撕、咬"四个生字的认记,理解重点词"整天",并在不断的朗读中体会到勤勤的刻苦。

(2)勤勤每天都在练习什么动作呢? 观看图片,进一步体会狮子勤勤的刻苦。(出示:一张图片)用手齐做动作,师进行滚、扑、撕、咬的字理教学。

【设计意图】针对低年级学生的特点,配上动作,结合字理,使学生对四个动作词的理解更加到位。

五、"练"与"习"的字理教学

1.练,左形右声,与丝线有关。右边的偏旁就是指选好的木头用丝线把它捆好!

2.故事引入"习"字

【设计意图】在教学中,用图片的展示、故事的讲述来进行字理教学,激发学生的学习兴趣,赋予枯燥无味的汉字以新的生命力。

六、写生字"练""习"

1.观察它们在田字格中的位置,在写这两个字的时候我们要注意什么呢?

2.师范写生字

3.生描红

【设计意图】通过先引导学生观察汉字的结构,再书空描红。落实好书写汉字前的"一看结构,二看笔画,三动笔书写"的写字目标。

七、作业设计

把"练"、"习"这两个生字写到生字本里。

八、板书设计

27 两只小狮子

勤勤   刻苦

懒懒

(此课例获黎塘镇中心学校第五届"教师发展论坛"课堂教学评比二等奖。指导老师:陈红,谢伟芳)

《女娲补天》教学设计

宾阳县黎塘镇新圩小学   吕昭贤

教学目标:

1.认读"轰隆隆、塌下、熊熊大火"等词语。

2.能正确、流利、有感情地朗读课文。

3.理解文章的主要内容,了解女娲补天的原因,感受天塌下一大块的可怕的场景。

教学重点、难点:

1.通过反复朗读,在具体的语言环境中识字、理解词语。

2.了解女娲补天的原因,感受天塌下一大块的可怕的场景,培养想象力。

教具准备:多媒体课件

教学过程:

一、谈话导入,图片激趣

1.同学们,你们喜欢神话故事吗? 一起来说说图片上的神话人物。今天老师还给大家带来一位神话中的女神(出示女娲图片)。

2.传说中女娲创造了人类,她为人类造了福。关于她的故事有很多很多,今天我们就讲其中的一个,引出课题,板书课题,生齐读课题。

3.看到题目,你想提出哪些问题?

4.答案就藏在课文中,让我们一起走进课文去读读这个故事吧!

【设计意图】通过神话故事人物的导入激起学生对神话故事的兴趣,引出学习的主题。然后根据课题质疑问难,不仅引导学生学会猜读,还有利于思维能力的培养。

二、初读课文,了解故事内容

1.自由朗读课文,做到字词读正确,句子读通顺。

2.了解故事内容,自己解决疑问。

【设计意图】自主读文,正音理顺句子。通过朗读解决自己对课题的质疑。

三、闯关学字词,检查读书情况

课件出示闯关内容。

1.第一关:检查字词的学习情况。

塌下 熊熊大火 缺少 冶炼 燃烧 熄灭 轰隆隆 露出 挣扎

2.第二关:通过观察"隆""炼"容易出错的地方,然后检查书写情况。

3.第三关:根据提示,说说课文讲了一件什么事?

【设计意图】用闯关的形式来检查学生的读书情况,激起学生的学习兴趣。字词的检查帮助学生正音;"隆""炼"检验学生的观察能力,让学生以后能够正确书写容易出错的生字;简单的说话练习,既能检查学生对课文的理解情况,又能训练学生的语言表述能力。

四、品读课文,感受可怕

1.自从女娲创造了人类,大地上到处是欢歌笑语。(故事描绘人们幸福的生活)可是,一天夜里,灾难却从天而降。

(课件播放天塌图片)

2.从图片中你感受到了什么?

3.用课文里的一个词,眼前的景象实在是太——可怕。

板书:天塌可怕。

4.课文中怎样描写灾难的可怕呢? 默读课文,请找一找,画一画。

学生汇报。

5.一边读句子,一边想象,从哪些句子或词语让你感受到了可怕?

根据学生的汇报课件出示相应的句子。

"远远的天空塌下一大块,露出了一个黑黑的大窟窿。"

交流:

(1)抓住"远远的、一大块、黑黑的、大窟窿"理解大窟窿。

(2)带着感受读句子,指名读,齐读。

(3)小结学法:刚才我们是抓住句子中的关键词,想象画面,带着感受把句子读好了,让我们感受到了灾难的可怕,还感受到了神话的神奇,用这样的方法你还想说哪一句?

"地被震裂了,出现了一道道深沟。"

交流:

(1)抓住"一道道",沟多而深。

(2)有感情地朗读句子,指名读,齐读。

"山冈上燃烧着熊熊大火,田野里到处是洪水。许多人被火围困在山顶上,许多人在水里挣扎。"

交流:

(1)火很大,水很多、很深。

(2)理解围困、挣扎。仅他一个人在挣扎吗? 会有哪些人? 你仿佛听到了什么?

(3)多么悲惨的场面。师引读,读出可怕。

6.在这场灾难中,人们一定还会想起大地上曾经到处是——(欢歌笑语),人们曾经过着——(幸福的生活)。可是现在,天上的太阳和月亮不见了,只有一个(课件出示:黑黑的大窟窿),青山绿水不见了,大地上只有(课件出示:一道道深沟),再也听不到人们的欢歌笑语,剩下的只有(课件出示:熊熊大火和滔滔江水)。

7.天啊,实在是太可怕了,让我们带着感受把这段话(课件出示句子)再读一读。

【设计意图】通过幸福美好生活对比天塌的可怕,接着抓住关键词引导学生进行有感情朗读,让学生借助文字想象画面。在反复朗读中让学生感受到天塌地陷的可怕,在反复朗读中让学生幻化出一幅幅画面,在读中感悟的同时,训练思维。最后让学生学会:找关键词,通过想象,有感情的朗读的学习方法。

五、体会中心句,拓展写话

课件出示文段。

1.同学们,这段话是围绕哪句话来写的呢?

2.这段话围绕着中心句通过描写什么来具体表达了什么?

3.根据老师给的中心句拓展写话。

4.学生汇报写话情况。

5.总结学法。

同学们,今天我们学习了第一自然段,通过对比的写法,写出了灾难的可怕,也让我们感受到了神话的神奇。那么对真正水深火热中的人们,女娲如何去拯救的呢? 我们期待下节课的学习。

【设计意图】让学生学会围绕中心句,通过具体事例的描写,表达情感。最后设下悬念,为下一节课做铺垫。

板书设计:

31 女娲补天

天塌可怕

(此课例获黎塘镇中心学校第五届"教师发展论坛"课堂教学评比二等奖。指导老师:欧兰,巫秀莲)

《打电话》教学设计

宾阳县黎塘镇第四完全小学　思贤

教学内容:人教版五年级下册数学综合应用《打电话》

教学目标:

1.利用学生熟悉的生活情境,通过画图、列表等方式,由学生找到最优的打电话方案,渗透数形结合的思想;

2.通过小组合作,自主探究的学习方式,画出示意图并利用表格找规律,培

养学生观察、归纳、推理的能力;

3.通过本节课的教学,进一步体会优化思想在生活中的作用,分辨理论上最优与实践中最优的区别;

4.通过"打电话"方案的设计过程,使学生感受到集体的力量,培养学生的团队意识、合作精神。

教学重点:

1.理解打电话的各种方案并从中优化出最好的方案。

2.通过观察表格里的数据,归纳如何计算出在一定时间内最多可通知到的人数或要通知一定人数所需的最短时间。

教学难点:

引导学生发现隐含规律,运用优化的思想解决生活中的实际问题。

教具、学具:多媒体课件、练习、纸张等。

教学过程:

一、创设情境,导入课题

同学们,今天很高兴能和大家一起来上一堂活动课。出示图片,你知道了什么信息?(学校临时举行足球比赛,有三名队员未到)足球比赛是个团体运动,现在有三名队员未到,说说看,有什么方法通知他们?

对比一下,你觉得哪种方法更方便、快捷呢?

今天我们就来研究打电话中的数学问题。(板书课题:打电话)

二、探究优化打电话的最佳方案

1.师:同学们,你们打过电话吗?假如你是老师,打电话通知这三个人,如果每人需要一分钟,那么你会如何通知呢?

2.学生发表意见,师随机用课件演示方案。

3.师:打电话要做到用时最少到底有没有诀窍呢?我们继续来研究这个问题,请看屏幕,现在我们要打电话通知几个人?(7个)同样,如果每分钟通知一个人,现在打电话通知7个人,最少用时几分钟呢?(师讲解设计时应注意的事项)

4.学生设计打电话通知7个人的方案。

(1)师巡堂,学生设计方案。

(2)学生展示并汇报设计的方案。

(3)引导学生将展示的不同方案进行对比,为什么第一种方案会比第二种方案多用一分钟时间呢?看看问题出现在第几分钟?可以跟同桌互相讨论,说说它们的不同。

(4)师通过大屏幕将这种方案演示一遍。请同学们仔细观察,这种方案是怎样打电话的?

小结:通过分析,我们发现,这种方案之所以用时最少,是因为当老师和学生知道消息以后,每分钟都不空闲,才能达到用时最少。

5.打电话要做到用时最少的注意事项:事先设计好流程,确定哪一分钟谁通知谁,这样才不会出现重复和遗漏。

三、发现规律

1.师:同学们,为了一眼就能看出每分钟新接到通知的有多少人,我们可以用不同的颜色来加以区分,或者也可以把他们的位置移在一起就更容易看得明白。

2.师:同学们,现在请你们大胆地猜一猜,你认为在第四分钟新接到通知的有几人呢?说说你的理由。

3.出示表格,探究规律。

(1)借助统计表格来进一步研究。(老师根据学生回答随机演示课件)

(2)师:看看统计表的数据,仔细观察,你能够发现当中的什么规律?把你发现的规律说出来前后左右桌进行交流吧。

(3)学生汇报观察数据的发现。

(4)小结。

(5)师:根据发现的规律,继续往后填,你能填出来吗?(出示表格)

4.课件演示数据增长现象,让学生感受著名的"世界第八大奇迹"。

四、应用规律

1.师:其实这种数据增长现象在我们生活当中还是有的,你们想运用今天所学到的这种数据变化的规律去解决一些实际的问题吗?

2.奖励方案和阿米巴原虫分裂问题。

五、畅谈收获

1.这节课你有什么收获?

2.最后老师想送给大家一句话,让我们共勉。(课件:合理安排时间,就等于节约时间)

【教学反思】

《打电话》是人教版五年级数学下册的一节综合实践课。这节课题材非常好,和学生的实际生活密切相关,通过这节实践课,学生不但增长了知识,更学习了解决数学问题的方法。下面我谈谈自己的几点体会:

1.能上出活动课的特点

首先是"活",能主动引导学生灵活处理问题,活跃数学思维,课堂学习气氛较浓,师生共同探究,学生参与度比较高。再一个是"动",这节课不仅关注结果,更关注过程,关注学生在整个过程中的表现——能否积极动手、动脑、动口,把问题解决好。在教学过程中能让学生畅所欲言,想说就说,想画就画,在愉悦的环境中探索知识,心情舒畅。

2.能充分挖掘学生的潜能

打电话,学生熟悉、感兴趣,能充分调动学生已有的生活积累,从学校足球队因临时参加比赛要通知队员入手,到对打电话方案的设计改进,都让学生结合自己的生活实际,使整节课的知识发展都在老师的引导下,让学生合作完成。在课堂上我能把握学生的学习水平与进度,不失时机地对学生进行帮、放,例如关于7名队员的通知示意图的教学,先让学生按照自己的思路进行设计,然后用投影仪把他们不同的想法展示出来,并让学生将不同的用时方案进行比较,找出用时不同的方案的区别之处,找到问题的关键所在,从而优化出最省时的方案,在这里也体现了数学方法的多样性和方法的优化。

3.教师善于调动学生的情感

教师善于调动学生的情感,使学生在不断获得成功的愉悦中,把知识的探讨引向深入。例如在教学通知7名队员的过程中,通过展示和对比同学们用时不同的方案,让学生找出打电话用时最少的诀窍,并充分让学生通过观察分析、寻找规律的过程去体验数学的乐趣。再将学生发现的问题应用到实际中去,如打电话通知我们班48个同学最少需要几分钟的问题中,就是学生利用已有知识与技能去解决生活中的实际问题。学生学得开心,为以后学习数学知识埋下了快乐的种子,培养了学生对未知领域的一种勇于探索的精神。

当然,本节课我也有一个遗憾,就是整堂课下来作为老师还是讲得多了一些,如果能给学生思考和展示的时间更充足一些,我相信更能发现许多学生的巨大潜力。

(此课例获黎塘镇中心学校第三届"教师发展论坛"课堂教学比赛二等奖。指导老师:梁乃志,李莉,廖冰)

《找规律(一)》教学设计

宾阳县黎塘镇凤鸣小学　古端丽

教学内容: 简单的图形变化规律

教学目标:

1.通过观察、猜测、推理、拼摆等活动使学生发现事物中简单的排列规律,理解规律的含义,并能描述和表示规律。

2.培养学生初步观察、概括、推理和逻辑思维的能力。

3.激发学生喜爱数学的兴趣、发现美的情感,感受到数学的规律美,感受到生活中处处有数学。

教学重点:

通过图形或物体的有序排列,初步认识简单的排列规律,能知道下一个图形或物体,并能掌握找规律的方法。

教学难点:

引导学生发现最简单的图形变化的规律,掌握找规律的方法并能运用规律。

教学准备: 课件、学具等。

教学过程:

一、导入,感知规律

师:同学们,你们喜欢过生日吗?(喜欢)会唱生日歌吗?(会)那我们一起来唱吧。

师:这首歌的歌词总是出现哪句话?(祝你生日快乐)

师:是的,这首歌的歌词总是重复出现"祝你生日快乐"。像这样按一定顺序不断重复出现,我们就说它是有规律的。今天我们就一起来学习找规律。(板书课题)

二、探究新知,认识规律

(一)找找水果排列的规律

师:今天是谁的生日呢?哦,原来是喜羊羊过生日。瞧,他正在摆水果呢,他摆了什么水果呀?

(生回答:雪梨、苹果)

师:接下来摆什么水果。

(学生读,教师点击课件)

师:刚才我们班的小朋友可真厉害,猜得真准。谁能按刚才的规律接着摆下去?(指名学生来粘贴)

师:你是按什么规律摆的?

师:他说得好不好?(好)掌声在哪里?是的,出现了一个雪梨一个苹果又出现一个雪梨一个苹果,又再出现一个雪梨一个苹果……像这样按一个雪梨一个苹果为一组不断地重复排列,这就叫有规律的排列。

(二)引导学生自主探究,进一步认识规律

师:喜羊羊过生日,邀请了小朋友来参加。看,他们布置了漂亮的会场,正在高兴地唱歌跳舞呢。(课件出示主题图)

师:仔细观察,找找图中什么排列是有规律的?你发现了什么规律?看谁发现得多?请你和同桌说一说,把自己的发现告诉对方。

汇报:

1.找彩旗排列的规律

师:仔细观察彩旗是怎样排列的?几面彩旗为一组重复排列?一共有几组?(指名回答)

2.找灯笼排列的规律

师:他们除了用彩旗来布置会场,瞧,还挂起了灯笼,灯笼的排列有规律吗?到底有怎样的规律?小组讨论互相说说,看谁能说出是几个灯笼为一组的重复排列?好,开始。(指名回答并及时评价)

3.找小朋友排队的规律

师:喜羊羊过生日邀请小朋友来参加好热闹哦,我们一起来看看小朋友的队伍。瞧,他们围成了一个圈,有规律吗?

生:有。

师:你能照着他们也排成有规律的一圈吗?

生:能。

师:老师请几位同学来试试看,看他们是不是模仿的小能手?

师指名学生上来模仿图中有规律的排队。并问:你们认为他们排得怎样?请你来说说。

生1:是以一男一女两个为一组的重复排列。

生2:是以一女一男两个为一组的重复排列。

师:同学们一起来说说小朋友排队的规律。

师:同学们都认识了规律,掌握了找规律的方法,真能干!现在我们一起走进智慧乐园,看大家还记不记得我们学过的图形?

三、巩固新知,体验规律、运用规律

1.课件出示:下一个是谁? 师点图形让学生说说这是什么图形? 它们是怎样排列的? 几个为一组? 最后一个是什么图形?

生:一个正方体一个圆柱两个为一组的重复排列。最后是圆柱。

2.师:我们接着看,这条美丽的项链珠子掉了,你们能把它有规律地穿起来吗? (能)老师也能,看老师穿对了吗? (课件操作穿珠子)

师:老师已经穿起来了,我们一起来观察老师是怎么穿的? 老师是几个为一组? 分别是什么颜色?

生:红绿蓝 3 个为一组。

师:请同学们擦亮眼睛继续往下看,老师穿得有规律吗? 看谁最会发现问题? (教师指名学生上来指出错在哪里,应该怎样穿?)

师:请大家一起来说说这条项链的排列规律。

生:红绿蓝 3 个为一组。

师:一共有几组?

生:4 组。

3.摆一摆活动。

师:我们来当回小小设计师,好不好? (好)但是那可是有要求的哦。请仔细听好。(课件出示要求:师读一遍要求,学生再一起读一遍)

师:大家摆好了吗? 我们请这个小组上来展示汇报,看他们是怎样摆的。

生展示汇报。

师:我们再来看看这个小组怎么设计。

另一组学生展示汇报。

四、欣赏设计,创造规律

1.师:其实,生活中还有很多有规律的现象,我们一起来欣赏有规律的美吧。

2.创造规律活动。

师:欣赏了那么多有规律的美,老师也忍不住要创造一组。(师示范有规律的动作)

师:谁也能创造有规律的动作? (生展示)

师:除了动作,谁还能找有规律的图案或创造出有规律的声音? (指名学生)

五、全课总结,内化延伸

师:请小朋友们说说自己这节课的收获。(学生畅谈收获。)下面请小朋友们用有规律的掌声对自己这节课进行评价。

师：小朋友们真了不起，有这么多收获。是呀，生活中的规律无处不在，只要我们细心观察，做个有心人，就会有更多的发现！同学们下课后，请按一男一女有规律地走出教室。

（此课例获黎塘镇中心学校第四届"教师发展论坛"课堂教学比赛二等奖。指导老师：林佳雯，文英，卢春燕，李海珍）

《三角形的特性》教学设计

宾阳县黎塘实验小学　黄春兰

教学内容：

人教版四年级数学下册教科书第 80,81 页例 1、例 2。

教学目标：

1.知识与技能：理解三角形的特征、含义以及底和高的含义；会在三角形内画高；了解三角形的稳定性及其在生活中的应用，会应用三角形的稳定性解决实际问题。

2.过程与方法：通过动手操作、观察、比较、自学，经历三角形含义的抽象概括过程以及三角形底和高含义的理解过程，发现三角形的稳定性，培养学生观察、操作、分析、抽象概括能力和应用数学知识解决实际问题的能力。

3.情感、态度、价值观：体会数学与生活的密切联系，感受数学知识对于解决实际问题的价值，激发学生学习数学的兴趣。在合作、探究与交流的过程中，增强学生的创新意识和团结协助的精神。

教学重点：

知道三角形的特征、特性，理解三角形以及底和高的含义。

教学难点：

三角形高的确定及在三角形内画高。

教学准备：

多媒体课件、三角形和四边形模型、作业纸。

教学过程：

一、激趣导入

1.复习旧知。（请同学们回忆一下，之前我们都学过哪些平面图形？）

2.欣赏图片。(同学们记性真好,都能说出我们学过的平面图形。今天老师带来了一些美丽的图片,想不想欣赏呀?)

3.揭示课题。(像图片中的这些图形,我们把它近似地看作三角形。通过欣赏图片,我们知道三角形在生活中有着广泛的应用,究竟它有什么特点呢?这节课我们就来进一步地研究三角形。)

二、探究新知

(一)学习三角形的含义

1.画一画,想一想:三角形有几条边?几个角?几个顶点?(接下来老师要考考同学们的动手能力。你们会画三角形吗?)

2.说一说:三角形有几条边?几个角?几个顶点?(画好的请举手。谁来说一说三角形有几条边?几个角?几个顶点?)

3.标一标:(老师也画了一个三角形。我们一起来标出它的边、角、顶点吧。)

4.判断:好,接下来老师要来考考同学们的判断力。请看(得出:4号是,1,2,3号不是)

5.小组讨论:(到底什么样的图形才是三角形?大家自己想一想,然后和同桌说一说。)

6.汇报交流,概括三角形的含义。(结合判断题,不断完善得出三角形的含义:按照你们的说法,那第一个图形也有3条边,它为什么不是三角形?……)

7.齐读三角形的含义,理解关键词。(读得真响亮!同学们你认为三角形的含义中那些词最重要?)

(二)学习三角形的底和高

1.给三角形命名。(生活中我们每个人都有自己的名字,在数学当中,为了便于表达和区别,通常用大写字母给三角形起名字)

2.引出三角形的高(同学们,我们已经学过平行四边形和梯形的高,三角形同样也有它的底和高)

3.学生自学底和高的含义(什么是三角形的底和高呢?请同学们打开课本第81页看一看)

4.理解三角形底和高的含义(谁来说说,什么是三角形的底和高?)

5.学习画三角形的高。

6.观察三角形的这三条高,你发现了什么?(三条高相交于一点。)

7.小结画高的方法。(回顾我们画高的过程,该注意什么呀?得出:①画高注意二重合;②画出虚线标直角。)

(三)学习三角形的稳定性

通过游戏得出:三角形不易变形,具有稳定性。

三、巩固练习

1.想把四边形变得稳固,该怎么办?

2.椅子摇晃了,该如何让它变得稳固?小树被风吹歪了,该怎样支撑起来?

3.解释生活中隐含的数学现象。

四、全课总结

通过这节课的学习,你有什么收获要和老师分享吗?

五、拓展延伸:试一试

【教学反思】

回顾整节课的教与学,较好地体现了新课改"以学生为主体""以学生发展为本"的教育理念,能紧扣教学目标一步步展开教学,达到了预期的教学效果。我感觉做得较好的有:

一、注重知识的形成过程。

教学中,我不是直接给出结论,而是让学生通过操作实践、观察讨论总结出知识,让学生自己经历知识的形成过程。如在教学什么是三角形的时候,我没有直接把"由三条线段围成的图形叫作三角形"这个含义直接呈现给学生,而是先让学生动手画一个三角形,观察三角形有几条边,几个角,几个顶点,然后对一组图形进行判断,最后让学生在小组讨论、分析中不断总结,从而得出三角形的含义。

二、注重数学与生活实践的联系。

在教学三角形的特性时,我先通过拉三角形、四边形的模型,让学生亲身体验到三角形是不容易变形的,得出三角形具有稳定性;然后再用三角形的稳定性来解决椅子摇晃、支撑树木等问题;最后,出示课前欣赏的图片,提出问题"为什么要设计成这样?"让学生利用三角形的稳定性来解释生活中用到三角形的道理。从而使学生深刻地体会到数学知识来源于生活、应用于生活的道理。

上完这节课,我深切地体会到,全面解读教材和学生,精心设计教学中的每一个环节,才能使我们的数学课堂一步一步走向有效、高效。

(此课例获黎塘镇中心学校第一届"教师发展论坛"课堂教学评比二等奖。指导老师:马丽名,刘德平,何兰秀,文英)

《重叠问题》教学设计

宾阳县黎塘实验小学　李海珍

教学内容：

人教版小学数学第六册第九单元数学广角中的第一课时《重叠问题》。

教学目标：

1.使学生能借助直观图的韦恩图解决简单的重叠问题，并能用数学语言进行描述。

2.让学生经历探究的过程，使学生感知韦恩图的产生，初步体验解决问题策略的多样性，并初步渗透集合思想。

3.使学生体验数学的应用价值，进一步感受数学与生活的联系。

教学重点：理解并能用韦恩图解决问题。

教学难点：经历韦恩图形成的过程，体会集合思想。

教学过程：

（一）儿歌导入

1.听儿歌《家族歌》

2.揭示课题，板书课题

师：爸爸这个人扮演了两个角色，他既是我的爸爸，又是爷爷的儿子，他的身份重复了，像这样的重复现象还有很多，重复我们又叫它重叠，这节课我们就走进数学广角一起来学习有关重叠的问题。

板书课题：重叠问题。

生齐读课题。

（二）探究新知

1.游戏：抢椅子和猜拳

师：下面我们就来玩一个抢椅子的游戏。

课件：出示抢椅子游戏画面。

（1）用猜拳的游戏决定由谁留下来做抢椅子的游戏。

（2）数一数玩猜拳游戏的和抢椅子游戏的一共有多少人。

（3）学生用呼啦圈生成韦恩图。

2.学生同桌合作尝试画韦恩图

师：如果要画一个图来表示这样的情况，该怎么画？同桌商量一下，再两人合作把图画下来,并写上名字。

3.小组合作

学生先讨论再合作画图,老师适时指导。

4.全班汇报交流

5.认识韦恩图

老师贴出韦恩图,问:

(手画猜拳图)表示什么?

(手画抢椅子图)表示什么?

(画中间交叉部分)表示什么?

黄色的表示什么?

红色的表示什么?

6.计算出参加游戏的总人数

根据韦恩图算出参加游戏的一共有多少人。

学生计算。

7.小结

师:(指图)像这样,用两个椭圆来表示有重叠的两部分,是英国的逻辑学家韦恩发明的,所以叫韦恩图。同学们,你们能和历史名人想到一起,真不简单!

(三)巩固应用

师:今天我们学习了关于重叠的知识,其实生活中像这样的例子还有很多,想了解吗?(想)我们一起去看看。1.小动物找家:把下面动物的序号填在合适的位置。

2.课前小调查:根据表格完成韦恩图,并算出三(1)班参加语文、数学课外小组学生的总人数。

同桌合作交流,再展示作品。

3.比赛活动:学校开运动会,三(2)班参加跳绳比赛的有 12 人,参加跑步比赛的有 15 人。两种比赛都参加的有 7 人。这两项活动共有多少人参加?

4.小结

同学们很厉害,利用今天所学的重叠知识解决了生活中的问题。

(四)全课总结

通过这节课的学习,你学会了什么?

（五）课外延伸

说一说生活中有关重叠知识的例子。

【教学反思】

从现场学生活动的完成情况和回答问题的正确率来看,这次教学是比较成功的,学生能初步运用集合思想解决简单的实际问题。教材并没有给"重叠"下一个明确的定义,如何运用集合的思想让学生在一系列的活动中体会和感知这一概念的意义,进而能解决简单的实际问题,确实比较难,所以我对整个教学设计进行了调整,新课以游戏贯穿,课本的例题以练习的形式呈现,不过对部分名字我有所改动。本节课通过自主探究、合作学习,让学生经历数学学习的过程,完成预定的教学目标,我认为做得比较好的有以下几点:

一、重视激发学生的学习兴趣

一开课我以学生熟悉的家族歌引入,激发了学生的学习兴趣。

二、注重让学生经历知识的形成过程

新课程标准注重让学生经历新知识的形成过程,在新课的学习部分我主要采用了动手操作、合作交流、尝试画图的方法,这个过程主要有三个环节:

1.游戏:猜拳和抢椅子

先用猜拳和抢椅子的游戏进入新课来激发学生的学习兴趣,接着我将重复的名字让学生用呼啦圈的形式进行展示,很直观地初步认识了韦恩图,再让学生以小组的形式合作画出表示参加游戏的人数集合图。

2.认识韦恩图,明确各部分的意义。

我用展示出来的韦恩图引导学生仔细观察,充分交流感知韦恩图每一部分表示的意义。

3.列式计算。

我请学生根据集合图每一部分表示的意义,算出一共有多少人参加游戏,鼓励学生用多种方法解答。

这样的学习,学生再也不是观众,而是具有主观能动性的人,是一个有着自己的经验、知识、灵感、创新的生命体。

三、算法多样化

学生利用刚才学到的有关重叠的知识说出了多种算法,解决了"一共有多少人参加游戏"这个问题,从画图直观表示,到列式计算,不仅体现了算法多样化,更体现了解决问题策略的多样性。

四、重视数学与生活的密切联系

在最后一个环节,让学生在"找一找,说一说"的过程中体会数学与生活的密切联系。

当然,本节课确实还存在着不足。

比如学生有很创意地把两个呼啦圈相交,让重复的学生站在相交处,学生通过亲身经历探究创造了学生心中的集合图。在这一个过程中如果能让学生再慢一点,我想教学的效果会更好。

这些,只能在以后的教学生活中多多锻炼,多多提升。

(此课例获黎塘镇中心学校第三届"教师发展论坛"课堂教学评比二等奖。指导老师:马丽名,黄敏,陆海芳,施桂英)

《认识小数》教学设计

宾阳县黎塘镇第一完全小学　施俏颖

教学内容:人教版教材第 6 册《认识小数》

教学目标:

①结合"买东西"的具体情境,理解小数的意义,体会小数的特征。

②能认、读、写简单的小数。

③培养学生观察、思考以及与同伴交流的良好习惯。

教学重点:

①能结合具体情境,理解小数的意义。

②具体认识小数的特征。

③学生能正确读、写、认小数。

教学难点:

认识以米为单位的小数。

教学过程:

一、创设情境,激发兴趣

1.教师出示 ppt 课件:小数的初步认识

师:导入

师:看到同学们这么天真活泼,我就想起我的一个侄子,他叫小明,今年也是读三年级,在上个学期期末考试中,他的各科成绩都很优异,被评为三好学生。你们想知道他的各科成绩是多少吗?(出示 ppt 课件)师:语文 98.5,数学 96.5,

英语99.5,得到这么好的成绩,为了奖励他,爸爸妈妈带他去超市买奖品,(出示 ppt 课件)同学们这些数都有什么共同的特点呢?

生:它们都有一个小圆点。

师:你很会观察。像这样的数叫作小数(这个小圆点就叫小数点)

师:今天我们一起来认识小数。(板书课题)

师:生活中你们在哪里见过小数呢?谁来说一说?

2.让学生说说生活中的小数,然后课件出示生活中的小数,感受生活中的小数。

二、联系实际,探究新知

出示课件:(小明买的东西)

师:这些数与我们学过的整数比较,多了一个什么东西?(数中间都有一个小圆点)

1.教学小数的组成及读法

小数里的这个小圆点我们把它叫作小数点;小数点左边的部分是整数部分;小数点右边的部分是小数部分。你会读小数吗?

让学生试读标价牌上的小数。(出示课件)

介绍小数的读法——小数点读作"点",小数点左边代表整数部分,按照整数的读法读;小数点右边代表小数部分,依次读出每一个数字,读时,先读整数部分,再读"点",最后读小数部分。

2.认识以元为单位小数的实际含义及小数的写法。

哪些同学已知道,标价牌上的小数它们分别表示多少钱?(学生回答)

3.完成表格中的填空。

(出示课件)

要求学生轻声读出货架上三种东西标价中的小数,填写它们分别表示____ ___元_____角_____分。

4.教学小数的写法

师:我花了9元8角6分买了这只钢笔(师板书:9元8角6分＝元),你能用一个小数把它的价格写下来吗?请把你想到的写在稿子上并读给同桌听。谁上来写一写?请一位同学到黑板前写下,并告诉大家怎样写。

三、例1教学

师:小明夸我们班的同学聪明,让我们再接再厉。他想知道你们的身高是多少,愿意告诉他吗?谁来说说你的身高是多少?

1.学生交流自己的身高是1米多少厘米?

2.只用米作单位,该怎样表示?

3.引出以米为单位的一位小数。

出示米尺课件:把1米平均分成10份,每份是多少分米?用分数表示是几分之几米,还可以写成零点几米。3分米是几分之几米,还可以写成零点几米?

4.合作学习以米为单位的两位小数。

四、应用新知,解决问题(课件出示四个"数学堡垒")

五、引导总结,自我评价

【教学反思】

在本课的教学过程中,我以同龄人小明的成绩及买的东西切入课题,让学生感到小数就在生活中,接着引导学生观察小数与整数的区别后再教小数的读写,然后以小明买的东西及小明想知道同学们的身高这两个具体情境帮助学生理解了小数的含义,又一次让学生在课堂上感受到了生活的气息。我觉得这节课在我的引导下通过师生互动、生生互动,做到了重点突出,难点突破,达到了预期的教学目标。

在设计这节课的过程中,也碰到了很多的困惑:如在这堂课上,是否有必要向学生讲明一位小数表示十分之几,两位小数表示百分之几?怎样才能使学生联系长度单位更轻松、更扎实地去理解一位小数、两位小数的含义?还有待思考。如果以后再上这节课的话,我认为最好是每个小组的学生都有一把米尺,让他们在米尺上找零点几米和零点几几米,从而真正感受不够一米的数,用米做单位有多长,可能效果会更好。

(此课例获黎塘镇中心学校第三届"教师发展论坛"课堂教学比赛二等奖。指导老师:韦秋兰,和覃萍,谢明燕)

《找规律》教学设计

宾阳县黎塘镇第一完全小学 雷远鸣

教学内容:人教版小学数学一年级下册教科书第85页至例1,以及课后的"做一做"。

教学目标:

1.使学生通过猜测、观察、实践、推理、游戏等教学活动发现事物中隐含的简单规律。

2.通过涂一涂、摆一摆等活动,培养学生的动手能力,激发其创新意识。

3.使学生在教学活动中体会数学的价值,增加学习数学的兴趣。

4.培养学生发现和欣赏规律美的意识。

教学重点:发现图形的排列规律。

教学难点:体会一组图形重复出现多次就是排列规律。

教具、学具准备:课件、投影仪、学具。

教学过程:

一、玩游戏,引入规律

师:同学们,今天老师给大家变一个魔术,想看吗?(想)

师:那我马上要变了,你们可要看清楚,我变(摸出苹果),是什么呢?(苹果)变水果的顺序:苹果→梨→苹果→梨。

师:好,大家看,我先变出一个苹果,接着变出一个梨,又一个苹果,一个梨,我还想接着变,谁来猜一猜我会变出什么呢?

生猜:苹果/香蕉/梨。

师:仔细看是不是和你猜的一样,我变变变(摸出苹果),是什么呢?(苹果)

师:其实像这样一个苹果,一个梨,又一个苹果,一个梨,它们的排列是有规律的。(板书:规律)今天这节课我们就一块儿来找规律。(板书好课题)

二、找一找,创设情境,课件展示主题图

师:"六一"儿童节快到了,小朋友们把会场布置得漂漂亮亮的,请大家仔细观察,他们是用什么布置会场的?(灯笼、彩旗、小花)

那这些事物的排列都有规律吗?有什么规律呢?请你们认真观察。

师:谁能把他的发现和大家一起分享?

生1:我发现了灯笼的规律。(课件出示灯笼)

1个红灯笼,2个蓝灯笼,又1个红灯笼,2个蓝灯笼,又1个红灯笼,2个蓝灯笼。

师:对,是1个红灯笼,2个蓝灯笼为一组重复排列,(板书:重复排列)你们还发现了什么事物也是有规律的排列?

生2:我发现了彩旗的规律,(课件出示彩旗)1面黄旗,1面红旗,又1面黄旗,1面红旗。

生齐说:1面黄旗,1面红旗,又1面黄旗,1面红旗。

师:我们可以说彩旗是以(　　)面黄旗和(　　)面红旗为一组重复排列的呢?

师:谁还有其他的发现?

生3:我发现了小花的规律。(课件出示小花)1朵红花,1朵紫花,又1朵红花,1朵紫花。

师:小花是( )朵红花和( )朵紫花为一组重复排列?

生:1朵红花和1朵紫花为一组重复排列的。

师:节日到了,小朋友又唱又跳,可高兴了,看他们是怎么样围成一圈的呢?

生4:1个女生,1个男生,又1个女生,1个男生。

师:小朋友是以( )个男生和( )个女生为一组重复排列的。

三、知识大闯关

师:同学们都有一双会观察的眼睛,下面老师来考考大家。

1.课件出示:下一个是什么? 生答略。

躲在星星后面的是什么? 生答略。

2.摆一摆。用上教具有规律地摆一摆,看谁摆得最快,既整齐又漂亮。

生展示。谁能说出他是按什么规律来摆的吗?(略)

师:刚才同学们都用学具摆出了许多的规律,现在老师也想来摆一摆,请大家仔细看,(教师摆出磁珠),谁能有规律地接着往下摆呢?(生摆磁珠)谁能说他是按什么规律来摆的呢?

3.按自己喜欢的规律涂色。

请同学们打开数学课本第 85 页,完成"做一做"。看谁涂得又快又漂亮。

(学生展示)谁发现了他是按什么规律来涂色的?

四、说生活中的规律

师:我们生活中很多事物的排列是有规律的。看,老师的这件衣服有规律吗? 有什么规律呢? 规律就在我们的身边,那你们仔细观察我们的教室里哪些事物的排列也是有规律的。引导学生列举。

五、欣赏规律美(课件演示)

六、游戏中创造规律,课堂总结

师:规律可以美化我们的生活,你们想不想来创造规律?(想)

(教师示范:拍手一下拍桌一下。师重复两次后边做边说:学会的可以跟着老师做。师生一同接着活动,重复四五遍后教师喊停)师:你们能不能也创造一组这样的动作让大家跟着做一做?(学生思考,自己比画。)师:好,谁先上来把你创造的动作教给大家,看谁最勇敢。指名说说。师:真不错。

总结:今天我们学习了什么?(找规律)我们发现规律可以美化我们的生活,

回去和你们的父母找一找身边有规律的事例。

（此课例获黎塘镇中心学校第四届"教师发展论坛"课堂教学比赛一等奖。指导老师：施俏颖，陆慧敏，陆丽芳）

《三角形的分类》教学设计

宾阳县黎塘镇第五完全小学　叶玉华

一、教学内容：人教版四年级下册第83—84页。

二、教学目标

1.知识目标

通过观察、操作、比较，发现三角形角和边的特征，会给三角形分类，理解并掌握各种三角形的特征。

2.能力目标

经历观察与探索的过程，培养学生观察分析，动手操作的能力，进一步发展学生的空间观念。

3.情感目标

激发学生的主动参与意识、自我探索意识和创新精神。

三、教学重点、难点：

1.**教学重点**：使学生能按角和边的特征给三角形分类。

2.**教学难点**：学生能理解并掌握各种三角形的特征。

四、教学准备

多媒体课件、三角板、量角器、直尺、装有不同三角形的学具袋若干个、练习题等。

五、教学过程

前课交流：

师：同学们，你们是四几班的呀？

生：四（3）班的。

师：喜欢猜谜语吗？

生：（喜欢）

师：现在我们就来猜个谜语。请听好："形状似座山，稳定性能强，三竿首尾连,学问不简单。"

师:猜一种平面图形。

生:(三角形)。

师:真厉害! 这么快就答出来了。

相信这节课,你们会表现得更棒! 能做到吗?

生:能!

(一)谈话导入

课前我们通过猜谜,提到了三角形的话题。其实在我们的生活当中,三角形随处可见,种类很多,这节课我们就来学习《三角形的分类》。

(二)复习角

师:在学习新的知识之前,我们先一起去看看几位老朋友。

师:(指着课件问)这是? 这是? 这是?

生:锐角、直角、钝角。

师:什么叫作锐角?

生:小于90°的角叫作锐角。

师:什么叫作直角?

生:等于90°的角叫作直角。

师:什么叫作钝角?

生:大于90°,小于180°的角叫作钝角。(生:……)

师:同学们的记忆力真好。

(三)学习新知

师:今天老师还带来了几个三角形朋友。

师:请看,这些三角形长得完全一样吗?

生:不一样。

师:哪里不一样?

生:……角不一样。

师:就是角的大( )不一样。还有吗?

生:边不一样。

师:就是边的长( )不一样。你们观察得真仔细!

师:如果要给这些三角形分类,你打算按什么来分?

生:按……按角分,按边分。

1.学习按角分

师:你们真会思考,想出了这么多的方法。

如果按角分,(师板书"按角分")你打算先做什么?(可以小组交流一下。)

生:量角。

师:也就要先看看三角形的三个角分别是什么角。

(如果想不出来,老师就说:刚才你们在交流的时候,老师听到有个小组的想法是这样的:先看看三角形的三个角分别是什么角。)

师:你们觉得这种方法行吗?

生:行。

(1)小组合作。

师:好! 下面我们就以信封里的 6 个三角形为研究对象。按照这样的方法小组合作。在操作之前,先看要求。课件出示要求。师生齐读要求。

第一,测量每个三角形的角,完成表一。

第二,根据角的特征,想一想,这 6 个三角形可以分成几类。

第三,把三角形分类摆好。

师:第一步做什么?(生……)第二步?(生……)第三步? 三个步骤都做了才算完成。

师:明白了吗?

生:明白了。

师:好! 我们就来比一比哪一组完成得最快。第一名有奖品哦! 开始!

(2)汇报交流。

师:都分好了吗?

生:分好了。

请最先完成的小组上去汇报。

师提示:①号,你和同学们说说,我是几号三角形,有几个锐角,有几个直角,有几个钝角。2 号、3 号、4 号、5 号、6 号依次汇报。

师:现在请同类的三角形站在一起。(学生站好后)

师:你们这类三角形有什么特征?

生 1:我们的三个角都是锐角。

师:你们呢?

生 2:我们都是有一个直角,两个锐角。

师:你们呢?

生 3:我们都是有一个钝角,两个锐角。

师:你们有不同的意见吗?

生:没有了。

师:他们表现得怎么样?

生:好。

师:老师也觉得他们非常棒,奖品送给你们,谢谢,请回座位。

师:你们想给这类三角形起个什么名字? 这类呢? 这类呢?

生:锐角三角形。直角三角形。钝角三角形。

师:请看! 按角分,我们把这些三角形(边说边用一个圈把所有的三角形圈起来)分成了几类?

生:3 类。

师:它们分别是?

生:锐角三角形、直角三角形、钝角三角形。

师小结:有三个锐角的三角形是(锐角三角形),有一个直角两个锐角的三角形是(直角三角形),有一个钝角两个锐角的三角形是(钝角三角形)。

全班一起读。

师:请认真观察,锐角三角形最大的角是( ),直角三角形最大的角是( ),钝角三角形最大的角是( );

也就是说判断一个三角形是什么的三角形,可以只看( )。最大的角是锐角,它就是( );最大的角是直角,它就是( );最大的角是钝角,它就是( )。

师:同学们真聪明!

2.学习按边分

(1)小组合作讨论

师:刚才我们按角分,把三角形分为(锐角三角形、直角三角形、钝角三角形)。三角形除了可以按角分,还可以按什么分?

生:按边分?

师:按边先做什么?

生:量边的长度。

师:对,在测量之前,先看要求。(课件出示合作要求)师生齐读要求。

第一,测量每个三角形的边,完成表二。

第二,根据边的特征,想一想,这 6 个三角形可以分成几类?

第三,把三角形分类摆好。

师：第一步做什么？（生……）第二步？（生……）第三步？（生……）三个步骤都做了才算完成。

师：明白了吗？

生：明白了。

师：这次看哪一组完成得最快。开始！

（2）汇报交流

师：分好了吗？（巡堂时注意看学生分得对不对）

生：分好了。

请最先完成的小组长在下面汇报。（投影表二）

师：你们把这6个三角形分成几类？

生：3类。

师：几号三角形和几号三角形作为一类了？（学生回答，老师贴三角形，注意对不对）。

师：你为什么把这些三角形归为一类？

学生回答，老师贴字条。

师：你们有不同的意见吗？

生：没有了。

师：那我们也给这几类三角形分别起个名字？（老师指着不等边三角形，这类三角形谁来起个名字？）

生：……

师：它们3条边都不相等，我们可以把它们叫作不等边三角形。

师：这类呢？

生：等腰三角形。

师：这类呢？

生：等边三角形。

师：同学们请看按边分，我们把这些三角形（边说边用一个圈把所有的三角形圈起来）分成几大类？

生：3类。

师：我们来看等腰三角形有几条边相等？

生：2条。

师：等边三角形有没有两条边相等？

生：有。

师:这些三角形都有两条边相等,所以,它们是同一类。(边说边把等边三角形移到等腰三角形这边)。现在我们再来看一下,这些三角形可以分成几大类?

生:2 大类。(师把圈分成 2 份)

预设:

师:你来说。

生:我们组是分为 2 类,

师:哪几号三角形为一类?

生:1,2,4,5 号为一类,3,6 号为一类。

师:你们为什么把 1,2,4,5 号分为一类呢?

生:因为它们都有两条边相等。

师:所以它们是属于同一类的。(边说边把等边三角形边往等腰三角形这边移)

师:哇! 你们真聪明,真会思考! 掌声送给他们。

师:那我们也给这几类三角形分别起个名字?(老师指着不等边三角形,这类三角形谁来起个名字?)

生:……

师:它们 3 条边都不相等,我们可以把它们叫作不等边三角形。

师:这类呢?

生:等腰三角形。

师:这类呢?

生:等边三角形。

师:同学们请看按边分,我们把这些三角形(边说边用一个圈把所有的三角形圈起来)分成几大类?

生:2 大类。(师把圈分成 2 份)

师:等边三角形三条边都相等。它是特殊的等腰三角形。(边说边用一个小圈把等边三角形圈起来)

师小结:三条边都不相等的三角形是( ),有两条边相等的三角形是( ),三条边都相等的三角形叫( )。

全班一起来读一读。

(3)认识等腰三角形和等边三角形各部分的名称。

师:等腰三角形和等边三角形是比较特殊的三角形,下面我们来进一步认识它们。打开书本第 84 页,自学等腰三角形、等边三角形的内容。

师:看完了吗?

生:看完了。

师用课件出示一个等腰三角形,一边操作电脑一边问:

这是一个(　　)?

生:等腰三角形。

师:相等的这两条边叫?

生:叫腰。

师(指下面那条边):这条边呢?

生:叫底。

师:两条腰所对的角是?

生:底角。

师:(指两腰的夹角)这个角呢?

生:顶角。

师:量一量你们手中等腰三角形的底角,你有什么发现?

生:两个底角相等。

课件出示一个等边三角形。

师:这是一个(　　)三角形,也叫(　　)三角形。

师:量一量你们手中的等边三角形,你有什么发现?

生:三个角都相等。学生答,老师操作课件。

师:你们真善于发现。

(4)认识等腰直角三角形、等边三角形的特殊性。

师(拿出等边三角形):我们来看这个三角形。按角分,它是……

生:锐角三角形。

师:按边分,它是……

生:等边三角形。

师:说明它既是锐角三角形,又是等边三角形。

师(拿出等腰直角三角形):再来看这个三角形。按角分,它是……

生:直角三角形。

师:按边分,它是……

生:等腰三角形。

师:说明它既是直角三角形,又是等腰三角形。可见分类的标准不同,分类的结果也不同。

(四)练习

刚才我们通过小组合作,学习了三角形的分类,以及等腰三角形和等边三角形的一些知识。下面我们就利用这些知识来解决生活中的问题。请看！课件出示第1题。

1.“我会填”:老师读题,全班答。回答正确。

师:真聪明,这么快就完成了。

师:现在老师要请你们来做个小法官。

2.课件出示判断题:用你们的手势告诉老师答案。

师:看好了吗？

师:第一题,你们的答案是？确定了吗？ 生:确定……看你们的答案和电脑老师的一样吗？

生:一样。

师:第二题。你们的答案是？确定了吗？确定,请看正确答案……答对了。

师:第三题。确定了吗？确定……

师:谁来说说为什么是错的？

生:因为有一个三角形,不一定是锐角三角形。

师:你真了不起！

3.画出蚂蚁进洞的线路。

师:老师还有一道题考考你们。出示课件:画出蚂蚁进洞的线路。

师:同学们认真观察,想一想,这些蚂蚁该进哪个洞呢？

给一分钟时间思考。

师:全班同学一起来帮一帮这些蚂蚁。第一只蚂蚁进哪个洞？

生:第一个洞。

师:还可以进哪个洞？

生:第三个洞。

师:第二只蚂蚁呢？

……

师:做完这道题你有什么发现吗？

生:有些三角形既是……三角形又是……三角形。

师:你们很善于发现。由此可见,分类的标准不同,结果也不同。

4.欣赏生活中的三角形。

师:同学们表现非常出色,现在我们一起去欣赏生活中的三角形,课件展示生活中各种三角形的图片。

(五)课堂总结

这节课我们学习了什么内容?(生:三角形的分类)你有什么收获?(生自由答)老师给你们留一道家庭作业:分别画出一个锐角三角形、直角三角形、钝角三角形。

这节课就到这里。下课……

板书设计:

三角形的分类

按角分 按边分

三个锐角

三边不相等 两条边相等

一个直角 一个钝角

两个锐角 两个锐角

三边都相等

【教学反思】

从整节课学生的学习情况来看,完成了预定的教学目标,我认为是比较成功的。学生在动手实践与合作中,会按三角形的角和边的特征给三角形分类,掌握了各类三角形的特征。本次教学,我认为做得比较好的有以下几点:

一、创设情境,激发兴趣。

我设计了一些有趣的环节,如以去看老朋友引入复习角,为下面的学习做好铺垫。让学生动手操作、扮演三角形等,激起了学生学习的兴趣。

二、注重学生的动手实践与合作能力。

让学生带着问题去合作探究,通过观察—测量—归纳—分类,从而得出三角形按角分、按边分的方法,以及各类三角形的特征。整个过程都是以学生为主体,真正体现了学生的主体地位。

三、重视数学与生活的联系。

通过欣赏生活中的三角形图片,让学生感知三角形在生活中的应用。

四、板书设计,新颖、形象。

本次板书,既形象直观地表现了各种三角形之间的关系,又突出了重点。

不过我发现这节课也还存一些遗憾的地方,比如,对学生激励的语言较少;因为本节课的知识点比较多,在合作探究时又用了较多的时间,所以练习中的

"画出蚂蚁进洞的路线"这道题,是采用学生集体完成的形式进行。如果能让学生先独自完成,再讲评则更好。

(此课例获黎塘镇中心学校第三届"教师发展论坛"教学评比一等奖。指导老师:马丽名,黄敏,施桂英,陆海芳)

《三角形的内角和》教学设计

宾阳县黎塘镇中心学校 王小青

知识目标:

学生通过量、剪、拼、折等操作学具的活动,找到新旧知识之间的联系,主动掌握三角形内角和是180度,并运用所学知识解决简单的实际问题。

能力目标:培养学生主动探索、动手操作的能力;培养学生收集、整理、归纳信息的能力;使学生养成良好的合作习惯。

情感目标:渗透转化迁移思想,培养学生大胆质疑的勇气和严谨的科学精神,让学生体会几何图形内在的结构美。

教学重点:

让学生经历"三角形内角和是180度"这一知识的形成发展和应用的全过程。

教学难点:

从不同角度,通过多种方法验证所有三角形的内角之和都是180度。

教学准备:

多媒体课件,准备师生用的不同类型的三角形纸片,量角器。

教学过程:

一、激趣导入

师:同学们喜不喜欢猜谜语?

生:喜欢。

师:好,老师就给同学们出一个谜语,不过这次揭谜底的方式跟以往不同,不能用语言来表达,要用画图的方式来揭露你的谜底。出示谜语:

"形状似座山,稳定性能坚,三竿首尾连,学问不简单。"

现在同学们拿出准备好的卡纸,把你的谜底画在卡纸上。

(学生画三角形)

师:哇,个个画的都是三角形,同学们都是猜谜高手。

师:看来同学们对三角形非常的熟悉,现在老师再来考考同学们一个问题——三角形按角分可分为哪几类?

生:三角形按角分可以分为直角三角形、锐角三角形、钝角三角形。

师:(出示一副三角尺)这是一副三角尺,它们都是什么形状的?

每块三角尺的度数分别是多少度?

师指着角,学生说角的度数。30°、60°、90°、45°、45°、90°。课件显示两个直角三角尺及度数。

师:师一边指着三角尺的角一边说:这三个角就叫作三角形的内角。(板书:内角)

一个三角形有几个内角?

生:一个三角尺有3个内角。

师:这个三角尺的3个内角的和是多少度呢? 这一个三角尺的3个内角的和又是多少度? 请同学们算一算。

课件出示图形及问题。

师:(出示等边三角形)这是等边三角形,谁能说出每个角分别是多少度?

生:每个角分别是60°。

师:这个三角形的3个内角的和是多少度呢?

生:180°。(学生算)

师:我们计算了三个三角形的内角和都是180度,是不是所有三角形的内角和都是180°呢? 这节课我们就一起来研究三角形的内角和。

(板书课题:三角形的内角和)

二、小组探究,得出结论

1.引导学生探究

师:老师这儿有一个三角形(出示一个剪好的三角形),大家猜一猜这个三角形的内角和是多少度呢?

生1:180°。

生2:180°。

生3:180°。

师:大家都猜三角形的内角和是180°,有什么办法来证明3个内角和就是180°呢?

请同学们在小组里讨论讨论,用什么办法来证明三角形的内角的和就是180°。

小组讨论,个别汇报。

生1:用量角器测量每个角的度数,然后把每个角的度数加起来。

生2:把三角形剪一剪。

师:怎样剪? 能说说想法吗?

生2:把三角形的3个角剪下来,然后拼在一起,拼成一个平角。(表扬)

生3:折一折。

师:怎么折呢?

生3:把3个角往里折,折成180°。(表扬)

(师板书:量一量、剪一剪、折一折)

师:现在请同学们拿出刚才画好的三角形,用量一量的方法来证明自己的猜测。

学生动手操作,汇报。

组1:我们组是通过量出每个角的度数,然后计算得出结论的。

生1:$\angle 1 = 40°$ $\angle 2 = 60°$ $\angle 3 = 80°$ $\angle 1 + \angle 2 + \angle 3 = 180°$

生2:$\angle 1 = 90°$ $\angle 2 = 40°$ $\angle 3 = 50°$ $\angle 1 + \angle 2 + \angle 3 = 180°$

生3:我的三角形的内角和是185度。

师:这是怎么回事?

生3:准是你量错了。

生4:有误差,现在的量角器中间有一个很大的洞,根本量不准。

生5:就是量错了,我们组也用"量"的方法验证的就没错。

师:这个三角形的内角和到底是180°还是185°?

剪、拼的方法就是把三角形的3个角剪下来,拼在一起;

折一折的方法就是把三角形的3个角折在一起。

现在就请同学们利用刚才画好的三角形,小组之间一起合作,选择一种你自己想尝试的方法——(剪、拼或折一折)——再一次来证明三角形的内角和是不是180°。

学生分小组活动,教师参与学生的活动,并给予必要的指导。

请个别汇报,并上前演示。

生3:(之前量185°的学生)我们小组把三角形的3个内角撕下来拼在一起,发现正好拼成了一个平角,平角的度数是180度,所以三角形的内角和就是180度。

师:你说说三角形的内角和是180度还是185度?

生 3：180°。

师：你刚才量得185°，是你在量角时看得不认真、不细心。学习是不能马虎、粗心大意的。

生 4：折成长方形。

师：电脑老师和同学们真是想到一块去了，它也用了拼一拼、折一折的方法，大家一起来看电脑的操作。（课件显示）

师：大家想不想知道三角形的内角和是180°是谁发现的？　生：想！

师：课件介绍数学家。

师：你们也很厉害，想出了三种方法来证明帕斯卡的发现，掌声送给自己。现在同学们就带着自己的发现去解决一些数学问题。

三、巩固练习

（此课例获黎塘镇中心学校第四届"教师发展论坛"教学评比二等奖。指导老师：吴秋珍，罗燕兰，梁丽娇）

《找次品》教学设计

宾阳县黎塘镇第一完全小学　和覃萍

教学内容：新人教版五年级下册第八单元数学广角。

教学目标：

知识目标：1.通过小组学习找次品，体验解决问题方法的多样性，并最终选择最优方案。2.通过小组探讨出找次品的规律，并运用规律解决更多的实际问题。

情感目标：通过小组的合作交流，培养学生们的团结合作精神。

教学重点：使学生们掌握找次品的规律。运用规律解决更复杂的找次品问题。

教学难点：使学生理解为什么把物品分成3份时，称的次数才最少。

教学过程：

一、比眼力情境导入

1.找出众多字中的不同的字。

2.师解释：像这样特殊的、不同的东西，我们可以称它是次品。

3.揭示课题，板书课题。

二、新授

1.引导学生说出用没有砝码的天平,从两瓶木糖醇中称出空的那瓶的方法。课件出示天平图。

2.教学例1。用天平从3个物品中找次品。

(1)让学生自由说方法。

(2)课件演示称量的过程。

(3)总结从3个中找次品的方法。师画称量过程,并简单记下思考过程:

(1,1,1)1次

(4)让学生说出(1,1,1)1次的意思。

3.从4个中找次品。

(1)小组交流,师提示可以像老师一样画出称量过程和记下思考过程。

(2)小组汇报。师根据学生的汇报板书各种方法的思考过程。

板:(1,1,1,1)2次(2,2)2次

(3)提醒学生要注意:幸运的和倒霉的情况都要考虑,也就是要保证找到次品。(板书:保证找到)

(4)小组交流:从4个中找一个次品,两次是不是最少的? 能不能一次找出来? (交流后板书:至少)

4.学习例2。从8个物品中找次品。

(1)再一次发挥小组力量一起讨论。

(2)小组汇报。师根据学生的汇报板书。

(3)小组二汇报。师根据学生的回答板书。

(4)师说出(3,3,2)2次的分法。

(5)小结:把物品分成3组。(板书:分3份)

(6)从天平有两个托盘的构造分析为什么分成3份,称的次数就最少。

5.用分3份的方法,小组再一次合作交流如何从9个中找次品。

(1)引导学生说出下面这两种分法:

(4,4,1)3次 (3,3,3)2次

(2)对比:(4,4,1)3次 (3,3,3)2次

(3)小结:尽量平均分。(板书:尽量平均分)

6.总结找次品的两种规律:1.分3份。2.尽量平均分。

7.电脑出示找次品方法。齐读方法。

三、运用规律解决更复杂的找次品问题

1.从 10 个中找次品。

板书(3,3,4)3 次

2.从 28 个中找次品。

板书(9,9,10)4 次

四、全课总结

课件出示待侧物品数与最少需要称的次数的关系表。

下课……

板书设计：

找次品

3 个：(1,1,1)1 次

4 个：(1,1,1,1)2 次　(2,2)2 次

8 个：(3,3,2)2 次

9 个：(4,4,1)3 次 (3,3,3)2 次

10 个：(3,3,4)3 次

28 个：(9,9,10)4 次

方法：1.分 3 份。

2.尽量平均分。

（此课例获黎塘镇中心学校第四届"教师发展论坛"课堂教学比赛二等奖。指导老师：陆剑飞,思宁,秋兰）

《数学广角——推理》教学设计

宾阳县黎塘镇第二完全小学　梁丽娇

教学内容：人教版教科书第 109 页例一,"做一做"第一、第二题,练习二十一第三题。

教学目标：

一、通过观察、猜测等活动,让学生经历简单的推理过程,理解逻辑推理的含义,初步获得一些简单的推理经验。

二、能借助连线、列表等方式整理信息,并按一定的方法进行推理。

三、在简单的推理过程中,培养学生初步的观察、分析、推理和有条理地进行数学表达的能力。

四、使学生感受推理在生活中的广泛运用,初步培养学生有顺序地、全面地思考问题的意识。

教学重点、难点:

培养学生分析、推理的思维过程及有顺序地、全面地思考问题的能力。

教学过程:

一、游戏导入、激发求知欲

师:同学们,今天梁老师带来两只可爱的小动物和我们一起学习,瞧,它们来了(出示课件熊大、熊二),知道它们的名字吗?(孩子们集体说出熊大、熊二的名字),请掌声欢迎它们的到来。

师:(出示课件熊大、熊二隐藏)唉,熊大、熊二看见同学那么热情,害羞得藏了起来,它们分别藏进了这两个盒子里(出示准备好的1号和2号盒子)。现在,请同学们来猜一猜它们分别藏在哪一个盒子里?

师:谁先来猜?请你先来……请你……请你……

生乱猜。

师:同学们,像这样没有根据的乱猜,你们能确定熊大、熊二分别在哪一个盒子里吗?

生:不能。

师:那请听老师给出的一个信息。1号盒子说:我装的不是熊大(把信息亮出来让学生看)。

师:现在,你们能猜出来了吗?说说你的想法。

师:对不对呢?请看(师亮出熊大、熊二,揭晓答案。)

师:刚才在游戏中同学们能准确地猜出熊大、熊二分别在哪个盒子里,是因为老师给了你们提供了什么?

生:信息。

师:对,这就说明我们在猜的时候不能随便乱猜,而要根据所给的信息来猜。像这样根据已经知道的信息,有依据地猜测出结果,在数学上称为推理。

板书课题:

数学广角——推理

【设计意图】在日常生活中,学生已经积累了一定的简单推理的生活经验,只不过没有意识到这是推理的内容。通过“猜一猜”的游戏活动,激发学生浓厚的学习兴趣,唤起学生已有的生活经验,让学生感受数学与生活的联系,从而积极参与学习活动。

二、新课探究

1.学习两种情况的推理

师:同学们,你们喜欢玩游戏吗?

生:喜欢。

师:好,那下面就和熊大、熊二一起玩一个推理的游戏,请看屏幕(课件出示游戏),边说边玩。

师:刚才,我们玩的是几种情况的推理游戏呢?

生:两种。

师:那现在谁能来总结一下有两种情况的推理方法?

生说。

师:只有两种情况,不是这种情况,就是那种情况,对不对?

生:对。

师:请看屏幕,全班齐读。(生读)

(板书:两种情况:想"不是什么,就是什么")

师:像这样的方法数学上称为排除法。

师:熊大、熊二说两种情况的推理太简单了,你们觉得简单吗?

生:简单。

师:那我们一起去学习更复杂的推理,好不好?

生:好。

【设计意图】从学生已有的生活经验和知识经验出发,通过推理游戏,让学生能很快进入预设的学习状态,使学生初步获得一些简单的推理经验。

2.探究三种情况的推理

(一)分析问题(全班读题)

师:同学们,请看。(课件出示教学例1)有语文、数学、品德与生活三本书,下面三人各拿一本,小红说"我拿的是语文书",小丽说"我拿的不是数学书",你能判断出小刚、小丽拿的分别是什么书吗?(课件同步突出小红、小丽的话)

师:请同学们认真看题目,从题目中,你知道了什么?

师:要解决的问题是什么?

师:"有《语文》《数学》《品德与生活》三本书,下面三人各拿一本"这句话是什么意思?

师:他们三人分别拿的是什么书呢? 请同学们先想一想,然后把你的想法在小组内交流,再把你解决问题的过程用自己喜欢的方式记录在老师发给你的这张纸上(出示纸),现在开始吧。

生:活动。

师:巡视指导并收集做得好的作品。

【设计意图】目的是让学生通过认真读题,找出题中数学信息及所解答的问题,培养学生观察、分析、推理和有条理地进行数学表达的能力。

(二)展示交流

师:他们三人拿的是什么书呢? 我们来一起看看这些同学的答案。

预设一、语言描述法

小红拿的是《语文》,那小丽和小刚拿的就是《数学》和《品德与生活》。小丽又说她没拿《数学》,他肯定拿的就是《品德与生活》,剩下的小刚拿的就是《数学》了。[语言是思维的外壳,只有想得清,才能说得明。]用文字来描述的请举手。

预设二、连线法

把人名和书名写成两行,再根据每一个条件分别连线:小红拿的是《语文》,就直接把小红和《语文》连上线;剩下的小丽和小刚就只能连《数学》和《品德与生活》了,小丽又说她没拿《数学》,那小刚拿的就是《数学》了,再连上线,最后把小丽和《品德与生活》连上线。

预设三、列表法

除了这个方法你还有其他方法吗? 学生被难住了。看,老师给你们一种方法(课件出示表格法)引导学生填表。

师:同学们的想法真多,以上的方法中你最喜欢哪种?

师:好,只要你自己喜欢就好,不管哪种方法,推理时必须先找到最关键的条件,把推理问题转化为最简单的推理,经过有序的、全面的思考分析,最终推出结论。实际推理的时候,方法也很多,语言描述法是推理的好方法,连线法和列表法能让我们的推理过程简洁、直观。(课件出示)我们可以根据需要选择合适的推理方法。

师:下面,谁来总结一下三种情况的推理方法?

生小结。

师板书(三种情况:先确定一种,再变成两种情况的推理)。

课件出示三种情况推理方法小结,生齐读。

【设计意图】通过展示交流,让学生在独立思考的基础上主动探究解决问题的方法,学会从多个信息中选择关键信息推理出某种结论,进一步让学生经历简单的推理过程,理解逻辑推理的含义。

三、训练与应用

师:现在,老师想考考大家,看看你们是不是已经能够按一定的方法去推理,你们敢接受挑战吗?(敢)

挑战一、109页"做一做"第一题。(课件出示)

指生读题目要求。(欢欢、乐乐和笑笑是三只可爱的小狗。乐乐比欢欢重,笑笑是最轻的。你能写出它们的名字吗?)

师:你能写出它们的名字吗?用刚才我们学习推理的方法,请同学们先想一想,然后把答案写在老师发给你的这张纸上。(出示)看谁做得又对又快(生活动)

师:完成的小组请用你们的坐姿告诉老师你们已经完成了。哪一个小组来展示一下?

闯关成功,我们来看挑战二。(课件出示挑战二)

挑战二、练习二十一第三题。(课件出示)

(指生读题,小雨、小东、小松三个人进行跳绳比赛。小松说:"我不是最后一名。"小东说:"我也不是最后一名,但是小松比我成绩好。"他们各得了第几名?)

师:你先确定谁的名次?再确定谁的名次?你是怎么想的?把你的想法在小组内交流一下吧。

【设计意图】根据二年级学生的年龄特征,设计了与生活有关的应用环节,思维训练层层深入,使学生进一步理解推理的含义,感受推理在生活中的广泛运用,初步培养学生有顺序地全面地思考问题的意识。

四、小结与提升

师:今天这节数学课,你学到了什么知识?(结合板书,师及时评价。)

生:学了推理。

生:两种情况推理,不是……就是……

生:还有三种情况的推理……

师总结:同学们真厉害!学得真多!今天我们用自己的智慧打开了推理的大门。推理是数学的基本思维方式。推理在我们以后的学习中有着广泛的应用。老师希望你们在遇到学习或生活中的难题时也能简单推理下,当你排除一切不可能之后,剩下来的,那就是答案。

师:同学们,你们今天表现得非常出色,谢谢你们。(课件出示:谢谢)下课。

师:请孩子们收拾好自己的物品,排好队有秩序地回到教室。再见孩子们,谢谢你们,谢谢!

五、板书设计

【设计意图】板书简洁明了,重点突出,让学生通俗易懂,一目了然。

板书设计:

推理

两种情况:想"不是什么,就是什么"。

三种情况:先确定一种,再变成两种情况的推理。

(此课例获黎塘镇中心学校第五届"教师发展论坛"课堂教学比赛一等奖。

指导老师:黄敏,黄小娟)

《倍的认识》教学设计

宾阳县黎塘镇三李小学 李 倩

教学内容:人教版三年级数学上册第50页。

教学目标:

1.初步建立倍的概念,理解"几倍"与"几个几"的联系。

2.通过动手操作,培养几何直观。

3.使学生初步体会数学知识与日常生活的联系,培养学生的观察、推理、迁移能力及语言表达能力,养成良好的学习习惯。

教学重点:理解一个数是另一个数几倍的含义,初步建立倍的概念。

教学难点:初步建立倍的模型,理解倍的意义。

教学过程:

(一)复习导入,旧知回顾

师:同学们,你们喜欢参加运动会吗?(喜欢)动物王国今天也要召开森林运动会,我们一起去看一看都有哪些小动物吧!(课件出示动物图片)

【设计意图】通过图片复习旧知"几个几",与新知"倍"形成知识的对接,做好表示"几个几"的乘法意义和"倍"的概念意义的先前储备,为沟通两者的联系做好铺垫。

(二)探究新知,理解概念

1.初步认识倍的概念。

(1)看一看,引入新课。

师:(课件出示教材第50页主题图)小兔子们也来参加运动会,兔妈妈给它们准备了各种各样的萝卜,仔细观察有几种萝卜?

师:数一数它们分别有几根?

师:刚才我们发现了胡萝卜有几根?(2 根)还找到了(红萝卜),有几根呢?(6 根)还有呢?(白萝卜)几根?(10 根)

(边说边把萝卜贴到黑板上)

师:同学们看,黑板上这么多的萝卜,你能提出什么数学问题吗?

师:刚才同学们提的问题有谁比谁多,或者谁比谁少的问题,以及求一共有几个萝卜的问题,还有一个同学提到了谁是谁的几倍的问题,这个就是我们今天要认识的新的数量关系。今天我们来认识新的数量关系。(板书课题:倍的认识)齐读课题。

【设计意图】通过观察主题图,引导学生发现各种萝卜的根数,并能运用学生已有的知识经验提出数学问题,师以此为契机,设置悬念,导入新课,激发学生的求知欲。

(2)用"几个几"表述,初悟"倍"的含义

师:小朋友们,仔细看。现在老师把 2 根胡萝卜圈起来做一份,把它看作一个标准,如果我们像胡萝卜这样 2 根 2 根地去圈,那红萝卜可以圈出几个 2 根呢?(3 个)你们真聪明!好,我们一起来圈一圈、数一数(师边圈生边数:1 个 2 根,2 个 2 根,3 个 2 根)红萝卜一共有 3 个 2 根。(板书:3 个 2 根)

师:聪明的小朋友,请你们想一想,为什么说红萝卜的根数是胡萝卜的 3 倍呢?你是怎么想的?跟你前后桌的同学一起说一说。

师:谁来说说为什么说红萝卜的根数是胡萝卜的 3 倍呢?

师:好,我们看,红萝卜有几根?胡萝卜呢?如果我们换成数字来说呢?红萝卜 6 根,胡萝卜 2 根,6 是 2 的 3 倍。

【设计意图】先通过板书的直观演示和老师的讲解初步感知"几个几"和"倍"间的联系,帮助学生充实对"倍"的感性认识。再在认识"1 份"和"几份"的基础上引出"倍",将"几个几""几份"与"几倍"联系起来,把新知纳入已有的认知结构。

(3)圈一圈,自主说一说白萝卜与胡萝卜的倍数关系。

①请学生用圈一圈的方法找到白萝卜和胡萝卜之间的倍数关系。

②学生展示,汇报。

③师小结。

④拓展白萝卜和胡萝卜之间的倍数关系。

2.在标准量的变化中,加深对倍的理解。

(1)改变胡萝卜的根数。

①师:现在,兔妈妈又找来了一根胡萝卜。那么,红萝卜的根数是胡萝卜的几倍呢?

②师:都是6根红萝卜,为什么一下是2倍,一下又是3倍呢?

③师:胡萝卜的根数变了,也就是我们说的1份数发生了变化。刚才是2根1份,现在是3根1份。1份数发生变化,倍数也发生了变化。

【设计意图】学生认识实物带有具体性和直观形象性,需要从感受中获得感性积累,从而上升到理性认识。上述片段中,从几个几过渡到倍的语言表征,让学生经历从对生活中具体实物量的比较中抽象出倍的过程。再让学生自主发现白萝卜的根数与胡萝卜的倍数关系,通过知识的迁移形成对新知的巩固与运用,引出"一个数是另一个数的几倍"的含义。即时练习既是对新知学习进行简单反馈,也让学生感受到"1份"的标准不管是在哪一行,都不会影响比较量是标准量的几倍关系。

(三)练习巩固,加深理解

1.圈一圈,说一说。(课件出示)

2.摆一摆。

①学生合作探究。

②学生展示成果,汇报交流。

【设计意图】让学生通过圈一圈、摆一摆形式的动手操作来获得大量的感性认识,让学生在头脑中建立正确的表象,和已学的"几个几"的知识联系起来,深化学生对"倍"的认识,并让学生在具体操作中自我经历,体验倍的建立过程,进而掌握求一个数的几倍是多少的计算方法。

3.画一画

①(课件出示)要求:画△和○。第一行画△(画自己喜欢的个数),第二行画○,○的个数是△的3倍。

②生动手画,上台展示。

【设计意图】此题具有开放性,活跃了学生的思维,培养了学生的实践能力和知识的运用能力,学生的思维得到了发展。

(四)联系生活,拓展提升

①小游戏:请一定数量的学生上台,让学生找出男女生人数间倍数的关系。

②请学生列举生活当中倍数的例子。

③拍掌鼓励,加深认识。

【设计意图】通过猜引出求一个数的几倍是多少,用乘法进而建立"求一个数的几倍是多少"的思路,为解决问题构建"思维模式"。

(五)课堂总结

师:同学们,这节课我们学习了什么?

课后请同学们找一找生活中还有哪些可以用倍的知识来解决的问题,把它记录下来。

(此课例获黎塘镇中心学校第五届"教师发展论坛"课堂教学评比二等奖。指导老师:韦秋兰,思贤)

《认识小数》教学设计

宾阳县黎塘实验小学　冯　炜

教学内容:人教版教材第91,92页的内容。

教学目标:

1.结合具体情境,能认、读、写不超过两位的小数。

2.借助商品价格、米尺和几何直观图,帮助学生理解以"元"及以"米"为单位的一位小数的实际含义,知道十分之几可以用一位小数来表示。

3.培养学生动手操作、主动探索的意识和合作交流的能力,体会数学与现实生活的联系。

4.通过了解小数历史,渗透数学文化。

教学重点:

能认、读、写小数,并知道十分之几可以用一位小数来表示。

教学难点:

理解以"元"及以"米"为单位的一位小数的实际含义。

教学准备:

多媒体课件、米尺、作业纸。

教学设计说明:

本节课是在学生认识了整数和初步认识分数的基础上进行学习的,内容包括认、读、写不超过两位的小数,借助具体的量(米、分米)和几何直观图,直观感受一位小数与十分之几这样的分数之间的关系,以及一位小数的实际含义。经课前了解,学生对于以"元"为单位的小数接触得比较多,生活经验丰富,有一定的积累,基于学生已有的生活经验,我对教材进行了一些整合,在感受一位小数与十分之几这样的分数之间的关系时,先借助"价格模型"进行,这样有利于学生以具体的量(元、角)的知识作为学习小数的形象支撑。有了这样的认识后,再借助"米尺模型"让学生在具体的量(米、分米)中进一步感受一位小数与十分之几这样的分数之间的关系,从而实现数形的有效结合。

教学过程:

一、情境导入,引出新知

1.结合运动会报道,引出小数

(1)同学们,你们喜欢运动吗?

(2)播放报道,学生找数,分类。

2.揭示课题

今天让我们一起走进小数的世界,认识小数(板书:认识小数)。

【设计说明:通过创设运动会情境,提高学生的学习兴趣,在情境中复习整数,引出小数,让学生在日常生活应用实例中感受数与实际生活的密切联系,突出数的应用,体会数的意义的丰富性,明白小数的产生是源于生活的,是生活的需要这一事实。】

二、合作交流,探究新知

(一)认、读、写小数

1.生自学课本,学习小数点以及小数的读写。

我们都知道了这些数是小数,那它们和我们学过的整数有什么不同? 这个小数点写在什么位置呢? 小数点左边的数和右边的数读法一样吗?

总结读法:小数点左边的数和整数的读法一样,小数点读作"点",小数点右边的数只要按顺序读出每个数字就可以了。

2.写小数比赛,同桌互读小数。

3.你们在哪里见过小数?

【设计说明:小数的读写浅显易懂,自学不难,同时能让后续的教学有的放矢。写小数比赛活动,一是巩固小数的读写,二是增加课堂的趣味性,三是让生生互动更加丰富。最后通过列举生活中的小数,让学生感受小数在生活中的广泛应用。】

(二)以"价格模型"建构一位小数的意义

1.出示物品及价格

周末老师去"大统发"买了一些东西,请看。铅笔花了多少钱?

2.用面积模型表示 0.4 元、0.8 元。

如果我把这个长方形看作一元,要在这个一元里表示出零点四元,可以怎么做?想一想,然后和同桌交流一下。

学生交流后汇报。

3.初步感知一位小数的意义

从这些数据中,你发现了什么?板书:十分之几、一位小数。

4.用小数表示 1 元 2 角。

笔记本是多少钱?通过看图用小数表示笔记本的价格。

5.练习:用小数表示其他物品的价格。

这 4 样东西,你能用小数表示吗?

6.小结一位小数的意义。

【设计说明:认识小数要基于学生已有的生活经验,"价格模型"学生比较熟悉,与学生的生活经验最接近。以"价格模型"学习小数的意义,有利于学生以元、角知识作为学习小数的形象支撑。利用"价格模型"与"面积模型"的完美结合,通过"涂一涂"活动,在动手操作中培养学生学习数学的兴趣,构建了数学知识,实现了数形结合。】

(三)以"米尺模型"进一步构建一位小数的意义

1.出示米尺。

2.用米尺测量三条彩带的长度。

3.学习如何用米尺测量超过 1 米的彩带的长度。

4.学习整数部分是零和不是零的小数的含义。

5.小结:像这样在测量时得不到整米数可以用小数来表示。

【设计说明:"米尺模型"与测量活动相结合,让静态的知识以动态的形式展现,为使学生进一步加深对小数意义的理解提供支撑,让学生经历小数产生的"数学化"过程。】

三、练习巩固,综合应用

今天我们学了这么多小数的知识,你能用它来解决一些问题吗?

1.读一读。

2.填一填。

3.解决问题。

【设计说明：数学知识的目的在于运用所学的知识解决实际问题。题目的设计循序渐进，由难到易，有很强的层次性，让不同的学生都能获得不同的数学知识。通过设计半开放性的问题，让学生在具体情境中解决问题，体会小数应用的广泛性，拓展对小数的认识。】

四、全课总结，拓展延伸

1.今天我们认识了小数，你有什么收获呢？

2.今天我们只是认识小数的开始，以后还会进一步认识小数，你想知道小数是怎样产生的吗？

【设计说明：回顾和整理本节课的知识，学习数学文化，体会事物的发展由繁到简的规律，感受古人智慧，增强了民族自豪感。】

（此课例获黎塘镇中心学校第五届"教师发展论坛"课堂教学评比二等奖。指导老师：马丽名，陆海芳）

《We fly kites in spring.》教学设计

宾阳县黎塘镇第四完全小学　张小敏

一、教学目标分析

(一)知识与技能目标

1.语言知识目标

(1)能听、说、认读季节单词 spring，summer，autumn，winter 和天气单词 warm，hot，cool，cold。

(2)学会目标语句"It's spring""It's warm in spring""We fly kites in spring"等。

2.语言技能目标

能够在日常生活中谈论四个季节的基本特征以及不同季节发生的各种活动，培养学生综合运用语言的能力。

(二)情感目标

培养学生热爱英语、敢于说英语的信心，从而提高英语交际能力。激发学生关注季节、热爱生活的情感,从而达到身心的全面发展。

二、教学重点、难点

1.重点:学会目标语句:It's spring. It's warm in spring. We fly kites in spring.

2.难点:熟练描述四季的特征及活动。

三、教具:单词卡片、与教材相配的录音、书本、PPT、图片、白板

四、教学方法:任务型教学法、交际法、游戏法

五、教学过程

1.Self introduction.

2.Greeting and warming up.

T:Good morning,boys and girls.

Ss:Good morning ,Jasmine. T:Sit down please.

Ss:Thank you. T:Let's sing a song:football football l play football,go go go go go go,l play football,now l stop,now l stop....(Show on the PPT)该歌曲是由学过的短语:play football,go swimming 改编的,既能活跃课堂,又能起到复习的作用。

3.Presentation

(1)利用PPT观看四季的视频

T:I have a wonderful video for you,look!

(观看完毕后,PPT呈现四季的四张图片)

T:How many seasons in a year?(教师指向图片),1,2,3,4.There are 4 seasons in a year. 教授 season 单词:全班一小组

(2)PPT呈现在春天放风筝的图片

T:What season is it?(教师指向图片问)

Ss:春天。

T:Yes,It's spring.(教读单词 spring:全班一小组一全班。)

T:Now I am spring. Say hello to me. Hello, boys and girls. Ss:Hello, spring.

T:What's the weather like in spring? Warm or cold?(PPT 出现 warm 和 cold 的图片,教师也要做相应的动作) Ss:warm. T:Good,it's warm in spring.(PPT 中 cold 图片消失)教读单词 warm and do the action:全班一横排一

全班。（板书句型 It's_____./It's_____ in spring.）

T：What do you do in spring?（教师把手指向放风筝，并做出放风筝的动作）

Ss：放风筝。T：Very good.We fly kites in spring.（教授 we，fly kites 与目标句，PPT 出现句子格式：We _____ in spring.）（板书句型：We_____ in spring.）

（3）PPT 出示夏天的图片。教师指着夏天的图片问：What season is it?

Ss：夏天。T：Yes，it's summer.（教授单词 summer：全班—男孩们—女孩们—全班）

What's the weather like in spring? Warm，hot，or cold? 教师做出三种气候特点的动作，学生猜。Ss：Hot. T：You are so clever.It's hot in summer.（教授 hot，在句子中学单词：全班）

教师指向游泳图片：What do you do in summer? Ss：Go swimming.学生回答出来，教师适当表扬。T：Yes，we go swimming in summer.（同样的方法教授 autumn，winter）

3.Drill.

（1）闪卡模式复习四季。T：Look and guess，what season is it?

（2）肢体动作复习四季特点。T：I say you do.引导学生做四季特征的动作并说出句子：It's_____ in_____.

（2）Chant：Spring, spring, spring, it's warm in spring. Summer, summer, summer, it's hot in summer. Autumn, autumn, autumn, it's cool in autumn. Winter, winter, winter, it's cold in winter.（PPT 展示）

（3）复习短语：fly kites, go skating, T：I do you say.

（4）Listen and repeat.第一遍观看，第二遍跟读。

4.Consolidation

（1）根据转盘指针指向的季节图片，巩固 It's_____ 句式.第一张 PPT 全体一起做，剩下的提问学生。PPT 显示句型：—What season is it? —It's_____.

（2）四个人一小组，把小卡片分发到各个小组，小组把空出来的单词补充完整，并说出来。过后抽查两到三组。PPT 显示季节图片与句型 It's_____ in_____ spring/summer/autumn/winter.

（3）看图说话，巩固"We_____ in_____."第一张 PPT 全班一起完成，剩下的提问学生。

5.Summary

全班把所学的句型读一遍（板书）

6.Homework.

用英语跟家人谈谈自己在四季所做的事情。句型:We_____ in_____.

六.Writing－Design.

Unit1 We fly kites in spring.

warm   spring

It's hot   summer

cool   in autumn

cold   winter

fly kites spring

go swimming   summer

We   play football   in   autumn

go skating   winter

【教学反思】

这次教学,本着新课改对课堂教学活动提出的"和谐高效"理念,我从学生学习兴趣出发,凭借多媒体课件创设情境,通过各种寓教于乐的活动,让学生在做中学、在玩中学,使学生在课堂上能充分发挥他们的主观能动性,让学生在参与的过程中去体验,去观察,去寻找规律,去建构自己的知识结构。同时,也使教材的重难点在活动、游戏中被一点点地分解记忆,学习效果较好。

优点:①首先,我利用多媒体呈现四个季节的视频,学生看到视频马上有种惊艳的感觉,发出了一阵阵感叹声,达到了预先的整体认知目标。

②利用图片,配合单词卡片、肢体语言学习记忆新单词,让学生从不同角度来体验和感知单词的语音、写法和词义,直观、形象地理解语言点。比如教授四季特点与活动时,我利用肢体语言演示,学生能够一看到动作就会说出单词及短语。

③在呈现完之后,课堂有些沉闷,这时我利用了 chant 活跃课堂,学生都能很好地配合。

④观看动画朗读课文的时候,学生被形象的、直观的画面吸引住了,学生很快理解了课文内容,达到了语言知识目标,

⑤巩固环节,利用分发礼物吸引学生,很多学生都能够踊跃举手回答问题,也较好地达到了巩固目的。

缺点:板书不够清晰明了;语速过快;课堂上让学生听录音太少,应让学生多

听,模仿标准的语音、语调,规范他们的读音。

(此课例获黎塘镇中心学校第三届"教师发展论坛"赛课一等奖。指导老师:吴伟,雷梅兰,韦燕燕)

《I'm making Daming's birthday card.》教学设计

黎塘镇吴江小学　吴雄强

教学目标:

1.学习语句:

I'm making Daming's birthday card.

单词:card, careful, balloon, fly away

2.能口头运用"I'm making Daming's birthday card"说明自己正在做某事,因此不能做另外的事。

3.能听懂、会用"Who can help me"来寻求帮助并能用"Sorry ,I can't"或"Yes ,I can help you"来回答。

4.识别单词:card, careful, balloon, fly away

重点、难点:

1.能口头运用"I'm making Daming's birthday card"说明自己正在做某事,因此不能做另外的事。

2.识别单词:card, careful, balloon, fly away

能力目标:

讲述正在发生的事情;

向他人寻求帮助;

根据客观情况说明自己能否向他人提供帮助。

教学程序:

一、热身复习

1.Free talk.

2.sing a song"follow　me "(sing and do action)

二、任务呈现与课文导入

1.T:Today,Mr. Wu brought some things to my class. this is my bag,oh dear, this bag is very heavy, I can't carry this bag.(learn:carry 提、抬)

264

who can help me? / yes,I can help you./ sorry, I can't.

2.讲述日常生活中遇到困难时如何向他人寻求帮助并根据客观情况说明自己能否向他人提供帮助。

3.创设情景学习 fall,balloon,fly away,careful。

4.教师向学生简单介绍课文的背景。提示学生注意看在 Daming 的生日派对上发生了什么事。

5.呈现第一单元活动1。先请学生听录音,结合课文插图来理解课文。

6.再次播放录音,逐句停顿,请学生跟读。

7.利用单词 list 教授新词"birthday card, carry, fall, balloon, fly away be careful"。

8.组内互助,检查识记,全班分角色朗读课文,并用横线画出答案回答问题。

三、巩固操练

1.完成第一单元"活动 3"。先请学生看"活动 3"中的图片,然后教师指导学生按例句的模式进行情景短句的表演。该活动建议三人小组内进行,最后请学生向全班进行展示。教师注意进行及时鼓励和指导。

2.What are they doing?

四、Homework.

板书设计：Module 4 Unit 1

I'm making Daming's birthday card.

Who can help me?

Yes,I can help you./sorry, I can't.

【教学反思】

本节课的内容是六年级英语第八册第四模块第一单元,课前热身我以一首英文童谣歌曲开头,既可以营造学生学习英语的氛围,又能调动学生的情绪,通过实物创设情景学习重点单词,能让学生更深刻感知 falling 和 flying away 的发生情景,最后环节是 act out 环节,我想让学生自主创设情景对话,自导自演来操练所学过的重点句型:who can help me? 培养了学生运用语言和拓展语言的能力,整节课我认为教学目标基本完成,但也有不足之处,比如教学时间不够合理安排,各环节过度不够自然流畅,学生没有很好地利用充分的想象力创设情境讲更多的英语,如果让学生有更多时间操练,课堂效果会更好些。

(此课例获黎塘镇中心学校第三届"教师发展论坛"赛课二等奖。指导老师:杨月燕,韦华玲,廖晖真)

《On Monday I'll go swimming.》教学设计

宾阳县黎塘镇第一完全小学 杨 玲

教材分析：

本节课教材内容是外研版小学英语三年级起点四年级下册模块三第二单元，主要学习星期单词、一些常用的活动短语和句型"What will you do...? I'll...."，能运用句型制定假期计划和谈论活动。

教学目标：

知识与能力目标：

1.能够熟练掌握七个星期单词：Monday，Tuesday，Wednesday，Thursday，Friday，Saturday，Sunday 以及常用的一些活动的短语。

2.制定并谈论活动或假期计划，并能运用"What will you do...? I'll ...."来描述自己的计划。

情感目标：

1.通过学唱星期歌来激发学生的学习兴趣。

2.通过句型的练习，说说自己一周的活动安排，制定合理、科学的学习活动计划，懂得安排时间、珍惜时间，进而了解同伴、好友的计划，促进了解，培养兴趣。

教学重点：

在日常生活中能熟练运用目标语言谈论自己的计划。

教学难点：

星期单词的掌握，动词短语的认读、理解及正确发音。

Teaching steps：

Step 1 Warming up.

1.Sing a song：《Monday Tuesday...》

2.Greetings.

T 分别向七个小组打招呼。

Step 2 presentation.

1.运用句型"What day is it today?"导入，分别引出七个星期单词依次学习。

T：What day is it today?

Ss：Today is Thursday.

T：What day is it tomorrow?

Ss：Tomorrow is Friday.

T：Today is Friday and tomorrow is Saturday. Today is ... and tomorrow is ....

Ss：Tomorrow is....

2.师指卡片逐个教读两遍单词。

3.Play a game.（星期单词接力赛）

T：Boys and girls，let's play a game，ok? Ss：OK!

T：Monday. S1：Tuesday.　S2：Wednesday. S3：...

T：Great! You did a good job. Now every group please do we do.

S1：Monday. S2：Tuesday.　S3：Wednesday.　S4：...

4.出示单词卡学习新词：next，week，holiday.

T：Ok. Today is Friday. There are seven days in a week .Next week is a holiday.

5.T 说完出示单词逐个学习并贴词。

学习新词：have

T：Listen to me. Next week is a holiday. We will have a happy holiday.以此引出 have.

6.全体齐读两遍四个新词，然后个别抽读。

Step2　Review the phrases.

1.I do you say.（T 做动作，学生说动词短语）

T：Next week is a holiday. We will have a happy holiday. There are seven days in a week. I like Saturday and Sunday. Because I can play. What will you do on Sunday? I will...

fly a kite, go swimming, row a boat, play football, play basketball, play table tennis，listen to music

2.出示课件,学习课文中出现的动词短语并贴词条在黑板上。

T：Next week is a holiday. What will you do on Monday?

Ss：Go swimming.

T 引读句子"I will go swimming"，然后板书句型。

T：What will you do on Tuesday?

Ss：I will play with my friends.

T 以此方法引出活动短语并贴词条：go to the park，do my homework，visit my grandma，help my mother，read my books。

T 依次教读七个动词短语，然后个别抽读。

Step3　Play a game.（火眼金睛）

课件出示：Which one is missing?

个别说短语。（主要是一些常用的活动短语）

Step4　Learn the text.

Listen to the tape and find the answer.

Read after the tape.

全班齐读课文然后个别回答 3 个问题：

a.What will Shan shan do on Monday?

b.What will Shan shan do on Wednesday?

c.What will Shan shan do on Sunday?

Step5　Practice.（work pairs）

Ask and answer.

A：What will you do on Sunday?

B：I will play football.

做法：

1.T 出示一张各种活动图片，交代各小组用 A、B 句型练习对话。

2.抽查三四个小组，每个组员轮流问答。

Step6　Summary.

结合板书内容总结本节课。

T：What had we learnt today? We had learnt...

T：Who's the winner?

Step8 Homework

Make your plan in English.（You can use the phrases given below or do you know other phrases.）

Monday	Tuesday	Wednesday	Thursday
Friday	Saturday	Sunday	

do my homework　go swimming　go to the park

listen to music　write a letter　fly a kite

take pictures　read a book　watch TV

play football　wash clothes　help my mother

Blackboard writing design：

Module3 unit2　On Monday I'll go swimming.

A：What will you do on Monday?

go swimming.

play with my friends.

go to the park.

B：I'll do my homework.

I will visit my grandma.

help my mother.

read my books.

（此课例获黎塘镇中心学校第四届"教师发展论坛"赛课二等奖。指导老师：杨月燕,韦华玲,廖晖真）

《We fly kites in spring.》教学设计

（三年级英语下册 Module7 Unit1）

宾阳县黎塘镇第一完全小学　韦华玲

一、教材内容

1.本课时的教学内容为 We fly kites in spring。

2.需要掌握的词汇。四季的表达：spring,summer,autumn,winter;四季的主要天气特征：warm,hot,cool,cold。

需要掌握的句型有"We fly kites in spring"等等。

二、教学目标

知识目标:能听、说、读,本节课的新单词、新句型;

能力目标:在语言教学中培养学生探究、自主、合作的学习方法以及在实际生活中运用语言的能力。

情感目标:在语言教学中培养学生热爱生活、热爱大自然,积极乐观的生活情感态度。

三、重点和难点

依据以上教学目标,我确定了本课的教学重点和难点。

重点:

四会单词和短语:spring,summer,autumn,winter;warm,hot,cool,cold;fly kites,go swimming,play football,go skating 的听说读。句型:It's spring. It's warm in spring. We fly kites in spring.

难点:重点句型及结构在生活中的灵活运用。

We fly kites in spring.

四、课前准备:多媒体课件,单词卡片,小贴画,磁铁等

五、教学过程

Step 1:Warming up.

1.Greetings.

Good morning/afternoon! How are you?

2.改编《两只老虎》歌曲,复习跟运动有关的词,并达到活跃课堂气氛的目的。

Step 2:呈现新知,突破难点。

1.学习单词:欣赏有背景音乐的图片引出课题及四个季节的词。

2.学习句型:It's spring.

3.学习有关天气特点的单词。

How do you feel in spring/summer/autumn/winter? Who can tell me? Ss:(学生做出很舒服的样子)

T:Good! It's warm in Spring! Follow me 'warm'(出示单词卡片,教授单词 warm,并且一边读单词一边做出春暖花开的动作). 学习:It's warm in spring.It's hot in summer. It's cool in autumn.It's cold in winter.

4.学习四个动词短语。

riding my bike,skip ,fly kites

go swimming,play football/ basketball/table tennis,go skating .

1.What is teacher doing?

2.practise:What do you do in spring/summer/autumn /winter?

I____in____.

Step 3:学习课文

（1）Listen to the tape.

回答问题：What can we do in spring/summer/autumn/winter? Look at activity 2.

1.Listen,point and find"We..."

2.Read after the tape. Sentence by sentence.（一句一句跟课件仿读,帮助学生强化对语音语调及内容的记忆）并试着回答问题,教师运用课件适时出示答案。

3. listen, point and repeat. 完整地听对话一次,让学生尽可能记下主要句型的语音语调,并在书上标出。齐声朗读,巩固、强化语音语调。这样做,有助于语感的形成。

4.比赛朗读,活动形式:请小组学生朗读,开展语音语调的仿读评价。通过评价,加强学生对语音语调的重视。

Step 4:练习巩固

Step 5:Homework

1.抄写今天所学的新词语。

2.与家人及朋友谈论喜爱的季节和天气。

3.Paint the four seasons.

板书设计：

Unit 1. We fly kites in spring.

What do you do...?

We fly kites   spring   warm

We go swimming in.   summer   hot

We play football   autumn   cool

We go skating   winter   cold

【教学反思】

优点:

1.热身活动用《两只老虎》的旋律唱歌,既复习了旧知识,又为新课做好了铺垫,把学生带入一个轻松愉快的英语课堂中。

2.单词教学运用课件、TPR教学法等,较直观有趣,能调动学生的学习兴趣。

3.单词教学过程能围绕重点、难点进行,对学生熟悉的容易掌握的单词花时间少,对学生难把握的单词,采用不同方法操练巩固。

4.单词教授完了,板书组成了本课的重点句型,做到了在真实语境中学词语。

不足:本课英语单词较多,应该进行分散教学,课前先教授部分单词,授课时就能多出时间让学生读课文,操练展示。

(此课例获黎塘填中心学校第三届"教师发展论坛"赛课二等奖。指导老师:杨月燕,杨玲,廖晖真)

《Can you run fast?》教学设计

(外研版英语四年级上册)

宾阳县黎塘镇第四完全小学　玉芳清

一、教学内容

外研版英语四年级上册 Module 5 Unit 1 Can you run fast? 的知识。

二、教学目标

1.能听懂、会说、会写单词:run,fast,sky,high,far,winner, afraid。

2.能听懂 Can you run fast/jump high/ride fast/jump far? 并用 Yes, I can./No, I can't 来回答。

3.使用"can"谈论自己或他人的能力。

三、教学重点和难点

重点:

1.动词短语 run fast,jump high,jump far,ride fast 的认读和应用。

2.能听懂,会运用句型 Can you run fast /jump high/ride fast/jump far? 以及肯定、否定回答:Yes,I can./No,I can't.

难点:

1.用句型"Can you...?"询问他人及用"Yes,I can./No,I can't."来应答。

2.情态动词 can 的理解及运用。

四、教学课时:第一课时

五、教学步骤

Step1:Warmer

1.Greetings(师生互相问候)

T:Good morning boys and girls!

Ss:Good morning teacher!

T:How are you?

Ss:I am fine.

T:Do you like singing? Let's sing a song, okay?

Ss:Ok!

2.课件出示，师生一起边做动作边唱。（Sing a song:《Row row row your boat.》）

3.Now I do you guess,and you say it in English.【复习旧知:教师用简单的肢体动作展示游泳（swim）、跳绳（skip）、踢足球（play football）、唱歌（sing）、睡觉（slip）、做早操（do morning exercises），学生用英语说。】

4.以旧带新。

T:Now, guess, what am I doing?　　Ss:跑步。

T:Yes,I am running.（教师顺势出示新单词卡片,教授单词"run",学生挨个读）

T:So I can run.（PPT 展示 run 图片和 can）

T:Now, I need a student to come here to have a race with me. Who can try?（学生听不懂的话教师要用肢体语言解释）教师与学生赛跑,教师跑得快过学生。

T:I'm the winner. You can't run fast.（教师教授 winner 和 fast ,run fast,PPT 同步出示,在此处注意 can 和 can't 的读音。）

T:I can run fast. Can you run fast?

引入课题。

T:Today, we are going to learn Module 5 Unit 1 Can you run fast?（教师板课题）

Step 2.Presentation

Show the pictures（课件出示图片）

1)T:What are they? （教师指向图片）

Ss:They are birds.

T:Yes, they are birds. What are they doing?（教师做出飞的动作）

Ss:They are flying.

T:Yes. They are flying high in the sky.（教授单词 high,sky）

T:教授 high,（男生读,女生读）T:flying high　　Birds are flying high.

　　教授 sky,（分组读）T: in the sky　　Birds are flying high in the sky.

教师顺势问:Can you fly?　　Ss:不会。

273

T：No，I can't(PPT 展示和板书)

2）T：What's he doing? （教师指向图片）Ss：He's playing basketball.

T：Yes. Can you play basketball? （做打篮球的动作）

引导学生做出回答。Ss：Yes，I can./No，I can't.老师问学生答（学生 one by one）。

T：But I'm afraid I can't.（教授 afraid）

3.同样的方法教授：jump high，jump far，ride fast.

Step 3.Text study.

过渡语：I can run fast. I can ride fast. But I can't jump high and I can't jump far. Guess our friends Daming，Sam and Amy.What can they do? Now，Let's come back our text.At first，watch the video.Then answer the questions. I have four questions.

1.read text，then answer the questions.

1）T：Watch and listen the text carefully. Then answer the questions.

A：Show the questions：

a.Who can run fast?

b.Who can jump high?

c.Who can jump far?

d.Who can ride fast?

B：Please answer the questions.

T：Who can answer these questions? Ss：Let me try....

2）Read after the video(跟读课文)

T：The second times please read after the video together.

Step4.Chant：

T：Okay，boys and girls. Let's chant. Okay?　　Ss：Okay.

教师用电脑课件出示内容,师生共同完成说唱。（教生边 Chant 边做动作）

Run fast, run fast. Can you run fast?

Yes, I can./No, I can't.

Jump high, jump high. Can you jump high?

Yes, I can./No, I can't.

Jump far, jump far. Can you jump far?

Yes，I can./No，I can't.

Ride fast，ride fast. Can you ride fast?

Yes，I can./No，I can't.

T：You are so clever. You do a good job. Now Let's do some exercises.

Step5　Class exercises：

1.I say you do.请两个学生上来，一个说另一个做。比如该学生说 jump high，另一个学生就要做出跳高的动作。

T：Who can try? Please put up your hand. Ss：我来(学生举手)。

T：Okey，which paper do you choose?

T：Very good.Give you a little smile face.(奖励学生笑脸贴纸)Now please come back your seat.

2.根据笑脸提示用"Yes，I can"或"No，I can't"回答。

出示课件图片，T：Who can try?

教师点名回答，适时鼓励。T：Very good! Give you a smile face.Okey.next one.　Ss：____.

3.小组合作(俩人)。根据表格用 A：I can... Can you?　　B：Yes，I can . / No，I can't 对话。

课件出示表格，教师讲要求，给事例。T：Now look here.Make a survey .For example，Miss Yu can run fast.Draw a smile face.Miss Yu can ride fast.Draw a smile face.Miss Yu can't jump high.Draw a sad face.Miss Yu can't jump far. Draw a sad face. Do you understand? Now you and your deskmate make a survey. Do it quickly.

Ss：认真做。

Step6：情感升华

T：Sports can make us stronger and healthy.We should practice more.Now Let's enjoy some sport pictures.okey? 出示图片。

Ss：认真看。

Step7：课堂总结

T：Now Let's review this lesson.What we had learnt?

Ss：根据老师引导逐步复习。

Step8：布置课后作业

T：Look here.This's your homework.Make a survey.Can you do it?

Ss：课后完成。

板书设计：

Module 5   Unit1   Can you run fast?

run   fast?

Can   you   jump   far?   Yes，I can.

jump   high?   No，I can't.

ride   fast?

【教学反思】

本节课的教学内容选自三年级起点四年级上册 Module 5 Unit1   Can you run fast? 英语教学的目的在于让学生获得用英语交际的能力，所以在课堂教学活动中需创设特定的情景，使学生通过模仿和想象，促进学生的理解和记忆，启发学生思维，达到教学目的。要让全班学生都参与到课堂活动中来，尤为重要，可使同学们都敢于在课堂中操练口语，更可使学生们不会有被忽视的感觉，合作学习，增多操练机会。

这节课我设计了八个步骤，在 Step1 Warmer 部分，我先是 Greeting 后，利用歌曲调节上课的氛围，再利用"我做你猜"复习旧知识，达到以旧引新，水到渠成、自然导入的效果，让学生自然而然地进入新课的学习。在 Step2 Presentation 部分，我利用旧知识（句型 What are they?   What are they doing?）以及肢体语言"I can run fast"引入新知识"Can you run fast?"同时运用多媒体、卡片等帮助启发学习新单词，由单词到词组再到句子，逐一推进，使词不离句，句不离词，加强学生的记忆学习。学完新单词后，自然转入新课文的学习，在 Step3.Text study 中，我利用动画课件，充分调动同学们的视觉和听觉，开动脑筋，根据课文内容回答问题。紧接着请同学们跟着课件录音朗读课文，一是能使学生学习标准的语音、语调，二是在朗读中熟悉、记忆单词、句型和课文内容。学习单词、课文后，设计 Step4 Chant 和 Step5 Class exercises 两个教学环节，利用 Chant，I say you do，Make a survey 等教学活动形式让学生在情境中学，在学中玩，大大地调动了他们的学习积极性，使课堂气氛融洽和谐。充分利用多媒体、卡片等教学手段，为学生创设英语学习的情境，提高学生的学习兴趣。在 Step6 环节中出示一些有关运动的图片，让学生认识到运动的重要，提升情感。在 Step7 环节，总结课堂，回顾课堂所学。在 Step8 环节，布置课后作业，巩固今天这节课所学的知识。

虽然整节课基本上达到了我的预想效果，教学课堂气氛和谐融洽，但是我还感觉自己有许多不足的地方。比如，我的教学过程衔接不够紧密，有些紧张，对教学步骤不够熟悉,不能使每一个学生都有充足的时间参与练习。我的课堂评价语不够丰富,我的点评还不够及时和恰当。有时学生说不出,我总有些急,抢学生的话题。课堂对学生的关注度还不够。在今后的教学工作中,我一定要逐步改进,力争把英语课堂教学提上一个更新的台阶。

(此课例获黎塘镇中心学校第四届"教师发展论坛"赛课二等奖。指导老师:张小敏,郭柳萍)

《I get up at seven o'clock.》教学设计

宾阳县黎塘镇中心学校　吴　伟

一、教学目标

1.知识目标

(1)学习并能在图片提示下识别单词:at ,o'clock 和 短语:get up,go to school ,have lunch,go home,watch TV,go to bed。

(2)学习并能口头运用"I get up at seven o'clock"这类语句描述自己的两三种日常活动。

2.情感目标:通过活动培养学生要懂得珍惜时间,养成良好的作息习惯。

3.技能目标:会用英语谈论作息时间。

二、教学重难点

1.重点:识别 at, o'clock 及 get up 等六个短语,学会整点钟的表达方式。

2.难点:灵活应用本课知识谈论作息时间。

三、教学方法

采用情景教学法、直观教学法、任务型教学法等教学法相结合。

四、教学准备

PPT 课件 单词卡　课文动画视频等

五、教学过程

Step 1 .Pre-task

1.Play a game.

T:Good morning,boys and girls.

Ss:Good morning, Coco.

T:How are you today?

Ss:I'm fine,thank you. And you?

T:Oh ,I am fine,too.I am so happy .I like playing games.Do you like playing games?

Ss:Yes, I do.

T:Please look at me.Look at my fingers,say the numbers as quickly as you can.（老师快速伸出不同数量的手指,学生抢答说出相对应的数字1—10）

How many fingers?

Ss:three, seven,ten...

2.Sing a song.

T:OK! You did a good job.

Now let's sing a song . Ten little fingers.

Please show me your fingers.

Ss:One little,two little...（学生跟着老师边数手指边唱歌）

T:Oh! You can sing very well.

3.Guessing game

T:（用 PPT 展示一个数字正在拼成时钟的动态图）Look! What's this?

Ss:It is a clock.（教师拿出单词卡教学生读新单词"clock",然后展示多种形状的时钟）

T:Clock can tell us the time.Now look at this clock.What is the time, please? （用钟面展示几个整点时间,让学生学习整点的时间表达）

Ss:It is ten o'clock. （老师拿出 o'clock 的单词卡片贴在黑板上,并领读几遍）

T:（用一个实物钟,拨动时针转两圈）

There are 24 hours in a day.In my daily life,at different times ,I do different things.

I get up at six o'clock.（板书句子,并教读 2 遍）

And you?

（教师引导学生做起床动作,并出示单词卡"get up",贴于黑板上"o'clock"的前面,教读几遍）

S1:I get up at six o'clock.

S2:I get up at...o'clock.

以同样的方式运用动作和单词卡片来呈现新词组 go to school, have lunch, go home, watch TV, go to bed,并依次贴于"get up"的下面:

T:Now I do the actions ,you guess the phrases.

（老师做六个不同的动作,学生猜词组。）

T:Now I say the phrases,and you do the actions.

（老师说六个不同的短语,学生做动作。）

T:OK! Who can do the actions? Who can guess the phrases?（请两个学生为一组上讲台合作 ,一个做动作,另一个猜词组,之后发贴纸奖励）

4.Let's read.

(1)Listen and watch.

T:OK,Do you want to know Daming's daily life?

Ss:Yes.

T:Let's see and listen together.（学生看没有文字的课文动画,初步感知课文内容,回答问题。）

(2)Show the questions.

T:Look! Daming is talking about his daily life.What time does Daming get up/go to school/have lunch/go home/watch TV/go to bed?

Daming gets up at_____o'clock.

Daming goes to school at_____o'clock.

Daming has lunch at_____o'clock.

Daming goes home at_____o'clock.

Daming watches TV at_____o'clock.

Daming goes to bed at_____o'clock.

（每个问题都请几个学生来回答,等学生回答后放第二遍课文动画确认答案,答案正确的学生奖励贴贴纸。）

让学生模仿跟读课文。

T:OK! That's Daming's daily life.

Now I really want to know your daily life.

（让学生填一张表格，然后用 I...at...o'clock.

跟大家说说自己的日常生活，说的时候要加上动作。）

Activity	Time
get up	7:00

请学生说自己的日常生活。

5.Let's sing.

（教学生用儿童歌曲"Old Macdonald Had A Farm"的曲子，把板书的六个描述日常生活的句子唱成歌曲。）

（下课铃声响起）

T：The bell is ringing.

We can do lots of things every day. But time flies! Please arrange your time.Don't waste time.

6.Homework.

(1)Read Daming's daily life.

(2)Talk with your friends about your daily life.

T：Goodbye boys and girls.

Ss：Goodbye ，Coco.

板书设计：

Module 5 Unit 1 I get up at seven o'clock.

get up   seven

go to school   eight

I have lunch at twelve   o'clock.   go home   four

watch TV   six

go to bed   nine

【教学反思】

根据小学英语新课程下的教学方式,指出教师要以学生为主体,一切以人的发展为前提,尊重个体的差异性。我在熟悉教材和分析教材的同时,还分析了小学生的心理特征,教学设计旨在培养学生学习语言的兴趣,设计编排由浅入深,由易到难,层层递进,使学生在掌握好基本知识的构建下分配合理的任务,能够进行交流。

"兴趣是学生最好的老师。"一开课,我先用学生喜爱的唱歌和游戏复习了数字1—12,活跃了课堂气氛,激发了学生学习英语的兴趣。再由数字到整点钟的表达来导入新课。在教学过程中,我通过运用听指令做动作、编唱儿歌等多种教学方法来学习六个动词短语和句型。

不足的地方:1.在操练六个动词短语的时候,用了较多的时间,应多放些时间让学生学习整点的表达法。2.在学习句子时,要是能多让同桌相互练习和小组练习等,效果就会更好。

（此课例获黎塘镇中心学校第一届"教师发展论坛"赛课一等奖。）

《Do you like meat?》教学设计

宾阳县黎塘镇中心学校　韦　暄

教学内容

外研版《新标准英语》三年级起点第二册 Module4 Unit1 Do you like meat?

教学目标

(1)知识目标:掌握单词 meat,milk,rice,noodles,fish,及句型"Do you like…?"及其回答:"Yes, I do./ No ,I don't"。

(2)能力目标:让学生们在听、说、玩中锻炼自己运用语言的能力,能使用英语询问事情,能够将所学的知识在相似的生活中进行运用。

(3)情感目标:设计形式多样的课堂活动,营造和谐、平等、宽松的课堂氛围,提升学生学习英语的兴趣。通过小组合作学习,增强团结协作意识。

教学重点、难点

(1)教学重点:

①能听、认、读五个关于食物的生词:meat,milk,rice,noodles,fish。

②正确运用句型"Do you like…?"及其回答:"Yes, I do./ No ,I don't"。

(2)教学难点：

①五个关于食物的生词的正确发音。

②掌握句型：Please pass me the rice.

教学准备

课件、单词卡片、食物图片、光盘。

教学过程

一、以游戏形式复习旧知,激发学习兴趣。

1.Greetings.

以活动 1 的内容编成拍手游戏,让学生一边做拍手游戏一边复习旧知。

2.导入新课。

出示肉的图片,问:"What's this?"直接引出新单词 meat。

3.教授新知。

(一)教授新单词

1.课件分别出示新单词 meat,milk,rice,noodles,fish 的图片,逐步教授这五个单词。(采用老师先教读,后加动作读,随后分小组读、接龙读、个别读等形式学习新单词。)

2.以老师做动作学生猜单词、学生说单词学生做动作的形式巩固新单词。

(二)教授新句型

1.学习新句型:"Do you like meat? Yes,I do./No,I don't."

(1)教师出示肉的图片,说:I like meat.Do you like meat? 引出本课的重点句型:Do you like meat? Yes,I do./No,I don't.

(2)板书句型:

Do you like meat?

　　Yes,I do.

　　No,I don't.

(在"Yes,I do."后面贴上笑脸,在"No,I don't."后面贴上哭脸。)

(3)教师教读句型。

(4)操练句型。

①学生根据老师亮出的表情图回答问题。

T:Do you like ...?

S:Yes,I do./No,I don't.

②教师问学生答。

a.课件出示图片,教师针对图片进行提问:Do you like …? 学生根据自己的喜好回答:Yes,I do./No,I don't.

b.教师出示食物 meat,milk,rice,noodles,fish 的图片,通过问题" Do you like …?"询问学生的喜好,并根据学生的回答,分发给学生喜欢的食物图片。

③学生问学生答。

学生 1 拿食物图片用"Do you like …?"询问学生 2 的喜好,并根据学生 2 的回答,分发给学生 2 喜欢的食物图片。

(5)以 chant 的形式巩固句型。

Do you like meat?

Do you like meat?

Yes,I do. Yes I do.

Do you like rice?

Do you like rice?

No,I don't .No,I don't.

Do you like noodles?

Do you like noodles?

Yes,I do. Yes I do.

Do you like fish?

Do you like fish?

No,I don't .No,I don't.

2.创设情境学习句型:Please pass me …Here you are.Thank you.

(1)教师假装肚子饿,向有食物图片的学生要回图片,由此引出句型:Please pass me …Here you are.Thank you.

(2)引导学生用"Please pass me …"向老师取得食物图片。

(3)引导学生用"Please pass me …"向有食物图片的学生取得食物图片。

(三)学习课文

1.课件给出一张 Amy 一家和 Lingling 就餐的图片,然后提出问题:"What do they like?"让学生带问题看课文动画视频、听课文、跟读课文。

2.解决问题。

课件出示一张表格,以表格的形式解决问题。即在他(她)喜欢的食物的那一项出示笑脸。

四、拓展

1.课件出示图片,同桌之间用"Do you like …?"互相询问对方对图片的喜好。

2.学生上讲台表演对话。

请学生上讲台指着课件里的某一样东西,用句型"Do you like…?"询问另一个学生的喜好。

五、总结课堂

六、Homework

调查自己家人喜欢的食物,下一节课向全班汇报调查结果。

板书设计

Do you like meat?

　　Yes,I do.

　　No,I don't.

【教学反思】

我这一节课的教学设计结构紧凑,层次清晰,过渡流畅:在教新单词的环节中,我采用图片加动作教新单词 meat,milk,rice,noodles,fish 。在教新句型的环节中,我采用创设情境、chant、食物图片等教授句型"Do you like …? Yes ,I do./ No ,I don't ",让学生置身于真实的情景中,强烈吸引了学生的兴趣,提高了他们的学习热情。学习新句型"pass me the…/ Here you are./Thank you"时,我事先已做好铺垫,即在教授新句型前发给他们食物图片,现在又收回图片,由此引出新句型"pass me the…/ Here you are./Thank you",学生感到很意外,也很新奇,在自然情景中学习了"pass me the …"和"Here you are""Thank you."这三个句型。学生在这样的情境中接受和运用知识也更加得心应手。之后在学习课文环节中,我让学生带问题听、读课文,让学生有目的地听、读课文,所以在解决问题这一环节中进行得很顺利。最后在拓展这一环节中,学生也能够很好地完成任务。总之,在教学中,我始终以学生为中心,以活动教学为主,情景教学为辅,让学生积极参与到各项学习活动中,并通过情景交际、游戏、小组合作等方式激发学生的兴趣,培养了学生的实践与合作意识。在整节课中,学生的思维得以激活,表现欲望很强,课堂气氛热烈,学生学习兴趣浓厚,师生配合默契,教学效果较好。纵观整节课,效果良好,但也存在不足之处:1.个别学生有点紧张,回答问题不够大声。2.有些环节学生操练还不够多。虽然有不足,但我认为,本节课还有很大的提升空间,希望自己能够在今后的教学过程中逐步完善。

（此课例获黎塘镇中心学校第三届"教师发展论坛"赛课一等奖。指导老师:游紫英,陆筱稀,黄文凤）

《It's on your desk》教学设计

宾阳县黎塘镇吴江小学 吴月秋

一、教材分析

本课为新标准三起三年级下册模块八 Position Unit1 It's on your desk.这是一堂以三年级为起始年段的简单会话课。本课主要内容是围绕"方位"这一话题展开,主要通过大明在屋中按照提示找礼物的过程中呈现了不同方位词 in,on,behind,under,要求学生能够正确区分和使用介词,并能在一定的情景中描述物品的位置。其重点 It's in..../ It's on..../ It's behind/ It's under....的句型,以及四会词语 box,bedroom. 在文中还涉及一些如 box,chair,present,your,desk,birthday 的情景词汇。

二、教学目标

1.知识目标:能够听懂、认读、会说关于描述位置的介词和句子:in,on,behind,under,It's in the box. It's on your desk. It's behind the door. It's under the chair.

2.技能目标:掌握描述物品所在位置的句子,并能在实际学习生活中运用、交流、讨论。

三、教学重点、难点

1.能掌握、运用单词 box,bedroom 以及介词 in,on,behind,under。

2.能掌握功能句来描述物品的位置:It's in the box. It's on your desk. It's behind the door.It's under the chair.

四、教学过程

(一)课前热身,复习旧知

1.sing a song :happy birthday (教学单词 present)

(二)导入对话,学习方位介词 in on behind under

1.what's this? It's a box.(引出新单词,出示课件教学 box.)

2.where's the panda?(将实物放到盒子里,教学 in)用同样的方法教学"on,behind,under."练习时,采用小组问小组答,然后学生互相问答并让学生上去表演。

3.do and say

老师发出指令,学生将东西放在相应的位置。

（3）整体呈现，感知对话

1.听录音，边听边思考："where is Daming's present?"（课件出示）

It's in your bedroom.（课件出示教授 bedroom.）

2.跟读课文。

3.齐读课文后填空。（课件出示）

Oh what's this? A present for you. It's_____the box. It's_____your desk. It's_____the door .It's_____the chair. It's_____your bedroom.

（4）巩固句型

出示课件，练习表述物体所在的位置。

板书设计：

Where's the_____? It's...

（此课例获黎塘镇中心学校第二届"教师发展论坛"赛课二等奖。指导老师：杨月燕，韦华玲，杨玲，廖晖真）

《I've got a new book》教学设计

宾阳县黎塘补塘小学 邓梦云

一、教学目标：

1.能用"I've got ..."表达自己拥有的物品。

2.能用"Have you got...? Yes，I have./No，I haven't"来询问他人是否拥有某种物品并能给予回答。

3.掌握单词 animal,sports,dress,coat,sweater,T-shirt

二、教学重点：

能谈论自己拥有的物品，能对他人的物品进行提问并能给予回答。

三、教学难点：

1.I've got 的读音及用法。

2.Have you got ...? Yes，I have./No，I haven't.的准确运用。

四、教学准备：多媒体课件、单词卡、句型卡、有关实物或实物图片。

五、教学过程：

一、Warming up

1.Greeting

2.Sing a song:"If you are happy."

(设计意图:课前热身,用音乐调动课堂气氛。)

二、Lead in

Guess:

T:Look at this! I have a present .What's this? Guess!

S:Is it a pen ? (football,book,kite)

T:No, it isn't. Now we will open it.(礼物跳出来)

S:panda!

T:Yes,it's a panda. I have got a panda. (教授新单词:have got)

T:I've got ＝I have got

　(设计意图:调动学生积极情感,使学生对课堂充满兴趣。)

三、Presentation:

1.I've got a big box ,it is about my birthday present.(教单词:about)

Guess:what in it? (抽出一本书)what is this?

S:It's a book !

T:Yes,I've got a new book.(引出课题:I've got a new book.)

1)领读

2)三慢一快

3)个人读

T:I've got a new book. Do you know what it is about?

Ss:学生猜测 It's about a ship/English/Chinese?

T:展示课件及单词卡,教授 animals

2.T:I've got a new book. Have you got a book? 加肢体语言让学生理解汉语意思。

1)领读

2)Chant:Have you got ,have you got ,have you got a book?

3)个人读

3.T:Have you got a new book?

引导回答:Yes,I have./No, I haven't .

4.同样利用"猜一猜"的游戏从盒子中抽出实物,依次教授单词 sport,animal,sweater,line,dress,coat,T-shirt。(设计意图:利用实物直观地教授单词/句子,使学生印象更深刻)

5.Chant：

I've got a new book ,new book ,new book ,Sam?

Have you got a new book ,new book ,new book ,Sam?

Yes,I have. Yes，I have.

I've got a new book ,new book!

I've got a new sweater, sweater, Tom!

Have you got a new sweater, sweater, Tom?

No，I haven't. No，I haven't.

I've got a blue T-shirt，T-shirt!

（设计意图:有节奏地吟诵句子,既可以总结前面所学单词及句型以加深印象,又可以缓解课堂气氛）

6.学习课文

On the children's Day, Lingling,Amy,Daming have got many present too.Let is watch the video!

1)Listen and point.

2) Listen and say.

（设计意图:第一次是初步感知课文,第二次听音跟读,读得好的地方 pass,不好的地方教师领读。）

四、practice

Game：1.“魔法变变变”

用句型"I've got"来表达课件中变出的物品。

2.我问你答

请两名同学到讲台,一人抽礼物用"have you got"提问抽到的礼物,另一人用"Yes，I have."或"No，I haven't."回答。

（设计意图:利用有趣的活动来训练学生的口语表达能力,使学生在玩中学,突破重难点）

五、Summary

在老师的引导下复习本课所学的新单词及句型。

六、Homework

Read the text and new words.

Use "I've/I have got" introduce your friends what you have.

（此课例获黎塘镇中心学校第五届"教师发展论坛"课堂教学评比二等奖。指导老师:张小敏,郭柳萍）

《I went there last year.》教学设计

宾阳县黎塘镇第五完全小学　韦　珊

一、教学目标

1.运用句型：I went there last year. Did you go with your parents? / Yes, I did. No, I didn't. Where did you go last year? I went to...

2.识记单词：photo, stay, parent, holiday, June, July, week, west, east, north, south;

3.熟读课文

二、重点

1.掌握单词 photo, stay, parent, holiday, June, July, week, west, east, north, south;

2.能口头运用句型"Did you go with your parents?"询问自己的判断是否正确，并能口头运用"Yes, I did. /No, I didn't."回答。

三、难点：询问自己的判断是否准确并作答并掌握过去时态的运用。

四、教学准备：PPT, blackboard , cards

五、教学步骤

一、打招呼(1分钟)(设计意图：课前热身，相互认识)

T: Good morning, boys and girls, I'm Miss Wei, Nice to meet you.

S: Nice to meet you too.

T: How are you ?

S: I'm fine, thank you. And you?

T: I'm fine, too. thank you. I want to know some of all you. What's your name?

name?

S: I'm ...(T: Nice to meet you.)

二、导入

Step1: Lead in

1.利用旅游视频引出 travel 的相关话题

(设计意图:用美轮美奂的风景迅速吸引学生的注意力)(2 分钟)

2.出示图片,引出单词的学习,操练单词(8 分钟)

出示中国地图引出东南西北。

Where is Xinjiang?(引出单词东西南北的学习)

Step2:Teaching contents

1.出示图片引出重点句型,并用句型进行小组讨论,两人一组(8 分钟)

(设计意图:突破重点)

T:where did you go last year?(板书)

I went to...(板书)

T:Did you go with your parents?(mother、father、sister…)(板书)

S:Yes,I did. / No,I didn't.(板书)

2.Listen and then answer(8 分钟)

a.Who has got some photos?

b.Where is Xinjiang?

c.When did Lingling go there?

d.Where does Lingling's uncle live?

分析问题,听录音找答案,然后听录音跟读。

(设计意图:掌握阅读技巧,快速寻找答案)

课文学习完后,一起欣赏美丽的新疆风景视频(2 分钟)

(设计意图:丰富学生的人文地理知识,并舒缓精神)

Step3:practice(8 分钟)

小组讨论完成"write about your trip"练习。

(设计意图:拓展能力,突破难点)

Step4. Summary(1 分钟)

Step5. Homework(1 分钟)

Designs:

Module6

Unit 1　I went there last year.

Where did you go last year ?

I went to...

Did you go with your parents (sister,friends...)?

Yes，I did. / No，I didn't.

（此课例获黎塘镇中心学校第五届"教师发展论坛"课堂教学评比二等奖,指导老师:杨月燕,邓辉英 ）

《I was two then.》教学设计

宾阳县黎塘镇中心学校本部 罗秀娟

一、教学目标

1.学生能够掌握本课四会单词 was，were、hair，grandparents，then，old，young，so，short，long。

2.学生会用 was,were 描述过去的事情,并能与现在做好区别。

3.通过学习,培养学生的英语学习兴趣。培养学生细心观察、乐于发现的学习态度。

二、教学重点

1.能够理解和掌握本课四会单词。

2.会用 was,were 描述过去的事情。

三、教学难点

1.单词 short,then 的发音。

2.会用 was,were 描述过去的事情,并能与现在做好区别。

四、教具准备

单词卡,图片,ppt

五、教学过程

Step1.Warming up and revision

1.Greetings.

2.Say and do . Tall，tall,tall. I am tall.

Short，short ，short. You are short.

Fat，fat ,fat. He is fat.

Thin，thin ，thin. She is thin.

Big，big ，big. It is big.

Small，small，small. They are small!

【设计意图】上课伊始,通过让学生和老师一起说一说,做一做,并且说

chant,复习学过的形容词,不仅营造了一种欢快愉悦的课堂氛围,也为本课的学习做铺垫。

Step2. Presentation

1.课件出示一张教师近期照片,引导学生猜出是谁的照片,学生很快会猜出来,夸奖学生观察到位,辨别能力强,聪明。(You are so clever!)

T:Can you talk something about Miss Luo? Who can try?

S:You are …(学生们积极踊跃发言)

T:OK, Look at me. I am 30 now. I am tall. Look at my hair, my hair is long. 引出新单词 hair,long,教授新单词 hair,long。

2.用同样的方法学习 short,so。

T:Boys and girls. Now I have another photo(课件呈现教师小时候的照片), Guess! Who is it?

S:It's Miss Luo.

T:Yes, it's me,I was two then.(板书课题 I was two then.)

I was two then.My hair was short then.I was cute.引出新单词 then,was,cute,教授新单词 then,was,cute。

3.用同样的方法学习 were,young,old。

【设计意图】新单词的教学中做到了"词不离句",在语境中呈现,引导学生在语境中运用,而不是机械孤立地重复单词。

Step3.Practice。

操练新句型:

I was …then .I am…now.

They were young then. They are old now.

利用课件图片重点操练 was ,were 的句型.

【设计意图】通过照片的对比及图片的操练,进一步让学生明确了过去到现在发生的变化,做到了学以致用又培养了学生善于观察的能力。考虑到学情,我设计了用"was, is"和"were, are",进行看图填空,这样降低了学生表达的难度,尽量让每一个孩子都体会到成功的喜悦。

Step4.Text learning

初读课文,学习课文,理解课文。

再次听录音,结合课文内容判断对错。

1.Lingling was two then.

2.Lingling's grandparents were old then .

3.Lingling's hair was long.

【设计意图】这个步骤重点培养学生的听力水平,在学习课文之前,给学生以"任务",让学生带着问题去听,通过听对话内容能回答简单的问题,培养学生积极的学习态度,良好的听力习惯。

Step5.语言的实际运用,拓展知识。

学生拿出自己以前的照片和同桌或小组讨论,运用本课学习的功能句介绍过去和现在的自己,小代表上讲台展示。

【设计意图】在真实情境中运用句型"I was …then. I am…now."让学生真正做到用中学,学中用,学以致用,体验学习带来的成就感及自豪感。

Step6.Summary

now   then

★am/is →   was

are   →   were

I was …then.   I am …now.

They were …then.   They are …now.

【设计意图】总结是对一节课所学知识的回顾和梳理,能有效加深和巩固学生对本课知识的记忆和掌握。

板书设计:

then   now

I was …then.   I am …now.

They were …then. They are …now.

Step7. Homework

1.Read the text.

2.Copy the words and sentences.

(此课例参加黎塘镇中心学校第五届"教师发展论坛"课堂教学评比。指导老师:雷梅兰,韦冬梅)

3. 说课稿

第《四个太阳》说课稿

宾阳县黎塘镇中心学校　曹　清

尊敬的各位评委、老师:

我今天说课的内容是人教版小学语文一年级下册第 18 课《四个太阳》,这是一篇情景交融的好课文,作者凭借丰富的想象力和独特的创造力,画出四个不同颜色的太阳分别送给四季,表达了人们的美好心愿。课文文字优美,语言生动有趣。

一年级学生具有好奇、易受感染的心理特点,他们的思维方式以直观、形象为主,因此我运用多媒体创设学习情境来调动学生学习的兴趣。

本课的教学目标:1.能正确、流利、有感情地朗读课文。培养学生的想象能力。2.在集体精读、赏读中积累词汇,获得言语美感。3.体会作者想象之美,感悟作者通过画太阳要表达的心愿。

教学重、难点:抓住重点词句,品味语言蕴含的情感及感悟作者善良的心地。

我采用的教学方法为:激发学生的兴趣,创设情境,激活学生的表达欲望,在小组内合作交流,积累素材,学会表达,由说到画。我根据教材的特点以及本课的教学目标,设计了以下四个环节。

第一环节:游戏导入,激发兴趣

伟大的科学家爱因斯坦说过:"兴趣是最好的老师。"(出示课件)一开课,我就设计以生字宝宝跳动有趣的抢答游戏,充分地吸引学生的眼球,大大地调动了学生的学习兴趣。我采用游戏导入法,利用了媒体互动性,实现生生互动,学生学得快,记得牢,取得了不错的效果!

第二环节:自读课文,整体感知

(出示课件)我顺势引入课题,引导学生对课题进行质疑,目的是激发起他们对阅读课文、理解课文的强烈欲望。

新课程标准强调联系生活实际教语文。平时学生所看到的是红红的太阳,所以为了进一步激发学生学习兴趣,密切学习与生活的联系,我将学习内容做了小调整。

第三环节:朗读感悟,汇报交流

我先让学生去感悟冬天里红红的太阳。

1.感悟红红的太阳(冬天)

作者在冬天里画一个红红的太阳让学生去感悟作者善良的心地是本课的教学难点。只画一个红红的太阳就能让学生感悟到作者有一颗善良的心,这对一年级学生来说比较抽象。加上我班的学生生活阅历少,可以说生活中没见过雪,更别说体验雪的寒冷了,这无疑是纸上谈兵。这时我就充分利用媒体资源向学生展示寒冷的冬天里人们生活和工作的画面。(出示课件)通过画面的展现,声音的渲染,实现了角色互换,这时学生仿佛置身于冰天雪地当中。我便让学生观察画面,说说你看到了什么,引导他们注意人物的动作、表情,所处的环境。再让学生说出此时他们最需要什么? 学生就很容易回答出:温暖、关怀、帮助等词,有了这一层层的铺垫,最后让学生思考作者画一个红红的太阳用意在哪里,从而就显而易见作者善良的心地了。

多媒体应用分析:这一环节的设计充分发挥了信息技术化抽象为形象的优势,利用了信息技术在教学中创设情境的功能,为学生创造生动形象的语言环境,并能够突破难点,有助于课文的理解和方法的掌握。

接下来我利用媒体资源出示重点句子:(我画了个/红红的太阳,照亮冬天。阳光温暖着/小朋友冻僵的/手和脸。)结合图画抓住"红红的、温暖"等词语引导学生读出语言蕴含的情感,并通过多种形式朗读,如:小组合作读、指名读、学生评价读、齐读,从而落实了教学重点。

2.感悟绿绿的太阳(夏天)

在感悟绿绿的太阳时,我根据低年级学生是用形象、声音、色彩和感受思维的特点,通过多媒体课件突破难点,(出示课件)向学生展示炎热的夏天里人们生活中的情景,让学生从画中体会人物当时的情境,引导学生感受人物的需求,感悟作者画太阳要表达的心愿。接着课件再展示一片绿绿的大森林,让学生感受到在这样的炎炎烈日下最需要的是一片清凉,再让学生自由读课文第一自然段,采用前面学习的方法,抓住重点词品读、感悟。

多媒体应用分析:本环节中,通过媒体的运用,警察们的汗水、知了的叫声把学生带到炎炎的夏日,让学生很容易感同身受,从而再次感悟出作者善良的心地,突破了教学难点。

3.感悟金黄的太阳(秋天)

在教学"金黄的太阳"一段时,我通过多媒体课件(出示课件)出示秋天果园里水果成熟的图片,读懂秋天是个丰收的季节。为了使学生有更深的感悟,我创设了一个情景——如果你是小落叶,你会邀请小伙伴做什么——让学生走入文本进行说话练习,让学生从不同的角度表达自己内心的真实感受,使情感得到升华,思维得到发展,语言表达能力落到实处。我还设计了背诵练习,使学生的积累进一步得到提高。

4.感悟彩色的太阳(春天)

学生的情感在一次次的情景交融中得到了升华。为了达到水到渠成的功效,我充分利用配乐的多媒体画面,(出示课件)把学生带入万紫千红的春天,让学生感悟到春天的美丽、生活的美好。同时我采取师生合作读、男女生赛读、齐读等多种朗读形式,让学生从读中感悟春天是一个多彩的季节。

第四环节:升华情感,表达心愿

在学完课文后,我让学生出示课前准备画好的一幅太阳画,并想一想,你想画个什么样的太阳送给谁? 表达什么心愿? 引导学生进行句式练习:我画了个—太阳,送给_____,愿_____。表达了自己美好的愿望,这样就顺理成章地突破了难点,升华了主题,既训练了学生的表达能力,又促进了学生个性化的发展。

最后我以音乐渲染情境,播放儿童歌曲《种太阳》,学生边唱边做动作,让孩子们在"学中玩,玩中学"的气氛中结束这堂课。

下面是我的板书设计,简单明了、直观采用了文中四个太阳的图片以及四个重点词语,这样做既符合学生的年龄特点又能激发他们强烈的学习兴趣,还能用较为清晰的思路引导学生复述课文内容。

[板书设计]

善良、有爱心

下面是我的教学反思:本次教学,我凭借多媒体课件引导学生品读,创设情境感悟理解,培养学生的口语表达能力,使语文教学与信息技术有机地融合,解决了重点,突破了难点,优化了课堂教学,使学生的学习得到了多元化的提升。

(此说课获黎塘镇中心学校第四届"教师发展论坛"说课一等奖。指导老师:游紫英,欧兰,罗燕兰)

《找规律》说课稿

宾阳县黎塘镇凤鸣小学 古端丽

各位老师:

大家好! 我今天说课的题目是《找规律》的第一课时——简单的图形变化规律,下面我将从以下八个方面来进行说明。

一、说教材

1.教学内容:人教版九年义务教育六年制小学数学课程一年级下册第85页例1及相关练习。

2.教材简析:找规律是本教材中的一个独立的单元,而这一课又是新单元的第一课,非常重要。本单元是从形象的图形排列规律慢慢过渡到抽象的数列规律。而本节课主要是学习一些简单的图形排列规律,培养学生用数学视点发现规律的意识,为进一步学习有关数的排列规律做好准备。

二、说学情

学生在生活中已经接触到一些规律现象,一年级的小孩子活泼可爱,思维灵活,他们主要对"玩"有很大的兴趣,在他们看来,一切都是以快乐为本,如果想让一年级的孩子学好数学,就必须激发、培养他们的学习兴趣。在学习的过程中,他们能够集中精力的时间很短,这就需要我们老师串联一个情景来引起他们的兴趣。在设计这节课时,我按照从易到难的层次逐步提高,从简单的颜色规律到形状规律,然后联系生活发现规律,最后能创造规律、运用规律,一步一个脚印地层层递进。

三、说教学目标、重点、难点

1.知识与技能:使学生能够通过实物的有序排列,初步认识简单的排列规律。

2.过程与方法:通过观察、操作、猜测、推理等活动使学生找到实物变化的规律,激发学生感受数学、发现美的情感,培养学生初步观察、推理、表达等的能力。

3.教学重点:通过图形或物体的有序排列,初步认识简单的排列规律,能知道下一个图形或物体,并能掌握找规律的方法。

教学难点:引导学生发现最简单的图形变化的规律,掌握找规律的方法并能运用规律。

四、说教法学法

我们知道"教学有法,但无定法,贵在得法"。数学教学活动是建立在学生的认知发展水平和已有的知识经验基础上的。在教法上体现以学生为主体,教师只是学习的组织者、引领者和合作者。为了让学生始终参与到数学活动中,我采用了游戏、直观演示、动手操作、引导探究等教学方法,让学生在动手操作、探索练习中总结出事物排列的规律。

在"让学生主动参与、自主探究"的理念指导下,我主要指导学生采用探究合作、动手实践、归纳总结的学习方法。

五、说课前准备

课件、练习卡、彩色笔、学具等。

六、说教学过程

本节课,我设计了五个教学环节。

(一)情境导入,初步感知规律

这个环节我通过放《生日快乐》歌来引发疑问"是谁在过生日",来激发学生的求知欲望。然后出示小朋友们喜爱的喜羊羊过生日的情景,让学生通过课件出示的两组水果猜猜下面该摆什么水果,并说出他是怎样想的。

教师小结:像这样按一定顺序重复出现的就是规律,生活中还有很多有规律的情况。今天我们就来学习找规律。(板书:找规律)

(二)引导探索,认识规律

师:喜羊羊邀请了一群小朋友来过生日,看,他们在高兴地唱歌跳舞。我们一起去看看吧。

(课件出示主题图)漂亮的会场,小朋友在唱歌跳舞。我通过课件给学生呈现一个形象、生动的画面,让学生仿佛置身其中,向他们渗透艺术美感的教育,感受规律之美。

教师引导学生观察找彩旗的排列规律:是以什么为一组的重复出现的规律?给学生时间观察、交流,最后汇报。

在找花朵、灯笼、小朋友的规律时,我就放手让学生自己找,并圈出其中的一组。

(三)动手操作,体验规律、运用规律

通过涂色、拼摆、设计作品等活动让学生体验规律。

(四)联系生活,创造规律

让学生在优美的音乐声中欣赏生活中有规律的美。让学生不仅可以欣赏生活中的规律,又可以调整学生疲惫的心情。使学生在愉悦的环境中好进行"创造规律"这一环节的学习。

(五)课堂总结,内化延伸

通过让学生谈自己的收获,并用有规律的掌声对自己这节课进行评价,最后同学们下课后按一男一女有规律地走出教室,这样把这节课的内容内化了,真正用到了生活实践中。

七、说教学板书

这节课我主要以学生作品展示作板书,这样为本节的教学内容达成一个视觉框架,让学生能够直观地看到本节课的教学内容,帮助学生加深理解和记忆。

八、说教学反思

本节课我的设计循序渐进,引导学生把规律认识透彻,评价及时、有效,但是我觉得这堂课中也有不足,首先我感觉到自己上课时有点操之过急,给学生观察、发现规律的时间少了一点,在学生表达得不够清楚的情况下,又有点代替学生说。在这堂课中我的教学语言不是很简练,而且评价语还是不够丰富。今后我会扬长避短,继续学习新课程、新理念,不断提高教学水平。

我的说课完毕,谢谢各位老师!

(此课例获黎塘镇中心学校第四届"教师发展论坛"赛课二等奖。)

《黄山奇石》说课稿

宾阳县黎塘实验小学　　唐　燕

一、教学分析

(一)教学内容分析

《黄山奇石》是二年级上册的一篇课文,文章描写黄山之石的姿态优美、独特,富有情趣。重点介绍了"仙桃石""猴子观海""仙人指路""金鸡叫天都"等景观,充分展现了它们的奇特之处,饱含了作者对黄山奇石的赞美之情。

(二)教学对象分析

经过一年的学习,学生有了独自识字和阅读的能力,但不善观察,理解《黄山奇石》这篇课文有一定的难度。依据学生的认知特点,充分运用电子白板等资源,为学生营造身临其境的氛围,突破教学难点,达成教学目标。

(三)教学环境分析

在信息技术环境下进行小学语文活动,提高学生学习语文的兴趣,培养学生的创新思维和创造能力,减轻学生的学习负担和教师的教学负担,促进学生的个性发展,落实素质教育。

二、教学目标

(一)知识与能力目标

有感情地朗读课文,选择喜欢的段落背诵,体会黄山奇石的奇特、有趣。

（二）过程与方法目标

通过学习方法的渗透,理解课文,培养学生的观察、想象和表达能力。

（三）态度、情感、价值观目标

通过看图、学文,激发学生对祖国大好河山的热爱。

三、教学重点、难点

重点:有感情地朗读,真切感受、体会黄山石的奇特、有趣。

难点:在理解课文的过程中帮助学生体会黄山石"奇、趣"的特点。

四、教学过程

（一）第一环节:创设情境,揭"奇"

播放黄山风景视频片段,简单介绍黄山,点出课题——《黄山奇石》。

（二）第二环节:初读课文,感"奇"

1.学生自由朗读课文,整体感知课文,在文中找出描写了哪些奇石?

2.学生汇报,教师点评。

（三）第三环节:品读佳句,悟"奇"

1.重点引导学生品读"仙桃石"。

(1)出示图片,学生勾画,认识仙桃石的样子。为什么叫"仙桃石"?

(2)引导学生总结学法。

2.运用学法合作探究学习第三、四、五自然段。

(1)小组运用"读读、画画、议议、表演"等学法,体会"黄山奇石"的奇特、有趣。

(2)小组汇报,我适时点拨、评价,学生相互补充完善。

(3)引导学生练习背诵,积累语言。

（四）第四环节:深入体验,写"奇"

1.就说"天狗望月"吧,它好像_____。

2."狮子抢球"就更有趣了! 远远望去,_____。

3.在一座陡峭的山峰上,有一位_____的仙女,她_____。不用说,这就是著名的"仙女弹琴"了。

（五）第五环节:升华情感,赞"奇"

课件出示:让学生夸一夸,赞一赞其它的奇石!

黄山的奇石真（　　）呀,有（　　）,有（　　）,还有（　　）……我最喜欢（　　）,多么想（　　）！

五、板书设计

2.黄山奇石

仙桃石
猴子观海
仙人指路
金鸡叫天都

⎫
⎬ 奇、趣
⎭

六、教学反思

我创设情境,引导学生通过"读、画、议、演"多种感官参与到自主、合作探究的学习中,充分运用信息技术,调动了学生的学习兴趣,使课堂教学取得了事半功倍的效果。

（此说课获黎塘镇中心学校第四届"教师发展论坛"说课比赛一等奖。）

《We fly kites in spring》说课稿

宾阳县黎塘镇第一完全小学　韦华玲

今天我说课的内容是外研版小学英语三年级下册模块 7 第 1 单元第 1 课时。

一、说教材

（1）教材内容：1.本课时的教学内容为 We fly kites in spring. 2.需要掌握的词汇有：四季的表达词汇 spring,summer,autumn,winter;四季的主要天气特征词汇 warm,hot,cool,cold.3.需要掌握的句型有"We fly kites in spring"等等。

（2）地位和作用

1.学生初步掌握了季节及天气的词。

2.是对前面学习的有关运动的词语的巩固及深化。

3.为下一单元及以后继续学习如何描述天气特点打下基础。

二、说目标

结合新课标和学生认知的特点,我确定了如下教学目标:

知识目标:能听、说、读本节课的新单词、新句型;

能力目标:在语言教学中培养学生探究、自主、合作的学习方法以及在实际生活中运用语言的能力。

情感目标:在语言教学中培养学生热爱生活、热爱大自然、积极乐观的生活情感态度。

三、说重点和难点

依据以上教学目标,我确定了本课的教学重点和难点:

重点:四会单词和短语 spring,summer,autumn,winter,warm,hot,cool,cold,go skating,go swimming 的听说读,以及句型:It's spring. It's warm in spring. We fly kites in spring.

难点:重点句型及结构在生活中的灵活运用。

We fly kites in spring.

四、说学情

三年级学生活泼好动,好奇心强,喜欢表现自己,通过一段时间的学习,初步掌握了一些基本的单词。他们能根据教师的简单指令做游戏,做动作,能交流简单的个人信息,对新的语言表现出好奇心与兴趣,但是,他们稳定性较差,注意力不易长时间集中,掌握的知识不牢固。需要通过各种教学方式反复的练习,不断强化才能巩固所学的知识。

五、说教法

(1)教法分析(图片展示,TPR 活动,创设情境)

图片展示直观地呈现教学重难点,TPR 活动既突破了重难点,又活跃了气氛,创设情境给了学生一个真实的运用语言的机会。

(2)学法指导

要让全班学生都参与到课堂活动中来,同桌之间的合作尤为重要,操作简单易行,合作简单,增多操练机会。

（3）教学手段

图片教学,多媒体教学,给学生创设了一个轻松的交流环境。

六、教学过程

为了完成以上教学任务,我设计了以下教学环节:

Step1:Warming up,营造氛围。

（1）Greetings.

Good morning/afternoon! How are you? 等

（2）改编《两只老虎》歌曲,复习跟运动有关的词,并达到活跃课堂气氛的目的。

Step2:呈现新知,突破难点。

1.学习单词:欣赏有背景音乐的图片引出课题及四个季节的词

2.学习句型:It's spring.

3.学习有关天气特点的单词

How do you feel in spring/summer/autumn/winter? Who can tell me?

Ss:（学生做出很舒服的样子）

T:Good! It's warm in Spring! Follow me,"warm"（出示单词卡片,教授单词 warm,并且一边读单词一边做出表示春暖花开的动作). 学习:

It's warm in spring. It's hot in summer. It's cool in autumn.It's cold in winter.

4.Play a game,学习四个动词短语。

riding my bike,skip ,fly kites

go swimming,play football/ basketball/table tennis,go skating .

1.What is teacher doing?

2.practise:What do you do in spring/summer/autumn /winter?

I_____ in _____.

Step3:学习课文

1.Listen,point and find"We..."

回答问题:What can we do in spring/summer/autumn/winter ? Look at activity 2.

2.Read after the tape. Sentence by sentence（帮助学生强化对语音语调及内容的记忆).学生试着回答问题,老师运用课件适时出示答案。

3. listen，point and repeat. 完整地听对话一次，让学生尽可能记下主要句型的语音语调，并在书上标出。齐声朗读，巩固、强化语音语调。这样做，有助于语感的形成。

4.比赛朗读。活动形式：请小组学生朗读，开展语音语调的仿读评价。通过评价，加强学生对语音语调的重视。

Step4：练习巩固

Step5：Homework

1.抄写今天所学的新词语。

2.与家人及朋友谈论喜爱的季节和天气。

3.Paint the four seasons.

板书设计：

Unit 1. We fly kites in spring.

What do you do…?

We fly kites   spring   warm

We go swimming in summer   hot

We play football autumn   cool

We go skating   winter   cold

（此课例获黎塘镇中心学校第三届"教师发展论坛"赛课二等奖。）

《认识图形》说课稿

宾阳县黎塘镇第一完全小学   陆丽芳

尊敬的各位评委、老师：

大家好！今天我说课的题目是"认识图形"，下面我将从六个方面来说说我的教学设想。

一、说教材

1.教材分析

首先说教材，本节课是选自人教版小学数学教材一年级下册第 2 页例 1 的内容，也是《认识图形二》这一单元的起始课。

2.教材地位及作用

本节课是在认识了长方体、正方体、圆柱和球的基础上来初步认识长方形、正方形、三角形、圆和平行四边形,体现了从立体到平面的设计思路。认识这几种图形不仅是今后学习它们的特征、周长和面积的重要基础,而且有助于发展学生的空间观念,培养学生初步的观察能力、动手操作能力和交流能力。

3.教学目标

根据上面的分析,我将本课的教学目标定为:

认知目标:通过观察操作初步认识长方形、正方形、平行四边形、三角形和圆这几种平面图形。

能力目标:在观察、操作、比较等活动的过程中,培养学生抽象、概括、创新的能力,建立空间观念。

情感目标:通过图形在生活中的应用,感受数学与生活息息相关,激发学生学习数学的兴趣。

4.教学重点、难点

其中,我将本课的教学重点确定为:会辨认这几种图形;另外,根据学生已有的知识经验,他们很容易将体和面混淆,所以我将本课的教学难点定为:辨别立体图形和平面图形,体会"面在体上"。

5.教学准备

在教学中,我选用多媒体演示的方法,这样更直观易懂,在教学前我为学生准备了多种立体图形和平面图形的学具、彩色笔、白纸等等。

二、学情分析

学生在一年级上册教材的学习中已经认识并了解了立体图形,并且在现实生活中,特别是在幼儿园时期,他们已经玩过积木,画过平面图形,所以学生对于这五种平面图形一点也不陌生。但学生对这五种平面图形的具体特征、本质所在以及平面图形与立体图形的关系还不明确。为此,我认为:创设有趣的情境活动,让学生动起来,是解决上述问题的一种有效策略。

三、说教法学法

教学中,我综合采用启发式教学法、情景教学法、尝试教学法、活动教学法等,以此来促进学生对新知识的掌握。在合理选择教法的同时,我还注重对学生学法的指导,让学生不仅学会,还要会学。在本课的教学中,我融合观察操作、自主探索、合作交流等学习方法于一体,注重对学生空间观念的培养。我采用以上的方法,既体现了新教材的特点,又充分地发挥了学生的主体作用,密切了数学与生活的联系。

四、说教学流程

结合一年级学生的认知水平和年龄特征,将本课的教学设计为四个环节:

第一个环节是创设情境,激发兴趣。

我创设了这样一个问题情境(课件:这里有大家熟悉的朋友吗? 是谁呢?),我通过这个问题帮助学生回忆起已学过的知识,这里的长方体、正方体、圆柱和球,学生应该能说出它们的名字,可能有部分学生不认识三棱柱,这里我要简要地介绍一下,为后面的学习做准备。

第二个环节是组织活动,探索新知。

这个环节是课堂教学的中心环节,在这里我设计了四个活动。

活动一:认识新朋友。

我创设了一个这样的问题情境:我们的小朋友身上都有哪几种图形? 大家找一找,然后再分类,接着引导学生观察分类的过程,并提问:这些图形分别叫什么名字呢? 老师根据学生的回答边出示图形,边板书名称。接着我再告诉大家,这些图形还有一个共同的名字,叫作平面图形。板书课题。

活动二:把朋友送回家。

我先让学生在小组里讨论,然后在立体模型上找一找、摸一摸,最后将每个朋友送回各自的家,接着全班进行评价,再提出问题:同一家的朋友都有什么特征? 我想通过这一环节吸引学生的注意力,积极主动地探索每个图形的特征,渗透分类的数学思想,从而突出了本课的重点。接着我引导学生观察,课件演示面从体上滑下,加深学生对面在体上的理解,直观生动地揭示体和面的关系,帮助学生建立起平面图形的空间观念,从而突破本课的难点。

活动三:给"新朋友"画像。

提出问题:请选择一种合适的方法得到这些"新朋友"。

我让学生在做数学的活动中亲身体验知识形成的过程。经过交流,学生想到了用画一画、印一印、折一折的方法等等。我通过这个既有挑战性,又有探索性,同时还有操作性的活动,发展了学生的创新能力和解决实际问题的能力。

活动四:找朋友。

问题:生活中,你在哪里还见过这些图形呢?

这个活动我先让学生自由发言。我通过找图形让学生体验到这些图形在生活中有着广泛的应用。为了体现数学就在我们身边,我创设了一个小朋友上学路上的情境,我通过对这些交通标志牌的认识,增进学生对数学价值和数学作用的认识,激发学生学习数学的热情,同时我还进行交通安全的教育。接着我设置了课间欣赏,让学生边欣赏边思考,学生既可以得到放松,又可以体验到数学美。

第三个环节:实践应用,巩固新知。

练习是学生掌握知识、形成技能、发展智力的重要手段。在这里我设计了不同层次的四道练习题:连一连,涂一涂,数一数,圈一圈,我通过这几道题目来加深学生对这五种图形的认识,区别形和体。

第四个环节:总结反思,深化认识。

我借助这个环节来及时反馈本课的教学效果,引导学生回顾这五种图形各自的特征,提出问题:这些都是我们今天新认识的朋友,你打算怎么介绍给你们的爸爸妈妈呢?这个问题我让学生先在小组内模拟说一说,然后老师来做妈妈,学生来介绍,同时我会对介绍得好的同学进行评价。

五、说板书设计

认识图形

长方形	正方形	平行四边形	三角形	圆

结合学生的认知水平,我将本课的板书设计得很简洁,这样既突出了重点,又给学生留下了深刻的印象。

六、说教学反思

本节课,我针对一年级学生"好玩、好动"的特点,给了学生充足的活动时间,让学生认真观察,动手操作,充分感知各种图形的特征。在探究知识的过程中,我让学生采用小组合作的学习方式,培养了学生的数学交流意识和合作精神。

(此课例获黎塘镇中心学校第三届"教师发展论坛"赛课二等奖。)

《找规律》说课稿

宾阳县黎塘镇第一完全小学　雷远鸣

尊敬的各位评委、老师：

大家上午好！今天我说课的课题是《找规律》。这个内容是新课标人教版小学一年级数学下册第七单元"找规律"第85页。我对本课题进行了如下分析：

一、教材分析

"找规律"是数学课程标准中"数与代数"领域内容的一部分，在教材中是一个独立的单元，是从形象的图形排列规律、颜色交替规律慢慢过渡到抽象的数列规律。教材通过教室布置的情境图，让学生发现彩旗、灯笼、小花的排列规律。

二、教学目标

认知目标：使学生通过猜测、观察、实践、推理、游戏等教学活动，发现事物中隐含的简单规律。能力目标：通过涂一涂、摆一摆等活动，培养学生的动手能力，激发创新意识。情感目标：使学生感受数学与生活的联系，从而增加学习数学的兴趣，培养学生发现和欣赏规律美的意识。

三、教学重难点

本着新课程标准，在吃透教材的基础上，我确定了本课的教学重点是发现图形的排列规律。难点为体会一组图形的排列规律，能用自己的语言表达找出的规律。

四、说教法学法

在教法上，我体现以学生为主体，教师只是学习的组织者、引导者和合作者，让学生始终参与到数学活动中，并采用游戏、直观演示、动手操作、引导探究等教学方法，让学生在游戏、探索、操作、练习中，总结出事物排列的基本方法。

五、说教学程序

在这节课的教学过程中，我设计了六个教学环节。

(一)游戏导入,了解规律。

我用变魔术这个游戏吸引学生的注意力。我按这样的顺序"变"水果。(苹果—梨—苹果—梨),这时我让学生观察水果的排列,让学生猜一猜接下来我会变出什么? 为什么会这样猜? 从而引出课题:找规律(实物展示)。

(二)引导探索,认识规律。(创设情境,课件展示主题图)

结合低年级学生思维直观性的特点,我通过一幅主题图,给学生呈现了一个形象、逼真的彩色画面,让他们仿佛置身于其中,接着我提出这样的问题:他们是用什么布置会场的? 这些事物的排列都有规律吗? 有什么规律呢? 请你们认真观察。也许学生观察的角度不同,发现的规律也就不同。假如学生先发现小花的规律,我就出示小花的分解图,然后让学生说出它是按什么规律排列的。并引导学生理解重复排列的意思。用同样的方法引导学生找出彩旗、灯笼和小朋友排列的规律,并能完整表达这些事物排列的规律。

(三)知识大闯关,体验规律。

在"知识大闯关,体验规律"这个教学环节,我设计了三个活动:

1.让学生抢答:下一个是什么? 躲在星星后面的是什么? 课件出示。

2.摆一摆。用课前准备好的教具摆一摆,看谁摆得有规律,既整齐又漂亮。让个别学生展示作品,说出他是按什么规律来排列的。让个别学生到黑板上摆有规律的图片,摆出的图案成为板书设计的一部分。

3.结合课本练习,让学生按自己喜欢的规律涂色,并进行学生作品展示,说出其是按什么规律来涂色的。这是学生在课堂上完成的作品。[此环节重在体现新标准"玩中学、做中学"的新理念,以"听会忘,看能记住,做才能学会"的教育理论为指导。]

(四)寻找生活中有规律的例子。

我举例生活中有规律的事物,引导学生找教室中的哪些物品的排列也是有规律的。

(五)欣赏规律美。(课件演示)

接下来让学生欣赏生活中有规律的事物。让他们感受规律可以美化我们的生活。

(六)游戏中创造规律。

结合一年级学生的心理特点,我设计了游戏中创造规律这个教学环节。我示范:拍手两下,拍桌两下,让学生跟着我一起做动作。学生就会模仿编有规律的节奏或动作。

总结:今天我们学习了什么?你学会了什么?我们发现规律可以美化我们的生活,回去和你们的父母说一说有规律的事例。

六、说板书设计

我比较注重直观的板书设计,并及时地体现教材中的知识点。我的板书设计简洁明了。

七、说教学反思

这节课我通过让学生观察、发现,自己进行规律总结,我及时地规范学生的数学语言,并积极鼓励学生用规范准确的数学语言表达每组图形的规律,训练了学生的语言表达能力。此外,练习设计有层次,符合学生的心理特点。在今后的课堂教学中我一定会及时反思,找出不足,努力提高自己的教学水平。

(此课例获黎塘镇中心学校第三届"教师发展论坛"赛课二等奖。)

《I'm making daming's birthday card》说课稿

宾阳县黎塘镇吴江小学 吴雄强

一、教学目标

1.知识目标:a.掌握以下词:card careful balloon fly away b.掌握句型:who can help me?回答:yes,I can help you. / sorry ,I can't.

2.技能目标:能模仿录音,朗读对话,能用英语向别人请求帮助和给别人提供帮助,运用所学内容熟练交流。

3.情感目标:A.通过对本课的学习,让学生进一步了解互相帮助的意义。B.发挥学习主动性,大胆开口,积极合作,参与语言的实际交流,培养学生对英语学习的兴趣。C.在师生、生生交流,以及小组合作共同完成任务的过程中,不断激发并强化学生的学习兴趣,并培养学生积极参与、乐于与他人合作的精神。

二、教材分析

1.《I'm making Daming's birthday card》是小学新标准英语的第四模块第一单元,出现的重点句型有:who can help me? 肯定回答:yes,I can help you.否定回答：sorry ，I can't.

相关的词汇有：card carry careful balloon fly away

2.该单元主要是复习讲述正在发生的事情的同时，谈论向他人请求以及根据客观情况说明自己能否向他人提供帮助的表达。

3.教学重点：

现在进行时时态和现在分词是本单元学习的重点。

4.教学难点：

能够叙述发生的状况，并用"who can help me?"来寻求他人的帮助。

三、教学方法

根据对《新课程标准》的理解，结合教材内容和学生特点，我采用了以下教学方法和手段：情景教学法、交际法、合作学习法。

四、教学思路与设计理念

1.一首英语歌曲童谣，营造学生学习英语的氛围，调动学生的情绪，通过自己的眼、耳、手、口并用，快乐地演唱歌曲。

2.通过实物创设情景学习新单词，能让学生更形象地感知 fall 和 fly away 这两种动作正发生的情景。

3.小组合作学习交流，在对话中提升英语口语，并运用本课所学内容。

（此课例获黎塘镇中心学校第三届"教师发展论坛"赛课二等奖。）

后 记

　　"我们不能让所有优秀的人都来做老师,但相信可以把老师培养成最优秀的人。"苏国华校长和我说的这句话,对我触动很深。思考再三,于是便有了我校每年一届的"教师发展论坛"。曾几何时,磨课的艰辛,课堂展示的喜悦,基本功大比拼下的自信,镜头一一记录着大家的成长。五年的坚持与坚守,如今终结硕果,甚是欣慰。

　　孔子说过,"言之无文,行而不远。"新时代对一线教师提出了更高的要求:立足于教育科研,围绕新课程改革,聚焦课堂教学,不断优化教学方法和教学手段,更新教育理念和教学策略。近年来,构建教师专业发展共同体,积极推进"有效课堂"建设,充分利用校本教研时间,让老师们在学习中研究,在研究中实践,在实践中反思,朝着专业化发展的方向不断迈进。呈现在我们面前的这本活动成果集,正是老师们立足课堂,改革教学,坚持学习,并在不断地交流、研讨中绽放出思想火花,用汗水和心血浇灌出的丰硕成果,也标志着学校的管理在"给老师自信,让教师成功"的理念指引下朝着更加规范、科学的方向又迈出了一大步。

　　捧读文集,内心涌动的是感动、欣喜和自豪。从教学实际中得来的鲜活的素材,对课堂过程的精心记录,对日常教育教学活动的独到见解,描述生动,情感真挚。这些都源自老师们在工作中的大胆探索,执着追求。如今,教师们的思想正在悄然发生着变化,教师专业化成长的理念已经在课堂教学中得到体现。

　　当然,这本文集只是一种阶段成果的辑录,但它确实渗透了教师们献身课改、潜心研究的点点心血,闪耀出老师们在实践中不断探索的智慧火花。"不积跬步,无以至千里;不积小流,无以成江海。"宾阳县黎塘镇中心学校的老师们正在一点一滴地积累教育教学经验,在反思中不断成长,在更广的领域、更深的层面开展教育研究和实践,倾力打造一支"教师队伍优良,专业结构合理,骨干力量聚集,学科人才领先"的教育团队。相信通过不懈的努力,老师们将在教师专业化的道路上迈得更稳,走得更远。期待大家共同铸造学校辉煌的明天,创造教育美好的未来!

黎 平

2017 年 9 月